# 가치 전쟁

우리는 왜 서로
다른 세상에서 사는가?

# 가치 전쟁

박승억 지음

사월의책

# 가치 전쟁

1판 1쇄 발행 2020년 11월 25일

지은이 박승억
펴낸이 안희곤
펴낸곳 사월의책

편집 박동수
디자인 김현진

등록번호 2009년 8월 20일 제396-2009-126호
주소 경기도 고양시 일산서구 중앙로 1388 동관 B113호
전화 031)912-9491 | 팩스 031)913-9491
이메일 aprilbooks@aprilbooks.net
홈페이지 www.aprilbooks.net
블로그 blog.naver.com/aprilbooks

ISBN 978-89-97186-45-7 03300

* 책값은 뒤표지에 있습니다.
* 이 도서는 한국출판문화산업진흥원의 '2020년 우수출판콘텐츠 제작 지원' 사업 선정작입니다.
* 이 도서의 국립중앙도서관 출판예정도서목록(CIP)은 서지정보유통지원시스템 홈페이지
(http://seoji.nl.go.kr)와 국가자료종합목록 구축시스템(http://kolis-net.nl.go.kr)에서
이용하실 수 있습니다. (CIP제어번호: CIP2020047519)

차 례

## 3장 세 가지 딜레마



## 4장 강요된 본성

# 5장 사잇길을 찾아서



# 6장 선량한 시민들의 세상

## | 머리말 |

이솝 우화에 보면 요즘 우리네 삶에도 잘 들어맞는 이야기가 나온다. 서로 생각이 다른 사람들이 더불어 살아야 할 때 어떻게 해야 하는가 하는 문제다.

질그릇 단지와 청동 단지가 난롯가 옆에 나란히 서 있었다. 어느 날 가만히 서 있기만 하는 일상이 지겨웠던지 청동 단지가 질그릇 친구에게 여행을 떠나자고 제안했다. 하지만 질그릇은 선뜻 대답하지 못했다. 혹시 어딘가에 부딪쳐서 깨질 것만 같았다. 마침내 질그릇이 속내를 터놓자 청동 단지는 자기가 그런 위험을 앞서 막아주겠노라고 친구를 격려했다. 오랜 설득 끝에 두 단지는 마침내 여행을 시작했다. 하지만 몇 걸음을 채 내딛기도 전에 질그릇 단지는 '파삭' 깨지고 말았다. 질그릇의 발걸음 앞에 놓인 돌조각을 막아주기 위해 청동이 급하게 몸을 움직이다가 서로 부딪치고 말았기 때문이다.

때로는 선한 의도로 한 일이 다른 이들에게 아픔이나 피해를 줄 수 있다. 사회가 다양해지고 이해관계가 복잡해지면서 이런 일들은 점점 더 많아지고 있다. 차이를 인식하고 배려하는 일이 생각처럼 쉬운 일은 아니다. 다름을 배려하지 못하는 무신경도 문제이지만 과잉친절도 문제다. 아무리 목적이 좋아도 방법이 좋지 못하면 그 좋은 의도를 이루기 어렵다. 그래서 지혜가 필요하다.

차이를 인식한다는 것은 항상 낯설음을 전제한다. 지하철을 탈 때 어쩌다가 카드를 왼손으로 들고 찍어야 할 때가 있다. 이때 불편함과 낯설음을 느끼게 되면 비로소 내가 오른손잡이의 혜택을 크게 누리고 있음을 자각하게 된다. 자신의 시선에서 당연한 것들은 대체로 눈에 띄지 않는다. 때문에 차이를 인식하게 되었다는 것은 어떤 낯설음을 경험했다는 뜻이다. 요즘 많은 사람들이 서로 간의 차이를 존중하고 배려해야 한다고 말하고 듣지만 정작 그 차이를 제대로 알고 슬기롭게 존중하기는 쉽지 않다. 게다가 차이를 인식하게 해주는 낯설음은 때때로 격렬한 투쟁이나 고통을 동반하곤 한다.

이 책은 서로 생각이 다르고 삶의 지향점이 다른 사람들이 부대끼고 살아갈 때 함께 고민해야 할 문제에 대한 이야기다. 지혜가 필요하다는 말로 에둘러 말했지만, 그런 문제는 정답이 없어 보인다. 차이가 존중되는 평등한 세상에서는 모두가 답이기 때문이다. 그래서 오늘날 평등에 대한 감수성은 무엇보다 중요하다. 그러나 바로 그 평등에 대한 요구가 도리어 평등주의를 위협하기 시작했다. 서로 다른 삶의 지향은 현실의 자원과 권리 분배에서 충돌하기 마련이다. 그래서 그나마 낫다고 여겨지는 민주주의적 합의를 통해서 문제를 해결하려 하지만 그마저 녹록치 않다. 서로 평등한 어느 누구도 자신이 옳다고 믿는 것을 철회하고 싶지 않기 때문이다. 힘으로 해보자는 유혹이 끈질기게 우리를 사로잡는다. 소크라테스를 죽음에 이르게 한 것은 평등한 한 표들이었다.

우리는 개인 차원에서나 사회적 차원에서 각자가 지향하는 삶 또는 우리가 지향하는 사회의 모습과 실제 삶의 현실 사이의 간극을 체험한다. 그럼에도 '더 좋은'이라는 지향을 잃지는 않는다. 더 좋은 삶, 더 좋은 사회라는 지향은 우리 자신과 우리가 속하고 있는 공동체를 움직이게 하는 동기다. 그래서 우리가 목표로 하는 것과 현실의 상황 사이에서 균형을 잘 잡는 것이 중요하다.

서로 생각이 다르고 삶의 지향이 다른 사람들이 평화로이 어우러져 살기 위해서 무엇보다 필요한 것은 지식이 아니라 태도다. 다른 사람에 대한 개방성과 존중은 단순히 아는 것에서 완성되는 것이 아니라 오랜 습관처럼 몸에 배어야 한다. 자신이 당연하다고 생각하는 것을 잠시 내려놓고 상대에게 귀를 기울이기 위해서는 부단한 연습이 필요하며, 끊임없이 자신으로 되돌아가려는 관성을 억제하는 노력이 필요하다. 다른 이를 존중하며 함께 살아가는 일은 지속적인 자기 성찰을 요구하는 일인 것이다.

2016년 늦가을부터 이듬해 봄에 이르기까지 우리 사회의 시민들은 촛불을 통해 민주주의 역사에 기록될 성과를 이루어냈다. 그러나 그 과정에서, 그리고 그 이후에도 다양한 사회적 의제들을 두고 우리는 분열했고 갈등은 증폭되었다. 시민의 힘을 확인했지만 그 힘을 사용하는 슬기는 아직 얻지 못했다. 이 책은 그 시공간을 통과하면서 짜낸 결과물이다. '짜냈다'고 말하는 이유는 어떻게든 희망을 말하고 싶었기 때문이다.

글을 쓰면서 어떤 글은 거의 한 호흡에 작업하듯이 일사천리로 진행되기도 하고, 또 어떤 글은 수많은 전진과 후퇴를 반복하곤 한다. 이 책의 작업은 전진과 후퇴를 셀 수 없이 많이 한 경우다. 서로 다른 가치관을 갖고 사는 사람들이 함께 모여 살면서 부딪치게 되는 문제 상황을 드러내는 일은 일사천리로 작업을 할 수 있었지만, 정작 어떤 해법이 가능한지를 고민하면서 진퇴를 거듭했다. 그 결과 아주 소극적이면서도 최소한의 이야기만을 하게 되었다.

물론 이 작은 이야기에도 감사의 말을 드려야 할 분은 많다. 어떻게 하면 서로 다른 사람들이 잘 어우러져 살아야 하는지에 대한 문제의식은 사회학자인 이승훈 교수께 커다란 빚을 졌다. 이 자리를 빌려 감사의 말을 전한다. 그리고 내가 이 문제로 시민대학에서 강의를 열었을 때, 그 자리에 참여해주신 여러 선생님들께도 감사의 말을 드린다. 그분들은 함께 고민하고, 때로는 뜨겁게 토론해 주셨다. 무엇보다 내가 당연하다고 생각했던 것들이 그리 당연하지 않을 수 있다는 것을 일깨워 주셨다. 그리고 이 책이 그나마 모양을 갖추고 독자들을 만날 수 있게 된 것은 친절하면서 예리한 독자이기도 했던 사월의책 안희곤 대표와 편집진 덕이다. 그분들께도 감사하다는 말씀을 드린다. 끝으로 나의 사랑하는 가족, 정채현과 권순옥 님에 대한 고마움을 이 자리에서 전한다.

# 1장

## 다양성 사회에서 살아가기

## 그가 갑자기 퇴사한 이유

내가 전해 들은 한 친구의 퇴사 이야기다. 이십대 후반쯤 되는 A가 퇴사를 하게 된 결정적인 이유는 점심메뉴 때문이었다. 문제가 된 그날, A는 여느 때처럼 동료들과 점심식사를 하려고 회사를 나섰다. 끼니마다 무엇을 먹을지 고민하는 일은 즐거울 때도 있지만 대개는 번거롭고 귀찮은 일이다. 아무튼 그날따라 A는 초밥이 몹시 당겼다. 그래서 같이 나선 사람들에게 초밥을 먹자고 제안했다. 하지만 아무도 호응하지 않았다. 동료들은 청국장과 김치찌개가 있는 백반집으로 결정했다. 그들에게 초밥은 너무 비싼 메뉴였다. 그날 A는 퇴사를 결심했다.

요즘 같이 취업하기 어려운 세상에 이 황당한 퇴사 결정 이유에 대해 생각이 많을 수밖에 없다. 아마도 누군가는 그 사람이 도대체 얼마나 대단한 사람이기에 그깟 이유로 퇴사를 결정하나 하고 궁금해 할 것이고, 또 누군가는 혼밥의 고적함을 즐길 줄 모르는 그 친구의 문화적 취향을 탓할 수도 있다. 반면 누군가는 그 친구의 퇴사 결정에서 우리 사회의 씁쓸한 계급적 취향을 떠올릴 수도 있다. 점심메뉴로 초밥을 선택할 수 있는 경제적인 여유가 누구에게나 주어지는 것은 아니기 때문이다. A에게 월급은 자유로운 삶을 누리기 위한 선택 가능한 수단에 불과했을지 모른다. 반면 누군가에게 그 월급은 A가 떠나기로 결심한 바로 그 회사에 입사하기 위해 일찌감치 대출받았던 대학 등록금이었을 것이다.

물론 A의 실존적 '결단'은 직장생활 내내 누적되어 온 어려움들에 단숨에 불을 붙인 상징적인 사건이었을 것이다. 메뉴를 결정하는 일은 정말 사소한 일상이다. 하지만 사소한 문제여서 더더욱 마음을 굳혔을 수도 있다. 말 그대로 매일 겪어야 하는 문제이기 때문이다. A에게는 자기와는 너무 다른 사람들과 오랜 시간 같은 공간에서 함께 생활해야 한다는 미래 전망이 몹시 괴롭게 다가왔을지 모른다. 이 이야기를 전하는 사람도 A의 진짜 퇴사 이유가 무엇인지는 알지 못한다. 다만 분명한 것은 A의 결정을 함부로 비난할 수는 없다는 점이다.

인생이라는 길에서 우리 모두는 각자 감당해야 할 몫을 갖고 있게 마련이다. 겉보기로야 그의 결정이 납득이 안 될 수 있다. 하지만 그 결정이 자신의 삶에 대한 진실한 성찰에서 비롯된 것이고, 그가 새로운 도전을 위해 회사를 그만둔 것이라면 누구도 그의 결정에 대해 비난할 수 없다. 사람들마다 어떻게 살아야 하는가에 대한 답이 다르고, 행복을 향유하는 방법이 다르기 때문이다. 게다가 이런 차이가 그저 개인들 간의 차이만은 아니다. 세대 간의 차이도 있고, 성별이나 직업에 따라서도 세상을 보는 방식은 다를 수 있다. 이러한 차이들이 사회적으로 수용되는 사회를 다양성 사회라고 부른다. 우리 사회는 어떨까? 우리 사회는 그런 문화 다양성이 살아 있는 사회라고 말할 수 있을까?

생태계의 건강함을 보여주는 중요한 지표 중 하나는 다양성이다. 우리가 어떻게든 열대 우림이나 람사르 습지를 보호하기 위해 애쓰는 이유는 종 다양성을 지키기 위해서다. 그저 보기 좋자고 그러는 것이 아니다. 종 다양성이 사라진 생태계는 위태롭다. 가도 가도 끝없는 옥수수밭은 옥수수를 좋아하는 벌레들에게는 무한 증식이 보장된 낙원이다. 생산 효율성을 위한 단일작물 재배는 다양한 작물을 함께 재배하는 데서 얻어지는 자연방제 기능을 해칠 수밖에 없으며, 결국 해법은 농약이나 유전자 개량밖에 없다.

사람들의 사회라고 다를 리 없다. 오직 한 종류의 삶의 방식만이 허용되는 사회는 변화에 취약하다. 19세기 말, 오스트레일리아에는 여전히 아름다운 돌도끼를 사용하던 이르 요론트 부족이 있었다. 유럽의 선교사들은 여전히 석기시대를 살고 있던 부족에게 쇠도끼를 선물로 건넨다. 물론 그것은 선의에서 나온 행동이었다. 그러나 그 쇠도끼는 오랜 세월 강고하게 유지되어 왔던 부족의 체제를 붕괴시키고 말았다. 돌도끼는 오직 남성들만이 제작하고 사용할 수 있었던 체제의 상징이었다. 그런데 쇠도끼는 돌도끼에 비해 얼마나 효과적인가. 선교사들이 선의로 건넨 선물은 돌도끼를 만드는 성인 남성의 권위를 추락시켜 버렸고, 사회 체제를 유지시켜 주던 가부장적 질서도 무너지기 시작했다. 안타깝게도 이르 요론트 부족은 이러한 변화를 더 나은 사회로 발전하는 기회로 삼지 못했다. 경직되고 획일화된 사회, 더 일반적으로 말해서 획일화된 시스템은 사소한 외부 충격에도 파국을 맞이할 수 있다. 우리가 다양성을 중요하게 생각하는 이유다.

생각이 다르다는 이유로 따돌림을 당하거나 핍박받는다면 사람들의 생각은 획일화될 수밖에 없다. 우리는 그런 사회를 건강한 사회라고 말하지 않는다. 사회 발전을 위한 새롭고 창의적인 생각이 나오기 어려울 뿐만 아니라, 개인에 대한 집단의 폭력이 일상화될 위험이 크기 때문이다. 따라서 인간 사회에서 다양성의 문제는 단지 생태계의 지혜를 넘어선 윤리적인 의미까지 포함한다.

오늘날 우리는 피부색이나 종교 혹은 생각이 다르다는 이유로 소외당하거나 핍박받아서는 안 된다고 믿는다. 그래서 '차이의 존중'은 세련된 현대인으로 살아가기 위한 필수 교양이다. 그런데 이 차이는 야생의 삶에서 볼 수 있는 차이를 말하는 것이 아니다. 힘세고 강한 자가 약자를 괴롭히는 것을 두고 당연하게 생각하는 것이 차이의 존중은 아니다. 그것은 그저 폭력이자 차별일 뿐이다. 그래서 생태계의 다양성과 달리 인간 사회의 다양성 문제는 추가적인 조건을 요구한다. 다양한 삶의 방식이 어우러진 사회가 건강하기 위해서는 차이와 차별이 구별되어야 한다. 차이의 존중은 '모든 사람이 평등하다'는 더 근본적인 전제 아래서만 가능한 이야기다. 하지만 너무나 마땅해 보이는 그 구별이 그리 쉬운 일은 아니다.

어떤 차이는 존중되어야 하지만 또 어떤 차이는 차별이 된다. 누군가가 '차이'라고 말하는 것이 누군가에게는 '차별'이 된다.

우리 사회에서 '차이의 존중'은 이중의 맥락 속에 있다. 한편으로 그것은 '차별받지 않을 권리'다. 사회 문화적 소수자들이 어떤 이유로든 차별받지 않고 자신의 삶을 꾸려나갈 자유가 보장되어야 한다는 의미에서 다양성과 차이는 존중되어야 할 가치다. 따라서 '차이의 존중'이라는 다양성 사회의 표제어는 그 내용상 평등을 의미한다. 그것은 단지 인간이라는 바로 그 사실만으로도 보장받아야 할 권리의 분배 문제이다.

반면 차이 존중의 또 다른 의미는 '차별 대우를 받을 권리'이다. 많은 사람들이 자신의 사회적 경쟁력을 위해 다른 사람들과 다르고자 한다. 그 '차이'는 내가 더 많은 사회적 보상을 받기 위한 조건이다. 내가 노력해서 다른 사람들보다 뛰어난 능력을 갖게 되었다면, 그에 대한 사회적 보상을 받아야 한다는 것은 정당한 요구다. 아무런 노력도 하지 않은 사람이 열심히 노력한 사람과 동등한 보상을 받게 된다면, 그것이 도리어 부당하다.

차이의 존중이라는 말이 이렇게 다른 맥락 속에서 뒤섞여 사용됨으로써 자기가 차별 대우를 받는 것을 당연하게 여기는 혼동이 일어난다. 생각과 삶의 방식의 차이를 존중하는 것과 재능과 노력의 결과로 빚어진 차이를 존중하는 것은 '평등'과 '공평'이라는 같은 듯 다른 개념적 차이를 동반한다. 그래서 더 나은 사회를 꿈꾸는 사람들은 이렇게 외치곤 한다. "기회는 평등하게, 과정과 결과는 공정하게!" 이 슬로건은 우리로 하여금 열심히 살게 할 동기를 제공한다. 그런데 만약 아무리 열심히 살아도 내 삶이 달라지는 것이 없다면 어떨까? 둘 중에 하나다. 분노하거나, 아니면 포기하거나.

## 재스민 혁명에 대한 회상

2011년 미국의 주간지 『타임』은 그해 가장 영향력 있는 인물로 '시위자'the Protester를 꼽았다. 잡지 표지에는 튀니지의 독재 정권을 끝낸 '아랍의 봄'과 1퍼센트 소수에 대한 99퍼센트의 저항을 상징하는 '월가 점령 시위' 등이 거론되었다. '시위자'는 한 마디로 분노의 상징이었다. 사실 그것은 2008년 미국의 월가에서 부동산 관련 파생금융상품의 거품이 꺼지면서 비롯된 금융위기가 빚어낸 효과였다. 아랍의 봄을 촉발시킨 튀니지의 재스민 혁명은 2010년 12월 야채 행상을 하던 한 젊은 청년의 분신자살로부터 점화되었다.

당시 튀니지는 오랜 독재 정권의 부패에다 2008년 이후 전 세계를 덮친 경제 위기의 여파로 청년세대의 실제 실업률이 30퍼센트에 육박하고 있었다. 게다가 식량 사정도 좋지 않았다. 2007년 이후 국제 곡물가격이 급등한데다 2010년의 가뭄은 결정타였다. 그해 8월 러시아가 밀 수출을 금지하자 국제 밀 가격은 한 달 새에 60퍼센트나 치솟아 버렸다. 실업자였던 스물여섯 살의 청년 모하메드 부아지지는 말 그대로 생존을 위해 야채 행상에 나섰다. 하지만 그는 그저 허가받지 않은 행위라는 이유만으로 경찰에 의해 폭행을 당한다. 더 이상 참을 수 없었던 그는 부패한 국가 권력을 향해 자신의 몸을 던졌고, 응축된 채 폭발력을 키우고 있던 분노는 단번에 거리로 터져 나왔다. 그 에너지는 이내 튀니지를 넘어 아랍 전역으로 확산되었다. '당신은 나의 것', 사랑을 상징하는 튀니지의 국화 재스민은 부패한 사회 구조에 대한 분노의 상징으로 변했다.

비슷한 시기, 뉴욕의 월가에서는 1퍼센트의 소수가 전체 부의 50퍼센트를 소유하고 있다는 사실, 그리고 경제 위기로 절대 다수가 고용불안과 생계를 걱정해야 하는 처지에 있다는 현실에 분노한 사람들이 월가 점령 시위를 벌였다. 그해 월가의 한 CEO는 인센티브 보너스로만 2천만 달러가 넘는 돈을 받았다. 직장인들이 흔히 '꿈의 연봉'이라 부르는 억대 연봉자가 단 한 푼도 쓰지 않고 2백 년의 세월 동안 모아야 할 돈을 그는 수많은 사람들이 생계를 걱정하던 바로 그해의 보너스로 받은 것이다. 처음에는 그저 사회에 불만을 가진 몇몇 소수 사람들의 한풀이라고 여겨졌던 시위가 이내 '1 대 99'라는 슬로건과 함께 들불처럼 확산되어 전 세계적인 영향력을 미쳤다. 월가 점령 시위는 말 그대로 신자유주의의 상징이자 심장부를 타격한 시위였다. 비록 고통의 신음소리였지만, 그 덕에 전 세계적으로 평등과 정의에 대한 감수성을 키울 수 있게 하는 계기가 마련되었다.

그리고 이제 아랍의 봄과 월가 점령 시위를 촉발시킨 2008년의 금융위기가 일어난 지 10여 년이 지났다. 자본주의의 오래된 루머에 따르면 또 다른 위기가 충분히 성숙할 시간이 되었는지 모른다. 게다가 코로나19로 인한 세계 경제의 위축은 10년 전의 기억을 떠올리게 한다. 바꾸어 말한다면, 지난 10여 년 동안 우리에게 어떤 변화가 있었는지 물을 시간이 되었다.

2015년 프린스턴 대학의 웬디 브라운Wendy Brown은 시민 계급의 몰락과 더불어 민주주의가 마비될 지경에 이르렀다고 진단한다.[1] 같은 해 프랑크푸르트학파의 후예인 악셀 호네트Axel Honneth는 사회주의를 새로운 대안으로 부활시키자는 제안을 내놓았다. 그 연구의 앞머리에서 그는 이렇게 말한다.

> "아마도 2차 대전 이래로 이렇게 많은 사람들이 전 지구적으로 확산된 자본주의적 시장경제의 사회적, 정치적 결과에 대해 동시에 분노한 적은 없었을 것이다. 그러나 다른 한편으로 이런 대중적 분노는 이들이 제기한 비판의 목적이 될 수 있는 규범적 방향이나 이에 대한 역사적 직감을 결여하고 있기 때문에 결국 자신의 말을 잃고, 내부로 침잠하는 것처럼 보인다. 다시 말해 오늘날 확산된 불만에는 기존의 상태를 넘어서서 생각하려 하고, 자본주의 이외의 사회적 상태를 상상해 보려는 능력이 결여되어 있다."[2]

---

1 웬디 브라운, 『민주주의 살해하기』, 배충효/방진이 옮김, 내인생의책, 2017.

2 악셀 호네트, 『사회주의 재발명』, 문성훈 옮김, 사월의책, 2016, 29쪽.

호네트의 문제의식은 왜 그런 분노가 아무런 성과도 내지 못하고 사그라졌는지를 분명히 하자는 것이었다. 그는 그 원인이 분노한 사람들에게 방향성을 잡아줄 이념의 부재에 있다고 보았다. 부당하고 불의한 사회에 대해 분노하는 것에는 모든 사람이 함께할 수 있었지만, 그 다음에 어떻게 해야 하는지에 대해서는 아무도 제대로 된 답을 찾지 못했다는 것이다.

호네트는 프랑스 혁명 이래로 끊임없이 제기되어 왔던 유토피아에 대한 열정이 시들어버렸기 때문이라고 믿는다. 그렇다면 우리는 왜 '더 나은 사회'를 향한 구체적인 방향성을 잃어버렸을까? 호네트에 따르면, 그것은 단순히 1989년 소련의 붕괴로 인해 시장자본주의가 전 세계를 지배했기 때문만도 아니고, 포스트모던의 반형이상학적 해체주의로 인해 사회의 발전 방향을 지지해줄 목적론적 이념이 사라졌기 때문만도 아니다. 대신에 그는 '인권에 대한 지나친 강조'와 '사회적 기초 제도의 변혁' 사이의 실질적 간극이 문제였으리라고 추측한다.

바꾸어 말하면 자본주의를 지탱하고 있는 사회의 제도적 질서들이 인간의 힘으로는 어떻게 변화시키기 어려운 '사물적 관계'로 여겨지기 시작했다는 것이다. 어쩌면 오늘날 일본이나 우리 사회의 많은 젊은이들에게 유행하고 있는 '포기'는 이런 맥락에서 말해질 수도 있을지 모른다. 분명히 뭔가가 잘못되어 있다. 하지만 그 괴물은 마치 철옹성이라도 되는 것처럼 수많은 저항에도 끄떡없어 보인다. 그러니 우리가 뭘 하겠는가, 그저 내가 그 희생양이 되지 않도록 조심하며 내 소소한 행복이나 찾을 수밖에….

물론 대한민국 사회는 달라 보인다. 2016년 광장에 모였던 사람들은 촛불을 들어 지배 권력을 해체시킨 정치적 경험을 갖고 있기 때문이다. 그때 광장에 모였던 사람들은 희망을 보았고, 또 결실을 이루어냈다. 그리고 그 변혁의 과정은 여전히 진행 중이다. 그러나 그 과정에서 서로 다른 목소리들이 충돌하고 있다. 게다가 이렇게 서로 다른 목소리의 주인공들은 같은 광장에서, 또 같은 목표를 갖고 모였던 사람들이다. 하지만 이제 그들은 최저임금 문제, 노동시간 단축 문제, 부유세에 대한 문제, 성차별 문제, 이주노동자나 난민에 대한 문제 등 다양한 사회적 문제들에 대해서 충돌하고 있다. 그리고 이런 문제들이 정치적 이념 갈등으로 전화되고 있다.

민주주의를 신봉하는 사람들은 이러한 다양한 목소리가 오히려 민주주의의 건강함을 보여주는 것이라고 말할지 모른다. 민주주의는 서로 다른 생각을 가진 사람들이 가능한 한 만족스러운 합의에 이르기 위해 긴 세월 동안 발전시켜 온 의사결정 절차이기 때문이다. 서로 생각이 다르다는 것은 그만큼 다양성이 보장되고 있다는 뜻이다. 그런 한에서 민주주의가 잘 작동하기만 한다면 그 다양성은 시민사회가 건강하다는 것을 의미할 수 있다. 하지만 실제 우리의 현실은 이런 낙관이 너무 소박한 것은 아닐까 의심하게 한다. 서로 다른 목소리들도 결국에는 상호견제를 통해 균형을 찾을 것이라는 믿음, 그래서 각자가 자신의 위치에서 스스로에게 최선의 이익을 가져올 수 있도록 판단하고 행동하다 보면 마침내 올바른 결정에 도달할 수 있으리라는 믿음은 교과서에나 나오는 것 아닐까?

그런 믿음은 애덤 스미스의 오래된 유훈을 정치제도에 투사한 것에 다름 아니다. 즉 내가 식탁에서 빵과 고기를 먹을 수 있는 것은 제빵사와 푸줏간 주인의 자비심 때문이 아니라 각자가 자신의 이익을 도모하는 과정에서 빚어진 조화로운 결과라는 생각이다. 민주주의에서도 '보이지 않는' 손이 작동하리라는 믿음, 그것은 자유주의적 시장주의자가 시장의 효율성을 믿는 것과 다르지 않다. 이처럼 민주주의에도 '보이지 않는 손'이 있다면, 우리 모두는 최대한 자신(또는 자신이 속한 집단)에게 이익이 되는 사회제도들만을 지지해야 할 것이다. 그리고 이러한 공식이 우리 사회에도 만연해 있는 듯 보인다. 두 가지 이유에서 그렇다. 만약 실제로 보이지 않는 손이 작동한다면, 나는 내 이익을 위해서만 행동하면 된다. 반대로 보이지 않는 손이 없다면, 최소한 내가 손해를 보지 않기 위해서라도 내 이익을 우선시해야 한다. 그래서 보이지 않는 손이 실제로 있든 없든 결론은 동일하다. 나는 내 이익을 우선시해야 한다. 그렇게 스미스의 유훈은 여전히 유효하다.

웬디 브라운이 지적한 민주주의 위기의 원인은 다름 아닌 신자유주의였다. 비록 최근의 코로나19 사태와 경제 위기로 인해 민족주의와 국수주의의 기운이 스멀거리고 있지만, 지난 수십 년 간 세계 경제의 버팀목이었던 신자유주의는 사람들의 일상 속에 깊이 자리 잡고 있다. 자유로운 시장경제만이 해법이라는 태도, 어떤 장벽이나 규제 없이 자유롭게 경쟁하는 것만이 최고의 효율성을 낳을 수 있다는 믿음, 그래서 사람살이와 관련된 거의 모든 판단 기준을 경제적인 관점에서 해석하고 평가하는 태도, 그것은 오늘날 대한민국 사람들에게도 예외가 아니다. 합리적인 소비를 위해 가격 대비 성능을 따지는 '가성비'라는 말이 사회의 다른 전 영역에서 사용되기 때문이다. 부모들은 자식 교육에 나서면서 '가성비'를 생각한다.

또 한국 사회의 미래를 어둡게 만드는 출산율 문제에 대해서도 같은 평가 기준이 적용되고 있다. 정부는 막대한 예산을 쏟아 부으며 어떻게든 출산율을 높이기 위해 애쓰지만, 정작 당사자들은 결혼과 자녀를 낳는 일에 커다란 부담을 느끼고 있다. 문제는 돈에만 있지 않음에도 사람들은 돈으로 환산해서 말하고자 한다. 그 이유는 비용으로 표현할 때 직관적인 설득력을 갖는다고 믿기 때문이다. 그렇다면 다른 대안이 있을까? 우리가 더 나은 사회를 꿈꾸게 할, 그래서 변화를 향한 내적 동력을 회복하게 할 어떤 보편적 가치가 있을까?

## 경쟁하는 가치들

2011년 월가에서 2천만 달러의 보너스를 받은 JP모건체이스의 CEO 제이미 다이먼에 대해 누군가는 그것이 너무 과도하며 그런 돈 잔치가 결국 '1 대 99'의 사회를 고착화시키는 것이라고 말한다. 하지만 또 다른 누군가는 그가 그런 대접을 받은 까닭이 있을 것이라고 말한다. 그는 아마도 이렇게 말할 것이다. 다이먼이 이끄는 JP모건은 2008년 금융위기 이후 다른 금융회사들이 수렁에서 허덕일 때 사상 최고의 수익을 냈다. 따라서 그가 받은 막대한 보너스는 그의 뛰어난 판단과 리더십에 대한 '정당한' 대가일 뿐이다. 이렇게 서로 당연하다고 믿는 것이 다를 때 가치 간의 서열 경쟁이 일어난다.

근대modern 사회를 건너 포스트모던 사회에 이르기까지 흔들리지 않고 견지되어 온 이념적 가치는 모든 개인은 평등하다는 믿음이었다. 모든 사람이 평등하다면, 그 각자가 믿는 가치들 역시 평등하다고 해야 하지 않을까? 근대 정치철학의 막을 연 홉스는 자연 상태의 모든 인간은 평등하며, 바로 그 때문에 경쟁이 일어나고, 따라서 만인 대 만인의 싸움이 벌어지는 것은 논리적 귀결이라고 말한다. 그런 전쟁을 종식시키는 유일한 방법은 사람들이 '리바이어던'과 같은 강력한 통치 권력을 구성하고, 모두가 그 권력에 복종할 때뿐이다. 홉스의 제안은 모든 개인은 자유롭고 평등하다는 이념적 가치가 현실에서 빚어내는 딜레마를 풀기 위한 하나의 해법이었다.

오늘날 우리가 느끼는 현실은 곳곳에서 나의 안전이—그것이 정치적인 이유든, 사회 문화적인 이유든, 혹은 경제적인 이유에서든—위협받고 있다는 것이다. 울리히 벡Ulrich Beck은 이미 한 세대 전에 우리가 살고 있는 현실을 '위험사회'Risikogesellschaft라고 불렀다. 원전 사고, 테러, 지진이나 태풍 같은 자연 재해는 물론이고 각종 치명적인 화학 물질이나 방사능 물질 사고까지 우리의 뉴스 테이블에는 수시로 재난이 오르내린다. 요즘은 코로나19라는 전대미문의 감염병 사태까지, 말 그대로 이불 밖은 위험해 보인다. 게다가 이 와중에 4차 산업혁명이라는 이름으로 기계 지능을 탑재한 로봇들마저 내 일자리 경쟁자 목록에 올랐다.

이런 위험과 불확실성들이 우리의 신경을 자극하고 불안지수를 높인다. 그래서 지그문트 바우만Zygmunt Bauman은 우리가 사는 현실을 고독하고 불안한 개인들이 모여 사는 삶으로 묘사하기도 한다. 치열한 생존경쟁을 삶의 기본 옵션으로 생각하는 사람들에게 오늘날의 사회는 마치 홉스가 상상했던 '자연 상태'와 비슷해 보인다. 그렇기 때문에 이념적 가치와 복잡한 현실 사이에서 방황하는 우리는 사물화된 사회 질서에 굴종하거나, 아니면 차라리 누군가가 (딜레마 사이에서 갈피를 잡지 못하고 있는) 나를 대신해서 '나의 이익'을 대변해 주었으면 하고 바라게 된다. 사정이 이렇게 된 건 경쟁에 지쳐 거의 탈진 상태를 향해 치달아가는 시민들의 팍팍한 생활세계 탓이다.

2016년 시민들의 질서정연한 힘으로 이루어낸 민주주의의 성과가 다시금 위기에 처하게 된다면, 아무리 바꿔도 결국은 마찬가지라는 자조 섞인 푸념이나 또 다른 의미의 분노에 직면하게 될 것이다. 우리 사회는 분명 더 나은 사회를 향한 발걸음을 내딛었다. 그러나 그 '더 나은 사회'의 구체적인 모습이 무엇인지는 분명치 않다. 다만 어디서든 평등하고 공정한 경쟁이 있으며, 누구든 노력하기만 한다면 생계를 걱정할 필요 없는 사회라는 막연한 지향점이 있을 뿐이다. 그래서 구체적인 문제에 부딪치면 언제나 다른 목소리들이 충돌한다. 천정을 모르고 치솟는 부동산 가격과 그에 대한 정부의 대응을 둘러싼 소란이 이를 입증한다. 복잡한 현실의 벽은 우리의 발걸음을 더디게 한다. 그것이 왜 아랍의 봄은 시들어 버렸고, 뉴욕의 월가는 여전히 건재한지를 설명해준다.

현실보다 더 중요한 것은 그 현실을 바라보는 사람들의 현실 인식이다. 정치인들이 프레임 전쟁을 벌이는 이유, 온갖 가짜뉴스들이 넘쳐나는 이유도 실제 현실이 아니라 시민들의 현실 인식에 영향을 미치기 위해서다. 결국 사람들은 자신들의 현실 인식에 따라 미래를 위한 선택에 나설 것이기 때문이다. 이 책은 우리가 지향해야 할 사회의 구체적인 모습이 무엇인지를 제안하려는 시도는 아니다. 오히려 처음에는 같은 이념을 공유했는데도 부딪치는 문제 사안마다 서로 다른 생각들이 충돌하는 이 '소모적인' 과정을 우리가 어떻게 받아들일 것인지의 문제, 다시 말해 더 나은 사회로 나아가기 위해 우리 사회가 지불해야 할 대가는 무엇인지가 바로 이 책의 주제이다. 나는 그것을 '가치 전쟁'이라는 말로 담아내고자 한다.

점심 메뉴로 초밥을 같이 먹을 동료가 없어 퇴사를 결정한 A의 결정을 우리 사회는 어떻게 받아들일 수 있을까? 우리 사회는 그런 개인들의 선택을, 적어도 그 선택이 진정성이 있는 것이라면 '기꺼이' 받아들일 수 있을까? 다양한 삶의 방식이 존중되는 사회의 개방성은 언제나 평등과 공정을 전제로 한다. 우리 사회는 과연 평등하고 공정한가?

## 가장 공평한 방법

한 무리의 사람들에게 맛있는 케이크 하나가 생겼다. 얼핏 보기에도 천상의 맛을 낼 것만 같은데 먹고 싶어 하는 사람들의 숫자가 문제다. 어떻게 나누어야 할까? 분배 정의에 관심이 많았던 존 롤스John Rawls는 맛있는 케이크를 나누는 가장 공평한 방법으로 케이크를 나눠주는 사람이 맨 나중에 남은 것을 먹도록 하는 방법을 말한 적이 있다.[3] 아마도 케이크를 나누는 사람은 분배에 참여한 사람들에게 가능한 한 똑같은 몫이 돌아가도록 노력할 것이다. 그래야만 마지막에 남는 자신의 몫을 지킬 수 있기 때문이다. 분명 기막힌 방법이기는 하지만 최선의 방법은 아니다. 먹고 싶은 욕망은 사람마다 다를 수 있다. 어떤 사람은 많이 먹고 싶고, 그 옆 사람은 맛만 보면 될 수도 있다. 따라서 일률적으로 공평하게 분배하는 것이 최선의 방법은 아니다. 각 사람의 욕망을 측정해서 그 만족감이 최대치에 이르게 분배하는 것이야말로 최선이다.

하지만 이 최선의 방법을 현실에 적용하기는 쉽지 않다. 사람들마다 제각각인 욕망의 크기를 제대로 평가하기 어렵기 때문이다. 건전한 상식을 가진 사람이라고 하더라도 자기 욕망의 크기를 제대로 가늠하기란 그리 쉽지 않다. 분명 적게 먹고 싶었지만 맛을 보고 나면 자신이 왜 적게 먹고 싶었는지 후회할 수 있다. 딸기 크림이 들어간 마카롱을 한 개만 먹겠다고 했다가 뼈아프게 후회해 본 사람은 다음번에 또 그런 기회가 온다면 무조건 세 개를 먹겠다고 말하리라 결심한다.

욕망의 크기만이 아니라 만족의 정도를 잘 모르는 사람도 적지 않다. 상식적으로 그 정도면 만족했을 법한데 '여전히 배가 고픈'

---

3 존 롤스, 『정의론』, 황경식 옮김, 이학사, 2010, 135쪽 참조.

사람들은 있게 마련이며, 심지어 배가 부른데도 다음 끼니를 생각해서 미리 먹어두는 자취생도 있다. 결국 분배로 인한 분쟁이 없는 사회는 모든 것이 차고 넘치는, 그래서 공정한 분배라는 말 자체가 별로 의미가 없는 풍요로운 사회일 것이다. 그런 사회는 모두가 꿈꾸는 사회이겠지만 우리 사회가 그런 사회는 아니다. 그래서 최대한 공평한 방법이 필요하다. 누구든 기꺼이 손해보고 싶지는 않다.

롤스가 제안한 '분배자는 맨 나중에' 방법이 그럴듯하게 들리는 이유, 혹은 최대한 공평한 방법이 필요하다는 말은 두 가지 현실을 보여준다. 하나는 모든 이에게 넉넉한 낙원이 지금 우리가 살고 있는 세상은 아니라는 현실이고, 다른 하나는 바로 그런 현실을 대하는 우리의 인식이다. 주어진 '현실'에 대한 인식 차이는 객관적인 '사실'과는 또 다른 의미에서 중요하다. 디지털 미디어 시대의 표현으로 말하자면 사용자 체험의 문제다.

정치적 의사결정의 자유가 보장된 사회에서는 실제 현실만큼이나 사람들이 그 현실을 어떻게 인식하느냐가 중요하다. 민주주의의 꽃은 다른 무엇보다 투표다. 그런데 투표에 참여하는 시민들이 잘못된 선택을 할 때를 생각해보자. 그때 민주주의는 재앙이 될 수도 있다. 하나뿐인 현실에 대한 수많은 해석은 투표에 참여하는 사람들을 혼란스럽게 만든다. 정치인들이 실제 현실이야 어찌되었든 선거에서 이기기 위해 프레임 전쟁을 벌이는 것도 그런 이유 때문이다. 그래서 때로는, 아니 많은 경우에, 실제 현실보다 그 현실에 대한 사람들의 인식이 더 중요해 보인다.

분배자가 맨 마지막에 남은 것을 갖도록 하는 방법이 그럴듯하다고 하는 현실 인식은 곧바로 우리의 자연스러운 정의감을 소환한다. 제한된 조건 때문에 자원이 불평등하게 분배될 수밖에 없다면 그 불평등 문제는 어떤 방식으로든 해결이 필요하다는 것이다. 설령 불평등이 누구도 의도하지 않은 것이었고 또 불가피했다 하더라도 사정이 달라지지는 않는다. 그 불평등은 어떤 식으로든 해소되어야 한다. 왜냐하면 우리는 모두 평등하기 때문이다. 인류 역사의 수많은 분쟁이 이 불평등의 문제로부터 시작되었다. 역사상 수많은 정치가들이 이 문제를 해결하려 했지만 대부분은 뼈아픈 좌절을 겪어야 했다. 설령 당대에 빛을 발한 개혁이 있었다고 하더라도 시간이 지나면 결과는 제자리로 돌아가기 일쑤였다. 개혁의 수혜자들은 어떻게든 등장했고, 그것이 제도적으로 정착되면 다시 불평등이 시작되었다.

불평등 문제를 해결하는 것이 그토록 어려운 까닭은 우선 분배 기준을 확정하는 일부터 쉽지 않기 때문이다. 분배에 참여하는 사람들이 생각하는 공정한 분배의 기준이 하나밖에 없다거나(예를 들면, 누구나 똑같은 양을 먹어야 한다는 기준), 혹은 누군가가 제안한 분배 기준(예를 들면, 각자 노력한 정도에 비례해서 나누자고 제안하는 경우)에 모두가 동의할 것이라고 믿는 것은 지나치게 낙관적이다. 현실적 이해관계에 부딪친다면 오히려 그 반대일 가능성이 높다.

케이크를 만드는 데 가장 공이 많은 사람과 그와 비슷한 공을 세울 수 있는 능력을 가졌지만 불가피한 이유로 공을 세우지 못한 사람은 공정한 분배에 대해 서로 다른 기준을 가질 것이다. 설령 특정한 분배 기준에 대해 참여자 모두가 동의했다고 하더라도 그것을 만족시킬 수 있는 방법을 고안해내는 일도 쉬운 일이 아니다. 케이크를 나눠야 하는 분모가 너무 커서 나눈다는 것 자체가 상징적 의미만 있을 뿐인 경우도 있고, 각각에게 돌아가야 할 몫이 딱 떨어지지가 않아서 차이가 발생할 수밖에 없는 경우도 있다.

하지만 롤스가 지적한 것처럼 케이크 나누기의 예가 보여주는 것은 분명하다. 비록 분배의 문제가 어려운 숙제인 것은 맞지만 어찌되었든 우리는 공정성에 대한 기준을 갖고 있고, 그 기준을 만족시킬 수 있는 방법을 고안해낼 수는 있다는 것이다. 그래서 롤스는 이 어려운 문제를 피할 수 있는 일종의 우회로를 제안한다. 문제를 가장 어렵게 만드는 것은 각자가 생각하는 공정한 분배의 기준이 다를 때이므로, 분배 기준의 구체적인 내용을 따지기에 앞서 만족스러운 합의에 이르게 하는 절차적 과정 자체를 정밀하게 설계하자는 것이다. 다시 말해 일련의 절차적 과정을 거치게 되면 누구나 그 결과를 승인할 수밖에 없는 시스템을 고안해내는 것이다. 이것을 위해 그는 케이크 나누기처럼 공정성을 판단하는 독립된 기준(예를 들어 모두가 똑같은 양으로 나눈다는 기준)이 존재하는 시스템이 아니라, 오직 절차 자체가 그 결과에 대해 (그 결과가 어떻게 나오든) 공정성을 보장하는 '순수한 절차적 정의justice'를 제안한다.

롤스는 이 방법을 통해 유명한 '정의의 두 원칙'을 끌어낸다. 마치 법조문과도 같이 정밀한 논리로 무장한 복잡한 내용을 간단히 압축하면 이렇다. 첫 번째 원칙은 모두가 평등한 자유를 누릴 수 있어야 한다는 것이고(평등의 원칙), 두 번째 원칙은 사회 전체에 이익이 된다는 전제 아래서 불평등이 허용될 수 있는 경우는 오직 사회적 약자에게 상대적으로 더 이익이 되고, 모든 이에게 공정한 기회가 주어질 수 있을 때뿐이라는 것이다(차등의 원칙). 롤스는 자신이 제안한 몇몇 방법론적 절차들, 예컨대 모두가 자신의 조건에 대해서 무지한 상태로 계약에 나서고 치밀하게 안배된 절차들을 거치면 모든 사람들이 결국은 이 두 원칙에 합의하게 될 것이라고 주장한다.

롤스의 의도는 분명하다. 우선 사람들의 욕망 크기를 측정하거나 만족의 크기를 측정하는 일이 현실적으로 어렵기 때문에 공정성의 판단 기준을 분배에 참여하는 사람들의 합의 과정에 맡겨서 마련한다는 것이다. 다음으로 그 합의에 이르는 절차를 정교하게 설계해서 모든 사람이 합의 결과에 승복하게 한다는 것이다. 그는 자신의 이론을 일종의 기하학적 증명과 같은 것으로 생각했다. 그것은 자신의 이론이 옳다는 것을 강조하기 위한 것이기도 하지만, 자신의 이론이 현실에서 구현되기 어렵다는 것을 우회적으로 표현한 것인지도 모른다. 기하학적 의미의 직선을 현실의 인간이 그릴 수는 없다. 과연 현실의 우리가 롤스가 말한 정의의 두 원칙에 합의할 수 있을까?

다만 모두가 합의할 수 있는 절차적 정의에 대한 존재 증명은 다양한 갈등 상황에서 합의를 해야 하는 현실 속에서 일종의 이념적 지향점의 구실은 할 수 있을 것이다. 롤스가 의도했던 것도 바로 그 이념적 지향점이 가능하다는 것을 보여주는 일이었다. 다시 말해, 서로 이해관계가 충돌하는 사람들이 완전한 합의에 이를 수 있는 방법이 이론적으로 불가능하지는 않다는 것.

## 다양성 사회에서 평등의 대가

어떤 가치도 절대적인 지위를 가질 수 없는 오늘날의 사회에서 순수한 절차적 정의는 민주주의의 정수를 반영한 것처럼 보인다. 이성적이고 합리적인 존재들이 머리를 맞대고 논의한 뒤 모두가 합의한 규칙에 따라 의사결정에 도달했다고 해보자. 그 결과가 어떻게 나오든 모두가 수용해야 한다. 그것은 오늘날 우리가 신봉하고 있는 민주주의의 기본 규범이기 때문이다. 그래서 절차적 정의가 도달할 수 있는 최선의 정치 형태는 아마도 이상적 조건에서 성공적으로 운영되는 민주주의일 것이다. 롤스는 이를 '공정fairness으로서의 정의'라고 규정한다. 사회 정의를 특정한 도덕적 이념이 아니라 오직 절차의 공정성으로 가늠해 보자는 의미다. 신神이나 플라톤의 '좋음'처럼 제1의 위치를 차지하는 어떤 도덕적 가치가 객관적이고 보편타당하게 입증될 수 있다면야 모르겠지만, 그런 확실함이 우리 사회의 몫은 아니다. 아무튼 도덕적 다양성을 존중하는 다원화된 사회에서 절차의 공정성을 강조한 롤스의 생각은 확실히 호소력이 있다. 그렇다면 우리 사회는 그런 지향점에 어느 정도까지 도달해 있을까?

유감스럽게도 우리나라 사람들은 우리 사회가 공정한지에 대해서 몹시 회의적이다. 21세기가 시작될 무렵 국내 모 신문사에서 조사한 바에 따르면 한국 사회가 공정한가라는 물음에 대해 52.6퍼센트가 '그렇지 않다'고 대답했다.[4] 끔찍했던 IMF 시기를 지나고 있던 시절이었다. 그로부터 17년의 세월이 지난 2017년 초에 있었던 조사에 따르면, 76.2퍼센트의 사람들이 우리 사회의 공정성이 낮다고 대답했다.[5] 시간이 지난 만큼 우리 사회가 불공정하다고 느끼는 사람의 수도 늘어난 것일까? 부동산 문제로 몸살을 앓고 있는 요즘은 어떨까?

통계가 언제나 진실을 말하는 것은 아니지만 실제로 우리 사회가 더 불공정해졌을 가능성은 높다. 양극화 현상의 심화는 그저 우리나라만의 문제가 아니라 전 지구적 문제이기 때문이다. 신자유주의가 사회를 지배하는 이념이 된 후 언제나 화두는 중산층의 붕괴 문제였다. 설령 현실이 그때나 지금이나 크게 악화되지 않았다 하더라도 이런 사정이 달라지지는 않았다. 더 중요한 것은 현실 자체가 아니라 그 현실을 바라보는 사람들의 인식이기 때문이다. 따라서 우리 사회의 공정성에 대한 해석은 과거에 비해 우리나라 사람들의 공정성 판단기준이 더 높아지고 엄격해졌다는 이야기가 될 수도 있다.

민주주의는 공정성을 그 존재 근거로 삼고 있다. 공정하지 못한 절차와 결과는 민주주의가 성장할 기반을 무너뜨린다. 그것은 궁극적으로 평등이라는 민주적 가치에 닿아 있다. 오랫동안 사람들은 이렇게 말해왔다. "누구에게나 기회는 열려 있어야 한다. 그런 다음 공정한 절차에 따라 경쟁한다면 그 결과에 승복할 것이다!" 그러나 그런 사회는 쉽게 이루어지지 않았다. 무엇보다 모든 이의

---

4 『한겨레신문』 2000.12.31자 보도. http://legacy.www.hani.co.kr/section-005000000/2000/005000000200012311828005.html

5 KBS뉴스 2017.1.1자 보도. http://news.kbs.co.kr/news/view.do?ncd=3403694

출발선이 다르기 때문이다. 서로 다른 출발선은 모두에게 열려 있다는 기회의 개방성을 무력화시키곤 한다. 어떤 사람에게는 그 기회가 실질적인 기회가 되지만, 또 어떤 (아마도 대부분의) 사람들에게는 그저 공허한 이념일 뿐이기 때문이다.

토마 피케티Thomas Pikkety는 『21세기 자본』이란 책으로 일약 세계적인 명성을 얻었다. 재미라고는 별로 없는 이 책의 명성은 직관적이고 간단한 주장 때문이었다. 이제까지 역사에서 자본의 수익률은 항상 경제성장률을 앞섰다는 것. 즉 돈을 가진 자는 단지 그 돈을 가지고 있다는 것만으로도 노동해서 돈을 버는 사람들보다 더 많은 수익을 올려왔다는 것이다. 그저 소망이라면 건물주가 되는 것이라는 사람들의 감각은 얼마나 정확한가. 우리는 마땅히 그런 사람들을 재야의 고수라고 불러야만 한다. 비록 피케티의 이론에 대해서는 이런저런 논란이 있지만, 그 논란의 크기만큼 직관적인 호소력도 크다. 태어날 때 부모가 손에 쥐어주는 숟가락의 종류에 따라 그의 인생 전체가 결정된다고 믿지 않는 사람은 거의 없다. 피케티의 주장은 치열한 노동현장에서 경쟁하는 수많은 사람들의 우울한 현실 자각처럼, 현재의 시장자본주의 구조 아래서는 타고난 불평등이 개선될 여지는 거의 없다는 비관적인 전망이었다.

어느 누구도 자신이 잡게 될 숟가락을 선택하지 않는다. 내가 금수저를 잡게 될지 아니면 흙수저를 잡게 될지는 순전히 우연이다. 그런데 하필 그 우연이 내 출발선을 결정한다. 그로 인해 내가 아무리 빨리 달려도 역전할 수 없는 격차가 존재한다. 마치 앨리스가 이상한 나라에서 붉은 여왕과 함께한 달리기 경주처럼 나는 열심히 달리고 있는데 내 옆의 풍경도 덩달아 달리는 바람에 도무지 앞으로 나아가질 못한다. 나보다 앞서 있는 사람들을 따라잡는 것은 요원해 보인다. 심지어 출발선이 앞서 있는 사람들이 더 빨리 달릴 수 있는 아이템들을 앞서서 획득하는 바람에 격차가 점점 더 벌어지는 것만 같다.

물론 인간 사회에는 언제나 마약과도 같은 위안거리들이 있다. 때때로 열악한 현실을 뒤엎은 영웅들의 이야기가 들려오기 때문이다. 그들의 특징은 낭떠러지에서 굴러 떨어졌는데 하필 그곳이 금광인 것처럼 억세게 운이 좋다는 것이다. 물론 타고난 재능과 부단한 노력으로 영웅이 된 사람들도 있다. 그들의 성공은 대부분의 사람들에게는 없는 재능을 가진 것만으로도 모자라서 평범한 사람으로서는 지속하기 어려운 열정과 노고를 기울인 대가였다. 그래서 보통 사람들이 보기에 현실은 그저 노력한다고 성공하는 것이 아니다. 맨땅에 헤딩해서 골을 넣을 수 있을까? 많은 사람들이 미래 사회에 대해 비관적인 전망을 갖는 것은 출발점의 차이를 극복하기 쉽지 않은 현실에 대한 본능적인 반응이다. 삶의 현실이 우리에게 가르쳐 주는 평등한 사회의 소박한 진실은 이런 것이다. "누구나 성공할 수 있지만 누구나 성공하지는 못한다."

조사된 자료를 보면[6] 우리나라 사람들의 미래 전망은 지속적으로 나빠지고 있다. 특히 조사 대상들은 본인이 계층 이동하기보

---

6 통계청 2017년 사회지표, 『이코노믹리뷰』 재인용. http://www.econovill.com/news/articleView.html?idxno=334209

<상계층이동 가능성 '높다'>

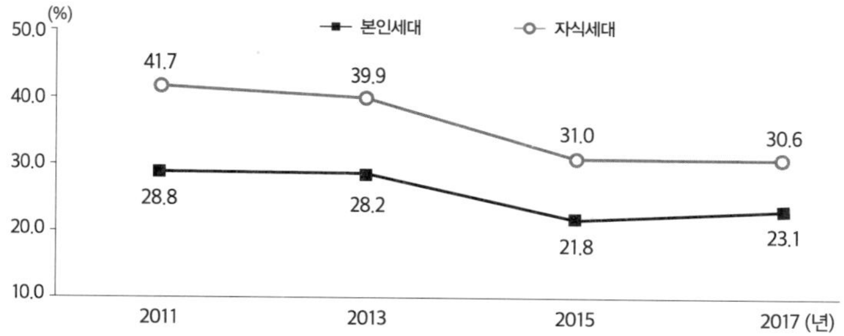


**자료 : 통계청 「사회조사 보고서」**

다 자식들이 계층 이동하기가 더 어려울 것이라고 전망하고 있다. 2011년과 2017년을 비교할 때 본인의 계층 이동 가능성에 대해 긍정적으로 응답한 비율이 5.7퍼센트 감소한 데 반해, 자식들의 경우는 11퍼센트 감소한 것을 보면 계층 이동의 가능성이 미래에는 더욱 낮아질 것이라고 보고 있는 셈이다. 심리학에서 말하는 자기충족적 예언처럼 많은 사람들이 미래가 어떻게 될 것이라고 믿고 그에 따른 행동전략을 세울 때, 실제 미래는 그렇게 될 가능성이 높다. 경영학의 구루라고 칭송받은 피터 드러커의 말처럼 미래는 그저 다가오는 것이 아니라, 우리가 어떤 선택을 하느냐에 따라 만들어지기 때문이다.

미래 전망이 어두운 이유에는 공정성에 대한 판단이 매개되어 있다. 많은 사람들이 가난한 자는 더 가난해지고 부유한 자는 더 부유해질 것이라고 예상한다. 그래서 좀 더 공정한 방법, 더 평등한 세상을 만들기 위해 노력해야 한다고 믿는다. 비록 타고난 불평등이야 있겠지만 가능한 한 그 불평등을 좁히기 위한 조치를 취해야 한다고 믿는 것은 우리의 자연스러운 정의감에도 잘 들어맞는다. 그래서 그런 절차의 원리적인 가능성과 모형을 제안한 롤스의 이야기는 평등한 사회를 꿈꾸는 많은 사람들에게 공감을 얻을 수 있었다.

평등하고 공정한 사회에 대한 열망은 그저 경제적인 평등만을 말하지는 않는다. 사람들이 경제적인 평등에 주목하는 이유는 그것이 인간다운 삶의 가장 기본적인 조건에 해당하기 때문이지, 다른 영역에서 평등이 중요하지 않다는 것은 아니다. 오늘날과 같은 다양성 사회에서 평등은 인간 삶의 모든 영역에서 중요한 가치이다. 소수자들의 인권 문제가 대표적이다. 다양성 사회는 말 그대로 서로 다른 삶의 양식들이 공존하는 사회이다. 살아가는 방식이 다르다는 이유로 차별이 일어난다면, 그것은 가난하기 때문에 차별받는 것과 다르지 않다. 만약 우리가 경제적인 불평등을 심각한 문제라고 생각한다면, 그와 똑같은 논리로 문화적 차이가 차별로 이어지는 불평등 문제 역시 심각하게 받아들여야 한다. 우리 사회에서 이른바 '갑질'에 대해 예민한 것은 어떤 이유로든 한 인간의 존엄은 침해받을 수 없다고 믿기 때문이다. 그런 원리가 오직 돈과 직업의 문제에만 국한될 리는 없다. 왕따나 혐오는 문화적 다수가 소수에게 행하는 갑질이다. 그런 의미에서 평등의 이념은 사회 전반으로 확장되어야 한다.

그런데 그런 평등한 사회가 되기 위해 우리가 지불해야 하는 대가는 무엇일까? 앞으로 우리가 점점 더 신뢰할 수밖에 없게 될 자연과학자들의 이론—예를 들어 물리학자들의 생각—이 옳다면, 우주에 존재하는 에너지의 총량은 변하지 않으며, 우리 우주는 대칭성을 기본원리로 삼고 있을 것이다. 따라서 체계의 균형을 유지하기 위해서는 어느 한 곳에서 플러스 값이 생기면 그에 대한 보상효과로서 마이너스 값이 발생하는 쪽이 생겨야 한다. 유사한 관점에서 하나의 시스템이 새로운 질서가 나타나는 다음 단계로 진화하기 위해서는 기존 질서가 붕괴되는 혼란을 겪어야 한다. 그 혼란은 말하자면 다음 단계로 진화하기 위한 일종의 기회비용이다. 불공정한 사회 혹은 불평등한 사회가 좀 더 공정하고 평등한 사회가 되기 위해 지불해야 하는 대가는 무엇일까? 우리가 그 대가에 대해 진지하게 고민하지 않는 한, 기회비용으로 치러야 할 값은 결코 적지 않을 것이다. 그 비용의 이름은 '가치 전쟁'이다.

우리 사회는 일종의 과도기를 통과하고 있다. 민주주의적 가치와 평등에 대한 감수성은 높아졌지만 현실의 사회제도들과 사람들의 인식, 그리고 무엇보다 변화하고 있는 현실을 대하는 태도는 아직 충분히 성숙하지 못했다. 이러한 괴리는 서로 다른 문화적 배경을 가진 사람들이 공존해야 하는 다양성 사회에서 하나의 위협 요인이 되고 있다. 하나의 사회적 시스템이 다음 단계로 발전하기 위해서는 다소 간의 혼란이 동반된 위기를 비용으로 치러야 한다. 그 위기가 더 좋은 사회를 위한 기회비용이 될지, 아니면 파국으로 끝날지는 열려 있다. 어떤 미래를 선택하느냐는 전적으로 우리 모두의 몫이다.

# 2장

## 가치 전쟁

## 왜 '가치 전쟁'인가?

가치 전쟁은 말 그대로 가치들 간의 서열 전쟁, 어느 가치가 더 중요한지를 둘러싸고 벌어지는 대결이다. 이를테면 신념 체계의 대결을 의미한다. 그 대결은 자신의 삶과 관련한 한 개인의 고민으로부터 사회적 문제를 둘러싼 집단 간의 이념적 갈등에 이르기까지 다양한 스펙트럼을 갖는다. 누군가는 불확실한 미래보다는 오늘의 행복이 더 중요하다고 믿고 지름신을 소환한다. 반면 미래가 불확실하므로 오늘 더욱 아껴야 한다고 믿는 사람도 있다. 누군가는 내내 일만 하고 사는 개미의 일중독과 불행을 말하지만, 또 다른 누군가는 개미에게 자비를 바라는 베짱이의 파렴치함을 말한다. 어떤 이는 우리 사회가 가장 중요하게 여겨야 하는 가치가 개인의 자유라고 말하지만, 그 옆 사람에게 개인의 자유는 오직 공동체의 안정을 전제로 할 때만 의미가 있다.

나의 삶에서 어떤 것이 더 소중한지를 결정하는 일은 경쟁 사회에서 치열하게 살아가는 데 가장 중요한 선택이다. 하지만 오늘날과 같이 정보 과잉의 시대는 바로 그 과잉 때문에 현명한 선택을 어렵게 만든다. 내가 이걸 선택하는 바람에 놓치게 될 다른 떡들이 너무 커 보인다. 그 덕에 결정 장애는 정보 과잉 시대를 살아가는 세련된 현대인의 만성 질환이 되었다. '메이비 세대'Generation Maybe나 '결정 장애 세대'라는 말이 요즘 세대들을 대변한다. 내가 뭔가를 선택하려고 할 때, 그로 인해 놓쳐야 할 수많은 다른 선택지들이 자꾸만 눈에 아른거린다. 게다가 한번 선택을 잘못하면 끝이라는 괴담들도 넘쳐나지 않는가.

무엇이 더 좋은 선택이고 올바른 선택인지를 가늠하기는 쉽지 않다. 그래서 어떤 때는 차라리 누군가가 대신 선택을 해주었으면 하고 바라기까지 한다. 그러나 좀 더 심각한 문제는 그러한 경향이 개인적이고 심리적인 차원을 넘어서 사회적 의사결정 과정으로 확산되었을 때이다. 사회적 의사결정은 결국 우리 사회의 미래에 관한 결정이다. 따라서 결정이 잘못되면 내 미래도 불안해진다. 각종 미디어에서 쏟아내는 수많은 정보들은 현명한 선택을 점점 더 어렵게 만든다. 미디어들이나 정당들은 물론이고 사회관계망 서비스SNS를 통해 뜻을 맞춘 사람들도 자신들이 중요하다고 생각하는 것이야말로 우리 시대에 가장 소중한 가치라고 외친다. 가치 전쟁은 그렇게 시작된다.

가치 전쟁은 일종의 대리전이자 서열 전쟁이다. 나관중의 소설 『삼국지연의』에 나오는 대부분의 전투에서 그렇듯 각 진영은 가장 뛰어난 용력의 장수들을 먼저 내보내 겨루게 한다. 상대 집단의 기를 꺾기 위한 과시적이고 낭만적인 전쟁으로 시작하는 것이다. 그래서 오늘날에도 자기 진영에 뛰어난 논객이 있다면 전략적으로 유리한 위치를 점하게 된다. 공적인 미디어는 물론 SNS도 이 시범적 전투의 소식을 전하는 연락망 구실을 한다. 논객들의 전투가 세상을 시끄럽게 달구면 개별 전장에서는 소리 없는 전투가 일어난다. 그나마 이런 낭만이 유지되기라도 하면 다행이다. 전장이 격화되기 시작하면, 그때부터는 스파게티 웨스턴이다. 상대가 어디를 보고 있는지 상관없다. 상대가 등을 보이면 차라리 잘됐다며 쏘아버린다.

가치 전쟁은 개인 대 개인, 혹은 집단 대 집단, 최악으로는 개인 대 집단 간에 일어날 수 있다. 각자가 믿고 있는 가치가 더 중요하고 높은 순위의 가치라는 것을 인증 받는 갈등의 과정이다. 우리 주변과 사회에서 일어나는 갈등과 그 갈등을 해결하는 방법은 다양하다. 물리적인 힘으로 갈등을 해결할 수도 있고, 돈으로 해결할 수도 있으며, 진지한 대화가 갈등을 해소시킬 수도 있다. 가치 전쟁의 양상은 우선 이성적이고 합리적인 논쟁으로부터 시작한다.

그것은 세상일을 바라보는 관점, 다시 말해 일종의 패러다임 경쟁이며, 따라서 왜 이 가치가 다른 가치보다 더 중요한지를 상대방이 납득하도록 설득하는 경쟁이다. 그런 의미에서 가치 전쟁의 형식은 이론적 갈등이다. 하지만 논쟁의 방식과 양상은 다양하다. 가족들 간의 밥상머리에서 일어날 수도 있고, 온라인 공간에만 거주하는 무수한 적들과 조우하면서 일어날 수도 있다. 또 논쟁이 늘 합리적이기만 한 것도 아니다. 경우에 따라서는 논쟁이라 할 수도 없는 다툼도 있고, 폭력적인 방식이 동원되는 경우도 있다. 처음에는 이론적인 경쟁으로 시작했으나 폭력적인 방식으로 전화되는 경우도 적지 않다.

물론 아무리 격렬한 전투가 벌어지더라도 폭력은 안 된다. 물리적인 폭력은 말할 것도 없고 혐오 표현과 같은 언어적 폭력 역시 비난받아야 마땅한 행위다. 그것은 민주주의 사회의 기본 원리를 위협하는 행위다. 그럼에도 폭력적 양상이 적지 않다. 폭력에는 언제나 이유가 있게 마련이다. 합리적인 방식으로는 결코 상대를 설득할 수 없었다는 것. 그러한 변명의 근거에는 나는 옳고, 설득되어야 하는 상대방은 잘못이라는 생각이 숨어 있다. 그러면서도 '겸손한' 그들은 늘 다른 사람들에게 이렇게 말하곤 한다. '인간은 언제나 오류를 저지를 수 있는 존재다!'

## 평등의 역설

가치 전쟁이 일어나는 가장 근본적인 이유는 우리 모두가 평등하기 때문이다. 일단 사람마다 생각이 다르므로 가치들의 서열은 각자가 매길 수 있다. 누군가에게는 돈이 가장 중요하겠고, 누군가에는 사랑이 가장 중요할 테고, 또 다른 누군가에게는 건강이 중요하다. 아리스토텔레스가 말한 것처럼 그 모든 가치들을 포괄하는 것은 행복이라고 주장할 수도 있겠지만, 그때 행복은 그저 형식적인 개념일 뿐이다. 누군가는 돈이 있어야 행복할 수 있다 말할 것이고,

누군가는 사랑 없이는 행복도 없다고 생각할 것이고, 또 누군가는 건강하지 못한데 무슨 행복을 말하느냐고 할 것이다. 우리 모두가 평등하다면, 각자가 가장 소중하다고 믿는 가치들 역시 평등해야 한다. 내가 중요하다고 생각하는 것이 다른 사람의 것보다 아래라면 왠지 내가 다른 사람보다 아래인 것만 같다. 그것은 평등의 원칙에 위배되는 것은 아닌가?

생각이 서로 다른 사람들이 함께 뭔가를 도모하고 의사결정을 해야 한다면 갈등은 불가피하다. 의사결정은 어떤 문제 사안에 대한 선택이고, 선택은 내가 중요하다고 믿는 가치를 기준으로 이루어지기 때문이다. 설령 어떤 이유로 갈등이 종료되더라도 그 패배는 진정한 패배가 아니라 일시적인 현상일 뿐이다. 진정한 승복으로 갈등 상황이 종료되는 경우는 가뭄에 콩 나듯 드물다. 그것은 그저 전술적인 후퇴일 뿐이다. 권토중래捲土重來는 언제든 가능하고, 경우에 따라서는 오월동주吳越同舟마저 가능하다. 상황에 따라서 가치 서열은 언제든 바뀔 수 있는 것이 아닌가? 어차피 이런 상황인데 내가 중요하다고 믿는 가치가 다른 사람의 그것보다 못할 것이 무엇인가?

개인의 선택과 관련된 문제라면 그나마 낫다. 나와 생각이 다른 그 사람을 안 만나면 된다. 그런데 사회적 문제라면 사정이 다르다. 그것은 내가 살아내야 하는 사회의 미래를 선택하는 문제다. 상대방이 내가 잘 알고 있는 사람이든 생전 만나지 않을 사람이든 상관없다. 어쨌든 그들의 주장대로 사회가 바뀌면, 그렇게 바뀐 사회에서 내가 살아야만 한다. 그들의 주장대로 사회가 바뀐다면 혹시

나 내게 피해가 올지도 모르는 일이다. 그래서 사회적 문제와 관련된 가치 전쟁의 목표는, 그것이 선의이건 악의이건 간에 사회 발전을 명분 삼아 자신들과 함께해 달라는 (혹은 한 표의 신성한 권리를 자신들 쪽으로 보내달라는) 것이다.

일견 '평등해 보이는' 가치들 중에서 무엇이 더 중요한 가치인지를 판단하기란 쉽지 않다. 가뜩이나 생각하고 고민하는 일 자체가 피곤한 세상이다. 다행히 직관적인 해결 방법이 있는 것처럼 보인다. 무엇이 나의 이익에 도움이 되는지 따져보는 것이다. 심지어 바로 그런 선택이야말로 '보이지 않는 손'에 의한 마법을 완성시킨다고 말하는 전문가들도 있다. 그들은 우리 모두가 자신의 이익을 도모하는 과정에서 최적의 의사결정이 이루어지는 마법이야말로 민주주의 사회의 특징이라고 말한다. 그 덕에 오직 나에게 이익이 되느냐 되지 않느냐만 따지는 '단순한' 선택을 해도 거리낄 것이 별로 없다. 왜냐하면 민주주의 사회의 의사결정 과정 자체가 그런 것 같고, 어차피 정답도 없는 문제들일 테니 말이다.

사람들은 이러한 대결을 오늘날과 같이 고도로 다원화된 사회가, 그리고 문화적 다양성을 존중해야 하는 사회가 지불해야만 하는 일종의 사회적 비용으로 생각할 수 있다. 개인의 사적 영역을 존중하기 위해서는 그의 신념도 존중해주어야 한다. 다양한 형태의 갈등이나 이해관계의 충돌은 불가피해 보인다. 그렇다면 문제는 이러한 비용 자체를 어떻게 봐야 하는가이다. 가치 전쟁이 우리 사회가 성장하고 발전하기 위해 필요한 비용이라면 기꺼이 그리고 마땅히 지불해야 한다. 그것은 더 좋은 세상을 만들기 위한 투자일 것이기 때문이다. 그러나 과도한 비용은 오히려 사회적 시스템 자체를 붕괴시킬 수도 있다. 따라서 각각의 사회 구성원들은 이러한 비용의 의미를 판단하라고 요구받는다.

평등주의에 입각한 다양성 사회에서 개인은 가치관의 충돌로 인한 사회적 비용을 어떻게 볼지를 선택해야 한다. 이것은 누가 어떤 가치를 중요하게 여기느냐 하는 문제와는 또 다른 차원의 문제다. 가치 전쟁 자체를 평가하는 태도이기 때문이다. 이제 우리 앞에는 세 가지 선택지가 놓여 있다. 첫째, 더 좋은 사회로 가기 위한 불가피한 비용으로 보고 감내하는 것. 둘째, 불필요하거나 과도한 비용으로 보고 적절한 제어가 필요하다고 보는 것. 마지막으로 그런 논란이나 논쟁을 기피하고 무관심해지는 것.

## 관용의 사회에서 갈등의 사회로

사회적 갈등이 더 좋은 사회로 가기 위해 지불해야 하는 비용이라면, 그런 비용은 불가피하고 당연하다고 여겨야 한다. 그래서 우리 사회에서 개인의 자유와 삶의 다양성이 주제가 되기 시작한 1990년대 이후 '관용'은 민주주의 사회의 시민이 갖추어야 하는 바람직한 덕목으로 여겨졌다. 개성은 존중되어야 하고, 취향이 독특하다는 이유로 비난받지 않아야 한다. 남들과 다른 생각을 갖고 있다고 해서 핍박받을 이유도 없다. 다양성을 존중하는 사회에서 관용은 시민의 불가결한 자질이다. 프랑스 파리에서 오랜 세월을 보낸 홍세화의 책 『나는 빠리의 택시운전사』(1995)는 우리 사회가 다양성 사회로 진입하기 시작하고, 과거의 잣대로는 이해할 수 없었던 이른바 X세대가 등장한 시기에 출간되어 커다란 사회적 반향을 일으켰다. 그 책에서 민주적 사회의 기본 조건으로 거론한 것이 '똘레랑스'tolerance 곧 관용이다.

그러나 그런 다양성 사회가 껴안아야 할 대상에는, 사회적 갈등이라는 비용을 그저 소모적이며 낭비라고 생각하는 사람들도 포함된다. 그들 중 많은 사람들이 그런 갈등을 만들어 내는 원인제공자들, 달리 말해 뭔가 '다른' 사람들을 불편하게 여긴다. 다만 확신 없는 자신의 입장이 자칫 사회적 비난의 대상이 될까봐 조용하고 소심하게 자신에게 주어진 한 표를 행사할 뿐이다. 이른바 '샤이'한 시민들이다. 똑같은 의미에서 뭔가 '다른' 반대편 사람들도 마찬가지다. 사회적 소수자들 역시 자신의 생각이 대부분의 사람들과는 다르다는 사실을 공공연하게 드러내지 못한다. 무엇보다 '평범' 또는 '정상'을 가장한 다수의 횡포가 두렵기 때문이다. 자신의 차이를 드러낼 경우 초래될지 모르는 불이익에 대한 두려움이 그들을 소심하게 만든다.

그런데 사정이 달라지기 시작했다. 21세기에 들어서 온라인과 모바일을 통한 의사소통 방식이 일상에 자리를 잡으면서 새로운 가능성들이 드러났기 때문이다. 소심했던 사람들은 새로운 정보 유통 경로를 통해 자기 말고도 소심한 사람들이 의외로 많다는 사실을 확인하게 된다. 이제 좀 더 자신감을 가지고 자신들의 의견을 드러내기 시작한다. 그들은 민주주의의 원칙을 지켜가며 '연대'하기 시작한다.

본래 연대는 약자들이 강자에 대항하기 위한 구호였다. 달리 말해 피해자들의 구호였다. 그런데 문제는 모두가 자신이 피해자라고 생각하기 시작했다는 것이다. 성소수자들은 당연히 사회적 통념의 피해자로서 연대하지만, 그 반대편의 입장에 있는 사람들 역시 자신들도 피해자라며 연대하기 시작한다. 성소수자에 대해 부정적인 생각을 갖고 있어도 드러낼 수 없는 사회적 상황, 다시 말해 특정한 가치관을 강요받는 피해자라고 생각하는 것이다. 그래서 연대는 이제 사회학적이고 윤리적인 의미보다는 정치적 의미를 가진 용어로 전용되기 시작했다. 다수와 소수의 문제가 아니라, 가진 자와 못 가진 자 사이의 문제만이 아니라, 누구든 자신의 정치적 의사를 관철시키기 위한 방법을 뜻할 뿐이다. 자연스럽게 정치적으로 위험한 경우들, 민주주의 자체를 위협할 수도 있는 문제들이 드러나기 시작했다. 개인과 개인 사이의 갈등과 달리 집단 간 갈등, 특히 평등한 민주주의 사회 내에서 집단 간 갈등은 사회 전체에 미치는 영향력이 훨씬 크다. 특히 해당 집단에서 '여론'이 형성되는 과정과 우발적인 사건들에 대한 감정적 대응은 문제의 갈등을 이성적으로 통제할 수 없는 상황으로 몰고 간다.

그래서 사회적 갈등을 오직 위험한 것으로만 보는 사람들은 그런 갈등 상황을 위기로 정의하고, 가능한 한 빨리 종식되어야 한다고 믿는다. 그 과정에서 사용하는 수단은 목적에 의해 정당화되기도 한다. 왜냐하면 자신들이 옳은 일을 하고 있다고 믿기 때문이다. 위대한 문호 괴테도 무질서보다는 차라리 불의가 낫다고 말하지 않았던가. 결국에는 결과가 말해줄 것이며, 자신들의 주장이 옳았음을 역사가 증언해줄 것이다. 하지만 실제 역사의 증언은 그런 판단이 위험한 폭력으로 이어질 가능성이 크다는 것이었다. 그리고 이미 우리 사회에서 그런 징후는 차고 넘쳐 보인다. 가장 명백한 증거는 특정한 사람들을 상대로 하는 '혐오 표현'이 일상 속에서 너무나 쉽게 사용되고, 또 들을 수 있다는 사실이다. '관용'이라는 말이 시대의 상징이 된 지 채 한 세대가 지나지 않았는데 말이다. 온갖 종류의 혐오 표현들은 사람들을 범주화하고 분류하게 만든다.

## 분류의 정치학과 혐오

본래 분류하기는 생명체가 자신의 환경을 상대로 생존 게임을 이어나가기 위해서 필요로 하는 최초의 행동전략이다. 무엇이 먹이이고 무엇이 위험한지 구분해야 하기 때문이다. 대부분의 생명체들은 본능적으로 분류 시스템을 갖고 태어난다. 인류라고 예외일리 없다. 수십만 년 전 야생의 상태에서 다른 종의 동료들과 경쟁해야 했던 우리 선조들 역시 무엇이 위험한지, 무엇이 도움이 되는지를 파악하고 분류해야 했다. 다만 인류는 말과 문자라는 혁신적인 의사소통 수단과 능력을 개발하면서 지구상의 다른 동료들과는 비교할 수도 없는 상세한 분류 과업을 완성해낸다.

프랑스의 생화학자 자크 모노Jacques Monod는 인류의 등장을 자연의 유기화학 시스템이 만들어낸 기적 같은 성취로 보았다. 그는 인류가 고도의 문명을 이룩할 수 있었던 데는 뇌의 시뮬레이션 능력을 계발해온 이유가 컸다고 말한다.[7] 신체 능력이 변변치 못했던 초기 인류에게 커다란 동물을 사냥하는 것은 위험한 일이었다. 사냥 대상의 움직임을 미리 예측하지 못한다면 사냥에 실패하는 것은 물론이고 도리어 목숨을 잃을 수도 있었을 것이다. 일반적인 의미에서 시뮬레이션은 주어진 현실의 조건들을 토대로 미래에 발생 가능한 사건들을 짐작해보는 일이다. 인류는 화려한 언어적 기술을 통해 미래를 그려보고 그것을 통해 현재 상황에서 어떤 선택을 해야 하는지를 결정하는 기술을 발전시켜 왔다. 그 기술이 바로 '시뮬레이션'이며, 시뮬레이션을 가능하게 하는 의미론적 능력이 '분류'다. 시뮬레이션을 할 수 있으려면 무엇보다 계획의 공간 안에 들어오는 모든 것들을 상세하게 분류할 수 있어야 한다. 대상들에게 이름을 붙이고, 이름 붙인 대상들을 다시 범주적으로 구분한다. 범주화된 대상들 사이에는 자연스럽게 관계가 생겨나고, 다시 그 관계를 토대로 다양한 행동전략들이 세워진다. 도움이 되는 것들은 지근거리에 배치하고, 위험하다고 여겨지는 것들은 격리시킨다. 효과적인 분류는 효과적인 행동전략을 세울 수 있는 기초자료가 된다.

뭔가를 분류하는 일은 (과거와는 조금 다른 의미로) 생존경쟁이 치열한 오늘날에도 여전히 중요한 과업이다. 디지털 사회에서 정보의 분류는 경쟁력의 원천이다. 잘 분류된 정보는 비용을 아끼고 새로운 상품을 개발할 수 있는 기초자료가 된다. 지금도 지구에서 가장 거대한 기업집단들이 '빅데이터'라는 이름으로 쉬지 않고 정보를

7 자크 모노, 『우연과 필연』, 조현수 옮김, 궁리, 2010, 제8장 참조.

모으고 분류하고 있는 중이다. 고도의 분류 행위는 인류가 문명을 발전시킬 수 있는 가장 분명한 지적 동력이었다.

문제는 이러한 생존도구가 정치적 의미를 갖게 되는 순간 폭력으로 비화할 가능성도 있다는 점이다. 우리 편을 만드는 제일 좋은 방법은 적군이 누구인지를 분명히 하는 것이다. 설령 선한 의도로 행해진 분류라고 하더라도 본래 의도와 상관없이 부작용을 낳기도 한다. 탁월한 분석가인 웬디 브라운은 오늘날의 다양성 사회에서 불가결한 가치인 '관용'이 정치적 의미를 갖게 되는 순간을 정체성의 생산과 관련짓는다.[8] 그것은 특정 사람들이나 집단에게 '이름'을 붙임으로써 그들이 특정 형태의 대접을 받아야 한다는 것을 공식화하는 일이기 때문이다. 이름은 경계를 형성하고, 그 경계는 분류대상이 된다는 것을 뜻한다. 분류되지 않는 '평범한'(또는 '정상적인') 사람들, 그들은 바로 '우리'다.

분류라는 의미론적 행위가 어떻게 정치적으로 악용될 수 있는지 가장 잘 보여준 사람은 푸코Michel Foucault였다. 웬디 브라운이 관용이라는 윤리적 개념에서 정치적 오용 가능성을 읽어낸 것 역시 푸코 덕이다. 푸코는 『감시와 처벌—감옥의 탄생』에서 분류 행위가 일종의 정치적 기술로 근대 사회 전반에 광범위하게 확산되는 과정을 생생하게 그려낸다. 르네상스 시기 공동체를 보호하기 위해 전염병을 앓는 사람들을 격리 또는 분리시키는 방법의 효과가 드

8 웬디 브라운, 『관용—다문화제국의 새로운 통치전략』, 이승철 옮김, 갈무리, 2010, 37쪽 이하 참조.

러나자, 근대 유럽은 병원 제도의 개혁을 통해 공중보건의 수준을 향상시킬 계기를 마련한다. 이윽고 정신 질환을 가진 사람들이 격리되고, 노동 의지를 갖지 못한 사람들도 격리 또는 분리된다. 신체에 대한 조작을 통해 정신을 개조하는 일련의 시설과 제도들의 효과는 일상 속으로 깊숙이 스며들었다. 건강한 시민을 만들기 위한 각종 행위 규칙들이 생겨났고, 감시의 시선이 전면화됨으로써 사람들은 '스스로'를 규제하고 통제할 수 있게 되었다. '자율성'은 적절하게 자기 검열을 할 줄 아는 예의바른 시민의 자질로 이해되기 시작했고, 그렇게 하나의 도덕적 이념으로 간주됨으로써 자연스럽게 탈정치화하였다. 그러나 푸코의 시각에서는 그 부작용 또한 분명했다. 그런 분류를 통해 정체성이 생산되고, '정상'과 '비정상'이라는 이성의 도식이 만들어졌으며, 그 도식은 마침내 '교정'이나 '교화'라는 이름의 폭력을 정당화하는 근거로 사용되었기 때문이다.

웬디 브라운은 다문화 사회에서 정치적 의미의 관용은 정체성 자체를 관용의 대상으로 삼는다고 말한다. '이름 붙여진 자들'(정체성이 부여된 자들) 즉 관용을 받아야 하는 자들은 관용을 베푸는 자에 비해 열등한 위치에 서게 된다. 분류 행위로 인한 심리적 효과는 우열의 도식이다. 나아가 관용의 대상이 되는 사람들을 향한 사회적 폭력을 사전에 정당화할 수 있는 계기도 마련된다. 이름 없이 평범한(정상적인) 우리는 이미 불편을 무릅쓰고 그들에게 관용이라는 시혜를 베풀고 있으므로, 그들이 관용의 한계를 넘어설 경우 받게 될 사회적 비난이나 처벌은 그들 스스로가 자초한 일이라는 것이다.

지하철에서 '경로우대석'은 고령자를 배려하기 위한 이름이지만, 존중받고자 하는 어르신은 가능한 한 그 자리에 앉아야 한다는 무언의 규칙이기도 하다. 그래서 '지정된' 자리에 앉지 않고 젊은 사람들 앞에 서있는 노인은 비난의 대상이 될지도 모른다. 더군다나 그들이 "내가 젊었을 때는…" 하고 훈계라도 시작하면 더 이상의 배려는 없다. 아직 철모르는 어린아이들을 위해서는 '노키즈 존'이라는 구역도 준비되어 있다. 어린아이는 '마땅히' 키즈 존에서 놀아야 한다. 그런 어린아이를 동반한 부모 역시 마찬가지다. 자칫하면 예의 없는 '맘충'이 될 위험이 있기 때문이다.

아담이 에덴동산에서 세상의 피조물들에게 이름을 부여했던 것처럼, 이름 붙임의 행위(정체성의 생산 행위)는 아주 오래된 유용한 문화적 전승이지만, 동시에 언제든 정치적으로 전용될 수 있는 위험한 도구이기도 하다. 혐오 표현을 사용하는 일은 분류를 정치적으로 활용하겠다는 의지의 표명이다. 그것은 사람의 지위를 사물들과 마찬가지인 대상으로 격하시킨다. 게다가 미워하는 감정이 동반된 분류는 적대적 관계를 만들어낸다. 그리고 '분류 행위를 주도하는 주체 집단'과 '분류되는 대상 집단'이라는 대결 양상을 낳는다. 이로써 의도했든 의도하지 않았든 혐오 표현을 사용하는 분류는 자동적으로 집단 간 대결로 귀결되고, 결국에는 민주주의 자체를 위협하는 수준에까지 이르게 된다. 무엇보다 미워하거나 싫어하는 감정이 뒤섞인 분류이기에 합리적이고 이성적인 대화가 애초부터 쉽지 않다. 남는 것은 세를 불린 대결뿐이다.

## 과열된 경쟁, 혐오의 앰프

사회를 관리하고 통치하기 위한 정치적 기술이 혐오라는 감정적이고 반사회적인 행위로 이어지게 되는 것은 그저 낯선 자들을 경계하는 자연적인 심리 때문만은 아니다. 그보다는 오히려 '경쟁'이라는 시장경제의 공리가 우리의 일상을 광범위하게 지배하고 있기 때문이다. 먹고사는 일이 문제가 되지 않는 경제 호황기에는 사람들이 너그러운 편이다. 떠돌이 나그네들마저 환영받을 수 있는 세상이 된다. 반면 먹고사는 일 자체, 생존이 문제가 되는 경우 이방인은 언제든 위험한 적이 될 수 있다. 낯선 그들이 내 일자리의 경쟁자라는 생각이 들기 시작하면, 그들을 대하던 너그러움은 사라진다.

유럽 각국에서 일하는 수많은 이주노동자들은 한때 산업의 역군으로 환영받았던 사람들이다. 그들은 저숙련 저임금으로 자국 사람들이 기피하던 3D 업종의 허드렛일을 맡아주었다. 그러나 경제위기가 발생하고 일자리가 줄어들자 그들은 자국인들의 삶을 위협하는 몰염치한 경쟁자가 되었다. 그들이 그동안 어떤 일들을 해왔는지는 관심 밖이다. 그저 자신들의 삶이 궁핍한 것은 그들 때문이라고 믿어버린다. 이주노동자들에 대한 혐오가 시작되면, 그들은 단순한 일자리 경쟁자가 아니라 사회 안정을 위협하는 사람들로 간주된다. 그들의 종교는 물론 식생활까지 모든 것들이 사회의 안정을 해치는 위험요소가 된다. 이런 상황이 우리라고 예외일까? 또 단순히 이주노동자들에만 해당되는 일일까?

대부분의 사람들에게 죄 없는 누군가를 미워하는 일은 내키지 않는 일이다. 양심에 거리끼는 일이기도 하고 내가 상대에게 한 대접 때문에 나 역시 그런 대접을 받을까봐 불안하기도 하다. 그런 죄의식과 불안으로부터 도피할 수 있기 위해서는 나의 행위를 정당화해줄 이유가 있어야 한다. 그래서 스스로에게 이렇게 말한다. "내가 그들을 비난하는 이유는 그들이 비난받아 마땅한 일들을 했기 때문이다!" 이렇게 스스로를 위안할 거리를 찾다보면 그들을 미워할 수 있게 해주는 사건들, 특히 온갖 종류의 미디어가 생산해낸 가공의 '현실'들을 접하게 될 때는 안도감마저 든다. 내 양심에 문제가 없다는 확신을 가질 수 있기 때문이다. 몇몇 난민의 일탈은 전체 난민에 대한 불편한 감정으로 확대 재생산된다. 게다가 사람들의 시선과 관심을 끌어야만 유지할 수 있는 온갖 종류의 미디어들이 그런 불편한 감정을 폭발시키는 점화플러그 구실을 한다. 이윽고 난민이나 이주노동자들 개개인의 정체성이나 특성은 사라지고 오직 그들 전체의 정체성만이 문제가 된다. 개인이 아닌 전체일 때, 분류도 단순해지고 적도 명확해지기 때문이다.

이런 불편한 현실의 뿌리에는 누구든 경쟁자라는 인식이 자리잡고 있다. 20세기 말 글로벌 경제가 확산되고 시장주의 철학이 일상을 지배하면서 하나의 관념적 '사실'로 굳어진 인식은 경쟁이 효율성을 가져다준다는 것이었다. 일찌감치 마르크스가 지적했고 악셀 호네트가 환기했던 것처럼, 사람들은 시장질서와 경쟁의 효율성을 어쩔 수 없는 사실로 받아들인다. 심지어 그것을 숭배하는 페티시즘마저 일상 속에 확산되어 있다. 특히 한국 사회의 젊은 세대들은 교육과 취업 과정에서, 말하자면 사회에 진입하기 위한 수련 기간 동안 '경쟁'이라는 말을 자신의 뇌 속에 각인시켜야 했다. 그 경쟁은 종종 '전쟁'이라는 말로 표현되곤 했다. 신자유주의가 성장의 화려함을 숫자의 마법으로 미화할 때 그 대가는 불평등의 심화였다. 화려한 승리만이 홍보되는 그런 경쟁 혹은 전쟁터는 모든 젊은 세대들에게 '도전하라! 그리고 승리하라!'는 욕망을 부추겼다. 2008년의 금융위기는 많은 사람들을 그런 미몽으로부터 깨어나게 한 기폭제였다.

하지만 오랜 시간 일상의 행위들을 지배해온 원리가 그리 쉽게 무너지지는 않는다. 금융위기 이후 어려워진 경제 상황은 경쟁의 패러다임을 성공을 위한 것으로부터 생존을 위한 것으로 바꿔버린다. 한때 '풍요했던'(이것 역시 사실은 현재가 너무나 팍팍한 탓에 일어난 과거에 대한 착시이지만) 사람들이 자신들이 누리는 혜택을 내놓아야 하는 상황에 대한 저항감은 생각보다 거칠었다. 분명 사람들은 이 열악해진 상황에 대해 분노했지만 그 분노를 쏟아낼 대상은 명확하지 않았다. 대다수 사람들은 여전히 시장주의 철학을 어쩔 수 없는 사실로 받아들였다. 이러한 혼란스러운 인식은 모종의 무기력증을 불러온다. '세상은 복잡해졌고 우리가 미워해야 할 적은 사람이 아니라 사회적 구조와 그런 사회 구조를 지탱하고 있는 질서가 아닌가? 그런데 가만, 이 위기가 오기 전까지 나는 그런 사회 구조에서 혜택을 받았던 것은 아닌가?' 여전히 변화하지 않는 것처럼 보이는 견고한 사회 질서, 그리고 그에 덧붙여진 일종의 부역자 의식은 마침내 회의주의로 이어진다. '우리가 저항한들 뭘 어떻게 바꾸겠는

가? 세상은 어차피 또 그렇게 굴러갈 텐데….'

사회를 지탱하고 있는 제도적 질서를 변경할 수 없는 사실로 받아들이고 나면, 내면에 쌓인 분노와 미래에 대한 불안감은 우리 주위를 어슬렁거리며 희생양을 찾게 마련이다. 그것이 혐오를 부추긴다. 그러나 혐오의 쌍생아는 복수다. 혐오의 대상은 자신에게 닥친 위기를 벗어나기 위해 자신을 혐오하는 상대를 '되혐오'하거나, 자신에게 쏟아지는 화살을 다른 쪽으로 돌리기 위해 또 다른 희생양을 찾는다. 이렇게 하여 사회적 갈등은 증폭되고, 경쟁을 생존 '전쟁'이라고 배운 사람들은 일상을 전쟁터로 변화시키고 만다.

시장주의가 결국은 민주주의마저 위협하고 있다고 진단한 웬디 브라운은 그의 책 첫머리에서 이렇게 밝힌다.

> "단순히 시장과 돈이 민주주의를 부패 혹은 타락시키고 있다거나 정치 제도와 정치 결과가 금융 자본과 기업 자본에 의해 점점 잠식당하고 있다거나 민주주의가 부자들이 집권하는 금권주의로 대체되고 있다는 주장을 하려는 게 아니다. 나는 오늘날 행정, 직장, 법정, 학교, 문화를 비롯한 광범위한 영역에 만연한 신자유주의 이성이 민주주의 구성요소의 명백하게 정치적인 특성, 의미, 실행을 경제적인 것으로 바꾸고 있다는 주장을 하고자 한다."[9]

오늘날 미래 사회의 혁신을 말하는 모든 담론들, 예를 들면 4차 산

---

9 웬디 브라운, 『민주주의 살해하기』, 16쪽.

업혁명, 인공지능, 트랜스휴머니즘, 심지어 우주 개척에 관한 이야기에까지 담겨있는 공통의 키워드는 여전히 경쟁이다. 이제 인류는 기계 지능이나 로봇과도 경쟁해야 하는 시대에 살고 있다. 말 그대로 존재하는 모든 것이 경쟁의 상대가 된다. 게다가 학교에서 배우는 생물학에서는 생존경쟁이야말로 진화라는 창발적인 변화의 동력이라고 말하지 않던가. 하지만 끝없는 경쟁은 사람을 불안하게 한다. 그 불안한 사회 속 개인들은 끊임없이 어디선가 자신을 위안시켜 줄 희생양을 찾으며 도시를 배회한다. 만약 그런 자신의 상태가 불편하다면 이불 속이나 산 속으로 들어가야 한다. 치열한 경쟁 사회는 우리에게 지속적인 선택을 강요한다. 무엇이 옳고 그른지를 따져볼 겨를도 없이, 그리고 우리에게 그런 압력을 행사하고 있는 힘의 정체가 무엇인지도 모르는 채 일단은 어느 편엔가 서야만 한다.

이 사회에서는 경쟁을 피할 수 없다는 관념, 그리고 그러한 인식에 따라 경쟁자들을 감시하도록 강요하는 사회는 모든 인간관계를 계산적 합리성의 관점에서 보도록 만든다. 이러한 사회적 변화는 몇 가지 원인들이 중첩적으로 작동하면서 더욱 증폭되고 있다. 예컨대 지난 세기 인류가 도달한 유례없이 풍요로운 생산력은 인간의 평균수명을 급격하게 늘려주었고, 그에 따라 인류는 지난 역사에서 단 한 번도 겪어본 적이 없는 고령사회로 진입하고 있다. 그것은 유감스럽게도 경쟁자의 목록에 새로운 이름이 올라간다는 것을 뜻한다. 다른 한편, 민주주의적 가치의 확산에도 불구하고 여전히 낡아빠진 사회 구조가 초래하는 온갖 종류의 불평등 문제는 평등에 대한 감수성을 지속적으로 높여왔다. 세대 갈등은 이러한 사회적 변화의 압축판이다.

## 세대 갈등에 관한 아주 직관적인 오해

세대 갈등은 오늘날 우리 사회에서 벌어지고 있는 다양한 형태의 가치 전쟁에서 가장 기저에 놓여있다는 점에서 중요하다. 세대 갈등의 한 양상은 가족 간의 갈등이다. 가족 구성원들 사이에서도 예외 없이 가치 전쟁이 일어난다. 가치 전쟁으로 인해 가족 결속력이 약해졌다면 다른 공동체들의 결속력은 더 말할 것도 없다. 게다가 가족은 사회 변화의 동력을 약화시키는 부역자 의식이 심화되는 공간이다. 사회 변화를 열망할 때 정작 내가 속해 있는 우리 가족이 그런 변화의 대상이 될 수 있기 때문이다. 통상 우리는 가족들 간의 가치 전쟁은 가능한 한 피하고자 한다. (밥상머리에서는 정치 이야기를 가급적 피하고자 하는 가족들의 경우가 그러하다.) 어찌되었든 계속 살을 맞대고 살아야 할 사람들이기 때문이다. 그런 탓에 갈등으로 인한 심리적 스트레스는 다른 곳으로 향한다.

물론 세대 갈등은 어떤 특별한 이유가 있는 갈등이라기보다는 자연스러운 사회문화적 현상이기도 하다. 그래서 인류가 동굴에 벽화를 그리던 시절부터 있던 사회적 갈등이 바로 세대 갈등이라는 농담마저 있다. 그러나 오늘날에는 사정이 다르다. 세대 갈등 자체가 정치적 대결의 의미를 갖게 되었기 때문이다. 특히 최근의 사회 고령화 추세는 세대 갈등을 증폭시키는 요인이다. 오늘날의 민주주의는 모든 시민이 동등한 한 표를 행사하는 평등주의에 입각해 있다. 따라서 단순 표계산으로 하면 가장 많은 인구를 가진 세대가 정치적 주류가 될 수 있다. 2017년 현재 우리나라는 전 인구의 14퍼센트가 65세 이상인 고령사회로 진입했다. 2019년에는 합계출산율이 0.92명으로 떨어져 이런 추세라면 전체 국민의 20퍼센트 이상이 고령자로 분류되는 초고령사회가 머지않았다.

특별한 반전의 계기가 없다면 이러한 고령화 추세는 계속될 것이다. 아이보다 노인이 많은 사회는 이제껏 인류는 물론이고 우리나라 역시 겪어보지 못했던 일이다. 이러한 변화는 사회 구조나 제도의 운영에 커다란 영향을 미친다. 특히 대중의 지지에 의해 움직이는 정치권의 경우 선거 공약이나 정책을 결정할 때 유권자의 다수를 점하는 세대를 겨냥하지 않을 수 없다. 그러므로 세대 사이에서 정치적 전망에 관한 차이가 벌어진다면, 세대 갈등은 곧바로 정치적 갈등으로 이어진다. 그리고 사실은 이러한 정치공학적 계산이야말로 가치 전쟁을 촉발하는 계기이기도 하다.

2015년과 2016년 사이에 국민대통합위원회—이런 위원회의 존재 자체가 의미하는 바를 생각해 봄직한데—의 조사에 따르면 세대 갈등을 바라보는 국민들의 인식은 점차 심각해졌다. 2015년 심각하다고 대답한 비율은 50.1퍼센트였는데, 그 다음해에는 90퍼센트를 넘어버렸다. 물론 갈등의 양상은 언제나 해당 상황의 맥락에 의존한다. 예컨대 2016년의 경우 당시 대통령과 집권 세력에 대한 실망으로부터 시작해서 결국 대통령의 탄핵까지 이어지는 정국은 세대 갈등에 대한 인식을 첨예하게 만들었다. 상대적으로 젊은 세

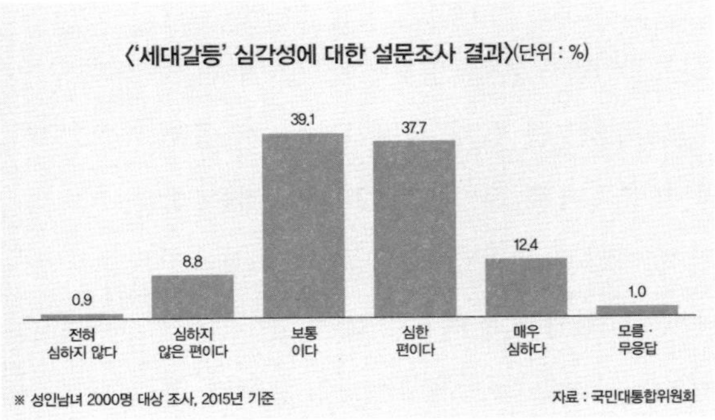


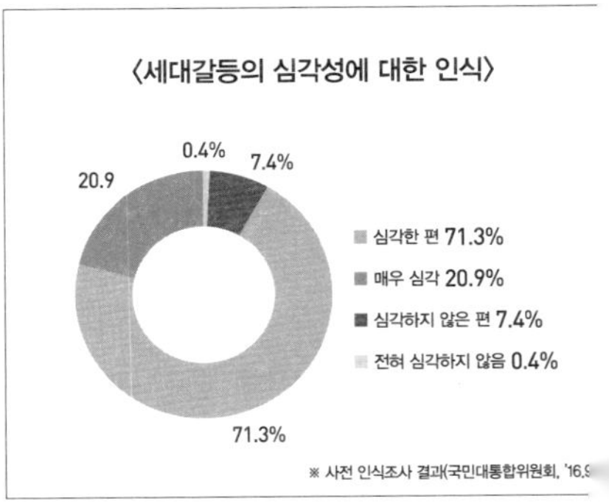


대 중심이었던 촛불 집회와 주로 노년층이 많았던 태극기 집회는 세대 갈등을 하나의 드라마로 만들어버렸다.

이미 그해 총선에서 드러난 세대 간의 표 대결 양상은 세대 갈등에 정치적 의미를 부여하게 만들었던 터이다. 2016년 20대 총선에서 이십대 투표율은 이전 총선에 비해 크게 늘었다. 비록 결정적인 요인이라고 할 수는 없지만 야권이 총선에서 승리한 데는 당시 보수 정권을 향한 젊은 세대의 분노 투표가 적지 않은 동력이 되었다. 당시 여당인 새누리당은 습관적인 보수성에서 벗어나지 못하고 있었다. 대선 당시 공약이었던 반값 등록금 문제는 해결되지 않았고 취업은 점점 더 어려워졌으며 정부는 친기업적인 게 틀림없었다. 젊은 세대는 희망을 말하기 어려웠다. 그럼에도 보수 진영의 미래 전망은 낙관적이었다. 계속해서 사회는 고령화될 것이고 따라서 보수화될 것이라고 생각했기 때문이다. 하지만 20대 총선에서 야권의 승리는 그런 예상을 보기 좋게 뒤집어버렸다.

게다가 국가의 최고 권력을 재판정에 세운 촛불 집회는 시민혁명의 가능성과 함께 민주주의에 대한 감수성과 열망을 증명하였다. 민주주의의 두 구동축인 자유와 평등은 사람들을 결집시킨 이념적 지향점의 역할을 충분히 해냈고, 촛불로 이루어낸 결과는 많은 사람들에게 분명한 정치적 희망을 보여주었다. 그러나 이 역동적인 상황은 동시에 우리 사회가 해결해야 할 과제를 분명하게 드러내기도 하였다. 그것은 아주 선명한 정치적 대립, 서로 다른 가치를 지향하는 집단들이 하나의 광장에서 대결하는 모습이었다. 공교롭게도 한쪽 진영이 주로 나이가 많은 어르신들이었다는 점에서 세대 간 대결의 양상으로 비쳐졌다. 이러한 경험은 자칫 세대 갈등을 일종의 정치적 지향점의 차이에 따른 갈등으로 파악하는 도식에 빠트릴 위험이 있다. 그래서 흔한 정치적 수사로서 보수 진영에서는 어떻게든 젊은 세대를 끌어들여야 한다고 말하고, 진보 진영에서는 노년 세대에게도 설득력 있게 다가가야 한다고 말한다. 그러나 이러한 도식은 잘못된 프레임이다. 지나치게 단순하기 때문이다. 문제는 좀 더 복잡하다.

세대 간 갈등 상황이 단순히 정치적인 입장 차이만은 아니다. 이미 2013년 전영수와 박종훈은 서로 독립적으로 한국의 현실을 진단한 책을 출간했다. 공교롭게도 두 책의 제목은 같았다. 『세대 전쟁』이라는 책들이었다. 두 사람이 지적한 세대 전쟁의 원인은 고령사회와 경제 위기였다. 베이비부머 세대가 은퇴하고 그들의 자식 세대인 에코 세대[10]가 사회로 진입하는 시기에 부모 세대와 자식

10 Echo Generation. 한국전쟁 이후 대량 출산으로 태어난 베이비붐 세대가 다시 출산

세대가 경제적인 이유에서 똑같은 위기에 빠졌다는 것이다. 내 집 마련과 자식 교육에 거의 모든 것을 바친 부모 세대에게는 노년의 삶이 걱정이었고, 대학에만 가면 모든 걱정이 사라질 것으로 믿었던 청년들은 안정적인 일자리를 구하는 일이 문제였다. 이러한 위기가 세대 간에 불편한 경쟁을 유발하고 있다는 것이다.

2008년 이후 지속된 경제 위기와 고령사회의 그늘은 아주 신속하게 우리 사회를 덮쳤다. 고령사회에서 높은 청년 실업률은 젊은 세대로 하여금 상대적으로 나이가 많은 장년층이나 노년층을 경쟁자로 인식하게 만든다. 그 반대로 장년층이나 노년층에게도 청년 실업률이 높은 것은 문제지만 우선 자신들의 노후가 문제인 탓에 난감하다. 그래서 청년 실업률의 원인을 그들이 너무 편한 일자리만 찾고 있기 때문이라고 정당화하기까지 한다. 그래서 '우리가 젊었을 때는…' 하고 조언이라도 하고 싶다. 하지만 입을 닫아야 한다. 그래도 하고 싶다면 '꼰대'라는 비아냥거림을 각오해야 한다.

세대는 이제 단순히 나이에 따른 분류 개념을 넘어서 일종의 이익집단을 가리키고 있다. 경제성장률이 7퍼센트이던 시대에 청년 시절을 보낸 세대와 성장률이 2퍼센트 남짓인 시대의 청년 세대가 같은 관점으로 세상을 볼 수는 없다.[11] 각 세대별로 정상normal이라고 말하는 상황이 다르기 때문이다. 어쨌든 이렇게 서로를 향해 불

---

을 하여 형성된 세대라는 뜻에서 '메아리'라는 이름이 붙었다.

11 이러한 이야기가 새로운 것도 아니다. 이미 애덤 스미스도 『국부론』에서 부유하고 풍요로운 나라보다는 막 성장하는 나라에서, 말하자면 성장률이 높은 나라에서 일자리도 많고 분위기도 활기차다고 말했다.

편한 시선을 드러내는 세대의 관계는 다름 아닌 부모와 자식이다. 같은 식탁을 쓰는 식구들이 사회에 나와서는 서로 대립하는 입장에 서게 된다. 다른 나라라고 예외일까? 영국의 경우 2016년의 '브렉시트'Brexit 투표, 즉 영국의 유럽연합 탈퇴를 두고 벌어졌던 표 대결에서 세대 갈등이 첨예하게 드러났다. 당시 영국의 젊은이들은 왜 자신들의 미래를 노년층이 결정하느냐고 항의했다.

노년 세대 혹은 노년이 되어 가는 세대와 청년 세대의 실제 현실이 어떠한지는 확실히 중요한 문제다. 그러나 그것만큼, 아니 어쩌면 더 중요한 것은 고령사회라는 전제조건 아래서 세대 간 경쟁이 하나의 화두처럼 우리의 현실 인식을 지배하기 시작했다는 사실이다. (물론 이러한 논의 자체가 몇몇 나라에 제한된 사실이라는 점도 기억해야만 한다. 세계 곳곳에는 고령사회는커녕 분쟁과 열악한 생활환경으로 여전히 낮은 기대수명과 절대 빈곤에 허덕이는 나라들도 많다.) 베이비붐 세대는 그들의 자녀인 에코 세대에게 말한다. 우리에게는 꿈이 있었고, 혼신의 노력을 했고, 너희를 키우기 위해 애를 썼노라고. 에코 세대는 베이비부머에게 이렇게 대응한다. 당신들은 노력하면 성공할 수 있으리라는 희망을 가졌지만, 우리는 아무리 노력해도 소용없다는 절망만을 받았다고. 유럽의 '1000유로 세대'나 우리나라의 '88만원 세대', 혹은 너무나 많은 것을 포기해야 한다는 뜻의 'N포 세대'라는 이름들이 그런 갈등의 양상을 상징한다.

세대 갈등을 이렇게 경제 위기와 연결시켜서 이해하는 것도 확실히 직관적이다. 먹고살기가 어려운 시절에는 세대 간은 물론 아무리 가까운 이웃도 서로 등을 돌릴 수 있기 때문이다. 따라서 세대에 따라 정치적 진보와 보수를 나누는 단순화와 마찬가지로 세대 갈등을 경제 위기로 소급시켜 이해하는 것 역시 일면적이다. 과도하게 단순한 도식은 오히려 현실을 이해하기 어렵게 만든다. 단순화된 도식은 직관적인 이해를 돕기는 하지만 규격화된 이분법을 만들어 낼 위험도 크다. 단순화된 도식의 유혹에 빠져들면 나이든 사람은 무조건 보수로, 또 젊은 사람들은 진보로 분류해버리는 잘못을 범하게 된다. 혹은 경제가 나아지면 세대 갈등의 문제도 자연스럽게 해소되리라고 생각하게 된다.

이제 서서히 고령자 계층으로 이동하고 있는 베이비부머들(서유럽 사회에서는 68세대, 우리나라에서는 60년대에 출생한 세대들)은 한때 가장 진보적인 세대였고, 최루탄이 터지는 거리에서 사회체제를 변화시킨 경험을 가진 세대다. 비록 그들이 이제 나이가 들었다고는 하나 심각한 저성장 시대에 성장한 오늘날의 젊은이들보다 여전히 더 진보적일 수 있다. 사회를 이분법적 도식으로 설명하는 모델은 이미 낡아버렸다. 사회는 엄청나게 복잡해졌다. 그래서 우리가 세대 갈등에서 주목해야 할 것은 갈등만이 아니라 다변화하고 있는 갈등의 양상이다.

## 세대 갈등의 새로운 양상들

세대 갈등의 양상이 달라지고 있다는 것은 무엇보다 세대의 분화로부터 온다. 언제부터 노년 세대라고 해야 할까? 법적 기준으로 되어 있는 65세 이상의 세대와 그 이하 세대로 구분해야 할까?

65세라는 기준은 우리나라의 경우 1964년에 만들어진 것이다. 당시 우리나라 사람들의 기대 수명이 60세를 갓 넘길 정도였으므로 65세는 확실히 노년 세대라고 할 수 있었다. 하지만 요즘은 사정이 전혀 다르다. 2016년을 기준으로 우리나라 사람들의 기대 수명은 82세를 넘겼다. 그런 탓에 2015년에 대한노인회는 노년의 기준을 70세로 늦추자고 제안하기도 했다. 노년으로 인정받아 우대받는 다양한 혜택들, 예를 들면 교통비나 노령연금과 같은 혜택들로 인해 정부의 재정적 부담이 점점 더 커지고 있는 데 대한 일종의 선제적 대응이었다.

언제부터 노년인지를 가늠하는 기준이 유동적이라는 사실은 노년 세대에서도 분화된 정체성들이 생긴다는 것을 의미한다. 게다가 특정 세대가 공유하는 사회적 경험은 세대 분화를 가속화한다. 같은 베이비붐 세대라고 해도 '86'세대(80년대 학번, 60년대에 출생한 세대)는 그 이전 세대와 다르고, 같은 학생운동 세대라고 하더라도 1987년 6월을 경험한 세대와 그렇지 못한 세대, 또 IMF 외환위기 때 사회에 첫발을 디뎌야 했던 사람들과 그 이전 및 이후 세대들이 다르다. 아마도 이제는 2016년 광장에서 촛불을 든 경험을 현장에서 공유한 세대와 그렇지 못한 세대 간의 구별도 추가해야 할 것이고, 코로나 바이러스도 세대 구분을 위한 새로운 지표로 사용하게 될지 모를 일이다. 첫 학창 시절을 '비대면'으로 시작한 세대의 등장이라고 할까.

간단히 말해 우리 사회는 계속해서 복잡해졌고, 제기되는 문제 상황에 따라 이해관계도 복잡해졌다. 따라서 갈등의 양상도 훨씬 더 복잡해졌다. 어떤 문제에 대해서는 진보적이지만, 그 다음날 다른 문제에 대해서는 보수적으로 변할 수 있다. 촛불 집회 때 모두 한자리에 모여서 어깨를 나누고 함께 구호를 외쳤지만, 시간이 지난 뒤 환경 문제나 이주노동자 문제에 대해서는 서로 맞은편에서 다른 구호를 외칠 수도 있다. 따라서 '당신의 색깔은 무엇입니까?'라는 물음은 점차 무의미해지고 있다. 문제 사안에 따라 언제든 색깔이 변할 수 있기 때문이다. 경제적인 이유에서 혹은 정치적인 이유에서 카멜레온들이 많아지고 있다. 그러나 그것이 부끄러운 일도 아니다. 주어진 상황이나 문제 사안에 따라 판단 기준이 변할 수 있다는 '케이스 바이 케이스'case by case라는 말은 생존을 위해 자주 색깔을 바꾸는 카멜레온의 적응 전략이다. 이러한 변화는 세대 갈등이 점차 새로운 국면으로 진입하고 있다는 것을 의미한다.

다만 다변화하고 있는 갈등의 양상에도 불구하고, 모두가 모두에 대해 언제든 경쟁자가 될 수 있다고 생각하게 만드는 현실 인식만큼은 누구에게나 공통적이다. 더욱이 그런 인식 자체가 명료하지 않은 상태로 우리의 일상을 지배하고 있다. 이는 단순히 어떤 경제 위기 때문에 생긴 일시적인 현상이 아니다. 비록 경제 위기가 그런 경향을 증폭시키기는 하지만 그보다는 오히려 삶을 재단하는 모든 가치들을 경제적인 용어들로 재정의할 때 생겨나는 부수 현상으로 보는 것이 옳다. 경기가 좋고 사람들이 모두 잘나갈 때도 다른 사람들이 내 성공적인 삶에 있어 경쟁자라는 인식 자체는 사라지지 않기 때문이다. 웬디 브라운은 신자유주의가 일상에 파고든 결과를 압축적으로 이렇게 말한다.

"현대의 신자유주의 거버넌스는 책임 있는 단체와 개인을 고립화시키고 기업가화하는 과정을 통해서 권위와 의사결정, 정책과 행위 규범을 위임하는 과정을 통해서 작동한다. 이는 직장 내의 개인이나 그 밖의 작은 단위들이 기업 전체의 권력과 프로젝트에 예속되는 동시에 자기 스스로도 책임을 지는 과정이다."[12]

웬디 브라운은 이러한 신자유주의의 거버넌스를 푸코의 표현을 빌려 '전체화하면서 개별화하는'omnus et singulatim 속성을 갖고 있다고 말한다. 개인이나 소규모 팀들이 자신들이 맡은 업무에 대해 자율적인 권한을 갖는다. 그래서 얼핏 보면 비록 작은 규모일지라도 공동체적 특성이 강조되는 것처럼 보인다. 그러나 그에 대응해서 그들의 작업이 실패했을 때 면책의 특권은 없다. 각자는 실패의 책임을 온몸으로 받아내야만 한다. 프로젝트가 시작되면 공동체가 시작된다. 그 프로젝트가 끝나면 개인으로 돌아간다. '영원한 팀'이란 삼국지에 나오는 도원결의처럼 전설에나 나오는 이야기일 뿐이다. 이합집산을 자유롭게 하는 것은 물론 효율성 때문이다. 아이러니한 것은 신자유주의가 의지하고 있는 이 계산적 합리성이 포스트모더니즘이 빚어낸 현상과 유사하다는 점이다.

탁월한 혜안을 가졌던 리오타르Jean-François Lyotard는 이미 1980년대에 성큼성큼 다가오고 있던 디지털 시대가 거대 담론들을 어떻게 해체해 나갈지를 설득력 있게 재구성했다. 그는 그러한 과정을

12 웬디 브라운, 『민주주의 살해하기』, 171쪽.

'포스트모던의 조건'이라고 이름 붙였다. 이성의 시대를 해체하고 나자 남은 것은 개별적이고 독립적인 판단 기준을 가진 개인들뿐이었다. 거대 담론의 해체를 주장한 포스트모던이 문화적 다양성이 넘쳐날 사회와 연결되는 것은 자연스러운 일이었다.

지그문트 바우만은 포스트모던 시대를 살아가는 개인들의 운명을 '유동하는 사회 속에서 개별화된 인간'으로 특징짓는다. 그들은 정체를 알 수 없는 이방인들 사이에서 끊임없는 불안이나 공포를 겪어야만 한다.[13] 설령 그것이 근거 없는 두려움이라 할지라도 문제는 그들이 사회적 현실을 그렇게 느낀다는(재구성한다는) 데 있다. 가진 자와 못 가진 자 사이에 끼인 사람들은 어느 편에 서야 할지 불분명하다. 분명한 것은 자신이 결국 혼자이며 따라서 선택에 대한 책임도 오로지 나의 몫이라는 생각뿐이다. 개별화된 개인들은 불안하다. 언제든 희생양이 될 수 있기 때문이다. 그 대상이 낯선 이방인이든, 아니면 정체를 알 수 없는 거대 권력이든 내가 희생양이 될 수 있다는 사실만큼은 다르지 않다. 선택할 수 있는 대안은 연대하는 것뿐이다. 연대는 고립된 채 불안한 개인들을 진정시켜줄 뿐만 아니라 서로 다른 사람들이 함께 공존할 수 있는 터전을 제공할 수 있기 때문이다.

계몽주의적 합리성을 계승한 호네트나 푸코의 문제의식을 가진 웬디 브라운, 20세기의 역사를 온 몸으로 받아낸 바우만 모두 한결같이 지적하고 있는 해법은 '연대'다. 자유롭고 평등한 사회에서 연

---

13 지그문트 바우만, 『방황하는 개인들의 사회』, 홍지수 옮김, 봄아필, 2013.

대는 개인들이 선택할 수 있는 가장 좋은, 또는 유일한 해법인지도 모른다. 힘없고 나약한 자들이 정체를 알 수 없는 거대한 힘에 대항하는 방법이 무엇이겠는가? 함께 모이고 힘을 합치는 것뿐이다. 세대 갈등의 양상이 달라진 것 역시 이러한 변화 탓이다. 또래 세대는 비슷한 이해관계와 비슷한 삶의 방식을 갖기 쉬우며, 그래서 연대하기 좋다. 그러나 이러한 연대의 끈은 그 사이에 너무나 느슨해져 버렸다. 어제는 같은 팀이었는데, 오늘은 경쟁 팀의 일원이 될 수 있기 때문이다. 만약 같은 세대라도 어떤 문제에 대해 입장 차이가 선명해지면 더 이상 그들을 또래 집단으로 묶을 수 없다. 도원결의를 하려면 자신에게 너무 중요한 것들을 포기해야 할지도 모르니까.

## 연대의 이중성

사람들이 함께 연대하기 위한 좋은 방법은 특정한 가치를 공유하는 것이다. 2016년 정권에 실망한 사람들이 광장에 모여 '이게 나라냐!'라고 외쳤을 때, 한편에서는 분노의 감정이, 다른 한편에서는 '더 좋은 나라'라는 공통의 가치가 있었다. 공유된 감정과 가치는 사람들로 하여금 각자의 차이가 아니라 '우리 모두'에 주목하게 하고 연대할 수 있게 해준다. 그런데 세대 갈등의 양상이 변화하고 있는 것처럼 이제는 연대의 양상도 변화하고 있다. 연대가 정치적 힘을 발휘한다는 사실 자체가 연대의 의미를 유동적으로 만들었기 때문이다.

약자가 자신들의 권리와 이익을 지켜내기 위해 연대한다는 전통적 도식은 이미 깨졌다. 연대의 '주체'는 방정식의 미지수처럼 비어 있는 항이 되었다. 현재 내가 어떤 지위에 있건, 내가 기존에 누리던 권익에 손상이 올 경우 나는 당연히 피해자다. 따라서 나는 연대할 수밖에 없다. 연대는 모두가 평등한 민주주의 사회에서 나의 이익을 지키기 위해 정치적인 힘을 발휘할 수 있는 거의 유일한 방법이다.

미디어가 특정 집단에 의해 장악되어 있던 시절에는 연대가 힘을 발휘할 수 없었다. 대부분의 경우 찻잔 속의 소용돌이로 그치곤 했다. 그러나 오늘날 디지털 기술이 시민들에게 선사한 새로운 미디어 환경은 정치 환경도 바꿔버렸다. 과거에 힘을 가졌던 자들은 구태여 연대할 필요가 없었다. 암묵적인 연대가 이미 형성되어 있었고 은밀한 거래도 언제든 가능했다. 그러나 은밀한 거래를 감시하는 시민의 시선이 도처에 있는 오늘날에는 그런 거래가 쉽지 않다. 따라서 힘을 가진 자들에게도 연대의 필요성이 생겼다. 그래서 그가 누구든 자신의 권리와 이익을 공유할 수 있는 사람이라면 연대하고자 한다. 그가 약자든 강자든, 가진 자이든 가지지 못한 자이든 상관없다. 중요한 것은 공유하는 가치와 이익뿐이다.

문제는 바로 그 공유하고 있는 가치의 성격과 그에 따른 연대의 성격이다. 누가 보더라도 도덕적으로 올바른 가치를 공유하는 사람들의 연대와 집단의 이익이라는 관점에서 가치를 공유하는 사람들 사이의 연대는 성격이 다르다. 도덕적 연대와 달리 이익에 따른 연대는 이해관계의 변화에 따라 언제든 갈라설 수 있기 때문이다.

오늘날 도덕적 연대는 찾기가 어려운 반면, 이익을 위한 연대는 차고 넘친다.

'우리는 왜 연대하는가?' 가장 쉬운 대답은 우리가 약자이기 때문이다. 그리고 우리를 억압하고 있거나 그럴 수 있는 '그들'은 이미 어떻게든 연대하고 있기 때문이다. 우리가 연대함으로써 얻어지는 하나의 '이름'(정체성)은 곧바로 상대방의 정체성까지 생산해 버린다. 우리가 연대함에 따라 그들의 연대도 자동적으로 이루어진다. 이러한 이분법의 마법은 정치적인 영역에서 가장 선명하게 드러난다. 현실에서 정치와 경제를 분리하는 것은 거의 불가능하다. 연대를 바라보는 관점도 마찬가지다. 정치적 힘과 경제적 이익이라는 관점이 서로 뒤섞여 구분이 어려운 상태에서 연대의 양상은 늘 유동적일 수밖에 없다.

연대가 유동적이라는 사실은 연대의 일관성이 언제든 깨질 수 있다는 것을 의미한다. 부당한 권력에 대해서는 함께 손을 잡을 수 있지만, 난민의 처우 문제에 대해서는 입장이 다를 수 있다. 직장이나 사업에서 불평등한 갑을 관계에 대해서는 같이 연대해 저항할 수 있지만, 남성과 여성이라는 문제에서는 서로를 이해하기 어려운 갈등 관계가 된다. 이해관계에 따라 연대의 방식과 양상이 달라질 수 있다는 사실은 연대라는 정치적 수단의 이중성을 드러낸다.

연대는 분명 민주주의의 중요한 정치적 수단이다. 민주주의가 모든 시민의 자유롭고 평등한 삶을 목표로 하는 한, 나아가 정치가 시민의 목소리에 귀를 기울여야 하는 한 그렇다. 하지만 그와 동시에 연대는 오직 다수의 표를 무기로 정치적 이익만을 노리는 도구로 전락할 수도 있다. 다시 말해 '연대'가 정치적 위력을 발휘하는 순간 그것은 민주주의를 지탱하는 힘이자 동시에 위협하는 양날의 검이 될 수 있다. 이러한 이중성은 모든 사람이 똑같은 한 표를 행사할 수 있으며, 결국에는 다수의 지배를 허용하는 민주주의의 작동 원리 자체 안에 포함되어 있는 생래적이고 구조적인 위험요인이다. 민주주의가 사회제도로 정착되는 과정에서 언제나 경계해야 했던 것은 '포퓰리즘'이었다. 다수결주의가 항상 올바른 선택을 보장하지는 않기 때문이다. 더구나 연대를 용이하게 해주는 새로운 1인 미디어의 광범위한 확산은 연대의 정치적 위험성을 더 증폭시키고 있다.

민주주의에 내재되어 있는 위험요인을 폭로하고 새로운 정치적 대안을 모색했던 아렌트Hannah Arendt는 이소노미isonomy, *isonomia*라는 고대 그리스의 정치적 유산에 새로운 의미를 부여한다. 해석 상 논란의 여지가 있지만 일반적으로 '법 앞에서 만인의 평등'으로 해석되던 이소노미에서 아렌트는 그 어떤 지배도 없는no rulership 상태라는 의미를 끌어낸다.[14] 시민의 지배(혹은 대중demos의 통치cracy)가 아닌 그 어느 누구도 지배력을 행사하지 않는 체제야말로 진정한 의미의 정치 공간이라는 것이다.

그런데 이는 존 롤스가 그랬던 것처럼 어떤 이상향을 말하는 것은 아닌가? 자본주의보다 훨씬 더 도덕적인 사회주의가 실패한 것과 마찬가지로 그런 정치적 이상향도 결국은 공허한 담론에 머무

14 Hannah Arendt, *On Revolution*, London: Penguin Books, 1963, p. 30.

를 수밖에 없지 않을까? 아렌트는 어떤 지배적 권력도 작동하지 않는 평등한 공간 속에서 진솔한 타협의 정치가 이루어져야 한다고 말했지만, 그것이 그저 하나의 '이념'인 까닭은 역설적이게도 각 개인이 정치적으로 완전한 평등 상태인 이소노미아 상태로 진입하는 것이 현실적으로 어렵기 때문이다.

어떤 통치권도 존재하지 않는 상태는 각자가 자신의 자유만을 주장하는 그저 무질서한 상태로 전락하지 않을까? 물론 우리는 인류 역사에서 가장 끔찍했던 나치의 폭력을 직접 겪은 아렌트의 진심을 이해할 수 있다. 아마도 롤스의 경우와 마찬가지로 아렌트는 우리가 그런 사회를 꿈꿀 수 있다는 사실 자체, 즉 사회 변혁의 방향성을 가늠할 이념적 지향점이 존재한다는 사실을 강조하고 싶었을 것이다. 그런 유토피아가 존재할 수 있다는 증명이야말로 사회를 혁신해 나갈 수 있는 동력이라고 믿었을 것이다. 그러나 그 이념을 현실에 어떻게 구현해야 하는가의 문제에 있어서는 묘수를 찾기가 쉽지 않다.

민주주의의 내재적 위험은 자유와 평등이라는 두 '위대한' 가치 사이의 적절한 균형을 찾는 딜레마에서 분명하게 드러난다. 서구의 근대 이후 오늘날 전 지구촌이 추구하는 사회적 질서의 근간이 된 두 가치는 사회적 현실 속에서 어느 한쪽을 강조할 경우 다른 한쪽이 위축될 수 있는, 그래서 균형을 잡기가 매우 어려운 가치들이다. 신자유주의 진영에서는 평등을 강조하는 진짜 목적은 모두가 자유롭기 위해서라고 말하는 반면, 사회 정의를 중요하게 여기는 진영에서는 실질적인 자유는 모두가 평등할 때 비로소 가능하다고 말한다. 자유와 평등은 예외 없이 모든 사람이 중요하다고 생각하는 가치들이지만 둘 중 어느 것이 더 중요한가라는 물음에 대해서는 생각이 다르다. 우리가 이상적으로 생각하는 사회적 상태와 그런 상태로부터 멀리 떨어져 있는 현실 사이의 간극은 우리를 무기력하게 한다.

## 부역자 의식이라는 부산물

이상과 현실 사이의 간극을 체험한 사람들이 지불하는 심리적 대가는 무기력증이다. 어떤 이상을 향해 열렬하게 지지를 보냈던 사람이라면 더더욱 그렇다. 그것은 마치 좋은 대학만 가면 모든 것이 해결될 것이라고 믿었던 청년 세대가 느끼는 상실감과도 비슷하다. 마침내 대학에 입학했지만 기다리는 것은 입시보다 더한 취업 전쟁이기 때문이다. 자신이 꿈꾸던 장밋빛 미래와 비로소 맞부딪친 현실 사이의 간극은 미래 속에 투사했던 이상적인 관념들이 결국은 공허하고 낭만적이라는 생각에 이르게 한다. 이상과 현실의 간극을 확인한 사람의 심리적 반응을 악셀 호네트는 사회 혁신의 과정에서도 그대로 읽어낸다. 그는 2011년 이후 지구촌 곳곳에서 확인할 수 있었던 사회 변혁의 동력이 급격히 시들어가는 과정을 진단하며 그 원인들을 분석한다. 그 중 하나는 이렇다.

> "아마도 국제적 제재를 통한 인권에 대한 지나친 강조와 사회적 기초 제도의 변혁이라는 두 가지 영역 사이에 놓인 차이와 관련이 있

을 수 있다. 왜냐하면 이로부터 단지 두 번째 영역과 관련해서만 그동안 유토피아적 힘들이 무력화되었다는 결론을 도출할 수 있기 때문이다. (…) 현존 사회의 기본 구조 개선을 선취할 수 있는 능력이 더 이상 실현되지 못하고 있는 것은 바로 이러한 사회적 구조가 흡사 사물처럼 그 본질상 변혁 불가능한 것으로 간주되기 때문일 것이다. 즉 오늘날 부와 권력의 파렴치한 분배에 대한 대중들의 분노가 사정거리 안에 있는 어떤 목표 설정으로 이어지지 못하고 있는 것은 자본주의에 대한 대안이 부재하기 때문도 아니고, 그렇다고 우리의 역사관에 어떤 근본적인 변화가 있기 때문도 아니며, 이에 대해 책임이 있는 것은 사회적 관계에 대한 페티시즘적 관점의 확산이라는 것이다."[15]

사물화된 사회 질서에 대한 우리의 무기력증은 그 사회 질서가 우리의 의지에 따라 바뀔 수 있다는 믿음이 지속될 때 해결될 수 있다. 그러나 그 믿음의 토대는 취약하고, 현실은 우리의 예상보다 훨씬 복잡하다. 우리가 무엇인가에 대해 분노할 때, 그 무엇의 대상이 분명하다면 취해야 할 행동의 전략 역시 분명하다. 그러나 그 대상이 우리가 어찌할 수 없는 것이라는 생각되면 그 분노는 체념으로 변하고 만다. '계란으로 바위치기'가 그렇다. 사람들이 사회적 질서에 대해 일종의 페티시즘적(사물숭배적) 관점을 갖게 되었다는 호네트의 지적은 확실히 설득력이 있다. 그래서 그는 '사회주의'라는 낡

15 악셀 호네트, 『사회주의 재발명』, 32-33쪽.

은 이데올로기에 새로운 해석과 활력을 불어넣으려고 시도한다.

그러나 사람들이 왜 그런 페티시즘적 관점을 갖게 되는지에 대한 분석은 충분하지 않다. 사람들은 왜 그런 자포자기식의 관념을 갖게 되었는가? 그들의 변혁 의지가 약해서라기보다는, 또는 '더 나은 사회'라는 유토피아적 이념을 소실했기 때문이라기보다는, 이해관계가 복잡한 현대 사회의 구조적 특징이 그런 변혁의 내적 동력을 자꾸 갉아먹기 때문이다. 이런 현상을 아마도 우리는 이렇게 말할 수 있을 것이다. '현대 사회의 복잡성은 사람들에게 일종의 부역자 의식을 불러일으킨다.'

도로가 좁고 낡아 불편했던 지역에 넓고 편한 도로가 새로 하나 더 생긴다고 해보자. 당신은 그동안 겪었던 불편이 해소되어 (게다가 하필, 어쩌면 운 나쁘게도, 내 집이 새 도로에 가까이 있어 집값이 오를 가능성도 높아져서) 반가운 마음에 정부의 정책에 찬성하는 의견을 공공연히 드러낼 수 있다. 그러나 이제껏 사람이 몰렸던 기존의 낡은 도로변에서 장사를 하며 생계를 이어가는 사람들에게 새로운 도로의 등장은 생존을 위협하는 일일 수 있다. 사람들이 더 좋은 길을 이용할 것이 당연하기 때문이다. 결국 당신이 새로운 도로의 개통을 반가워하는 일이 그 영세 상인들에게는 아픔이 될 수 있다.

약자에 대한 공감을 토대로 우리는 최저임금을 올리는 문제에 대해 찬성한다. 한 시간을 열심히 일해도 제대로 된 햄버거세트 하나를 사먹기 어려운 임금 수준은 사회의 불평등한 분배 구조를 고착화시키는 주범이기 때문이다. 그러나 바로 그렇게 공감하는 순간에 아르바이트생을 고용하는 영세 사업자는 최저 임금의 인상으로 인한 고통을 호소한다. 물론 영세 사업자 역시 우리가 응원해야 하는 사회적 약자들이다. 그래서 우리는 어쩔 수 없이 되묻게 된다. '도대체 누구의 편을 들어야 하는가?' 또는 '진짜 문제는 어디에 있는가?'

이런 애매한 상태에 대한 자각, 한편으로는 분노하고 다른 한편으로는 그 분노의 표적을 어디에 두어야 할지 모르는 상태는 우리를 무기력하게 만든다. 이와 관련해 지난 2010년 프랑스 레지스탕스의 투사였던 스테판 에셀Stephane Hessel은 노구의 힘을 다해 이렇게 말했다.

> "맞다. 분노의 이유가 오늘날에는 예전보다 덜 확실해 보일 수도 있다. 아니면 세상이 너무 복잡해진 것일 수도 있다. 누가 명령하며, 누가 결정하는가? 우리를 지배하는 모든 흐름들을 샅샅이 구분한다는 것이 늘 쉬운 일만은 아니다. 우리의 상대는 이제 하나의 작은 특권 계층만이 아니다. 어느 작은 특권 계층의 행동쯤이야 우리가 명확히 알아차릴 수 있다. 그러나 이제 우리의 상대는 광활한 세계이며, 그 세계가 상호의존적이라는 사실을 우리는 절감하고 있다."[16]

오늘날과 같은 복잡한 세상이 어떻게든 돌아가는 비결이 상호의존성이라는 사실을 절감하는 순간 부역자 의식은 고개를 든다. '그렇다! 문제는 그런 열악한 환경을 만드는 사회 구조다. 그렇다면 누

16 스테판 에셀, 『분노하라』, 임희근 옮김, 돌베개, 2011, 21쪽.

가 그런 사회 구조를 고착시켰는가? 일부의 특정 계층이나 몇몇 개인들인가? 아니면 우리 모두인가? 비상식적이고 부도덕한 일부 특권층의 행위에 대해 분노하고 그들을 처벌하면 모든 문제가 해결될까? 그럴 리 없다. 에셀의 말처럼 우리가 분노해야 할 상대는 그저 일부의 상식 없고 교양 없는 사람들이 아니다. 그들을 교정한다고 하더라도 문제는 여전히 반복될 것이다. 욕심 많은 인간 본성과 그런 본성을 생산성이라는 이름으로 자극하는 사회 질서가 건재하는 한 변하는 것은 없을 것이다. 그런데 잠깐, 그런 사회 질서에서 이런저런 종류의 혜택을 받았던 사람은 누구인가? 혹시 나 아닐까? 내가 그런 사회 질서가 유지되는 데 일조를 한 것은 아닐까? 심지어 나는 이런 사회에서 어떻게든 성공해서 행복한 삶을 꿈꾸는 사람 아닌가? 오직 죄 없는 사람만이 먼저 돌을 던지라는 예수의 말처럼, 어떻게든 싼값으로 최대한의 효용을 보려는 나의 생활신조가 그런 불평등한 사회 구조에 한 숟가락의 힘을 보탠 것은 아닐까?'

건강한 정치를 부활시키고자 했던 아렌트는 '악의 평범성'banality of evil이라는 개념을 제시한 것으로 유명하다. 예루살렘의 전범 재판에서 홀로코스트의 책임자 중 한 명이었던 아이히만은 자신은 군인으로서 상부의 명령을 따랐을 뿐이라고 스스로를 정당화한다. 인류 역사에서 가장 끔찍한 야만의 폭력이 자행된 사건임에도 가해 당사자의 항변에는 지극히 평범한 '행위의 이유'가 있다. 물론 그가 상부의 명령에 대해 고뇌하고 주저하며 결국에는 양심의 가책을 느끼며 고통스럽게 결정을 했어도 그가 행위에 가담했다는 사실 자체는 변함이 없다. 또한 그 자신의 행위에 대해 책임을 져야 한다는 판단 역시 달라지지 않을 것이다. 그러나 다른 한편으로 그의 항변은 아주 직관적인, 그러나 쉽게 대답할 수 없는 질문을 떠올리게 한다. '만약 내가 아이히만과 같은 상황이라면 나는 어떻게 행동할 것인가?' 이 반사실적 가정은 우리 자신이 언제든 거대한 악의 구성원이 될 수 있는 가능성을 열어놓는다.

아렌트가 '악의 평범성' 개념을 말한 것은 비단 홀로코스트 같은 거대한 악이 우리가 주변에서 쉽게 만날 수 있는 평범한 사람들에 의해 저질러질 수 있다는 것만을 말하려는 뜻은 아니었다. 오히려 오늘날의 상황에서 더 주목해야 할 것은 평범한 일상 속에서 아무 생각 없이 내뱉는 말이나 행동이 누군가에게 커다란 아픔이 될 수 있다는 사실이다. 성차별이나 장애인 문제와 같이 오래된 문화적 습속과 연결되어 있는 문제들의 경우에는 더욱 그렇다. 오랫동안 즐겨왔던 농담과 표현들이 해당 당사자들에게 얼마나 큰 아픔을 주었는지를 우리는 그것이 분명한 사회적 문제로 드러나서야 비로소 자각하기 시작한다. 우리는 이제껏 가해자였거나 잘해야 침묵의 동조자였다. 대부분의 우리는 지극히 평범한 삶을 살았고 누구에게도 해를 끼치고자 생각해본 적 없이 그저 주어진 여건 아래서 자그마한 행복을 추구하고 살았는데 불현듯 악인이 될 처지에 놓인 것이다.

## 차라리 무관심, 아니면 혐오?

부역자 의식이 고개를 들면 우선 무기력증이 팽배해진다. 부역자 의식과 무기력증은 비례한다. 사회 혁신과 관련된 도덕적 기준이 엄격해질수록 부역자 의식은 선명해지고, 그럴수록 무기력증도 커진다. 그런 죄의식으로부터 벗어나 일상으로 돌아갈 수 있는 가장 손쉬운 방법은 '몰랐다!'이다. 그래서 에셀은 더 좋은 사회를 생각하는 사람이 가장 경계해야 할 적은 바로 무관심이라고 말한다. 그는 우리가 살고 있는 사회에 문제가 있다는 것이 확실하다면 그 분노의 대상을 찾으라고 말한다. 분노로부터 참여할 수 있는 힘이 생기고 그로부터 다시 희망이 생겨나기 때문이다. 2010년에 출간된 그의 외침과 2011년에 전 세계로 확산된 일련의 체제 저항 운동 사이에는 무시할 수 없는 연속성이 있다. 2016년 한국 사회를 뒤흔들었던 촛불 혁명도 마찬가지다. 격문의 말미에 늙은 투사는 이렇게 덧붙인다.

> "그래서 우리는 여전히 호소하는 것이다. '우리의 젊은이들에게 오로지 대량 소비, 약자에 대한 멸시, 문화에 대한 경시, 일반화된 망각증, 만인의 만인에 대한 지나친 경쟁만을 앞날의 지평으로 제시하는 대중 언론매체에 맞서는 진정한 평화적 봉기'를."[17]

---

17 스테판 에셀, 『분노하라』, 30-31쪽.

사회적 약자에 대해 깊이 공감하고 불합리한 제도들에 대항해서 저항하라는 늙은 투사의 메시지는 우리의 가슴 깊은 곳에 커다란 울림을 주었음에 틀림없다. 그러나 여전히 대부분의 우리는 무관심하고 또 무기력하다. 하지만 에셀이 말한 무관심이 그냥 이유 없이 생겨난 것은 아니며, 우리가 최소한의 양식조차 없는 사람들이기 때문인 것도 아니다. 복잡하게 얽혀 있는 네트워크 사회의 구조로 인해 우리는 분노의 대상을 추적하는 과정에서 종종 나 자신이나 가까운 내 이웃을 발견한다. 나와 내 가까운 이웃이 그 복잡한 세상을 돌아가게 만드는 구성요소이기 때문이다. 분노는 이분법적 도식에서 유효한 방법이다. 하지만 유감스럽게도 오늘날의 세상을 이분법으로 설명할 수는 없다. 네트워크 사회의 구조적 특징으로부터 파생된 이 자기 지시의 과정은 자기 자신을 비난의 대상으로 삼아야 하는, 그래서 피하고 싶은 역리로 이어진다.

비교적 건전한 상식을 가진 사람이라 하더라도 마침내 짜증을 유발하고 마는 이 복잡한 상황은 자기 방어의 차원에서 극단적인 대응 양상을 초래한다. 그 하나가 바로 에셀이 말한 '무관심'이고, 나머지 다른 하나는 '혐오'다. 바우만은 무관심과 무기력을, '개인'을 신성불가침의 가치로 여기는 포스트모던 사회의 '질병'으로 규정한다.[18] 그러나 역설적이게도 그들의 도덕 불감증은 생존을 위한 현대인들의 합리적인 반응인지도 모른다. 우리는 언제든지 해고당할 수 있다는 위기감, 묻지마 범죄처럼 예측할 수도 또 이해할 수

---

18 지그문트 바우만, 『방황하는 개인들의 사회』, 75쪽.

도 없는 폭력, 지진이나 원전 사고와 같이 상상하기도 싫은 재난에 대한 상시적인 불안 속에서 산다. 다른 누군가를 생각하기에 앞서 나를 먼저 생각하는 것은 당연하다. 누군가와 함께할 수 있다면 그것은 아마도 이익을 공유하기 때문일 것이다.

소시민적 무관심의 반대 극단은 적극적인 참여다. 이 참여는 참여의 양상에 따라 이중적일 수 있다. 그 하나는 더 도덕적이고 훌륭한 가치를 위해 함께하자는 외침에 호응하는 것이다. 물론 그 수는 그리 많지 않다. 게다가 그런 외침은 역설적이게도 평범한 사람들을 점점 더 무관심하게 만들 수도 있다. 변혁의 도덕적 기준이 높아지면 높아질수록 사회적 악의 잠재적 부역자일지 모르는 나는 위축되기 때문이다. 다른 하나는 정반대 방향의 참여, 즉 오늘날 우리 사회를 위협하는 '혐오'다.

혐오는 일종의 과장된 반응, 다시 말해 분노의 표적을 특정하기 어려운 상황에서 명백하게 '미워할 수 있는', 혹은 '비난받을 만한' 사람에 대한 격렬한 반응이다.[19] 그런 사람들은 단박에 분노의 표적이 된다. 사람들의 내면에 웅크린 불편함의 이유, 스멀거리는 부

---

19 혐오 개념은 많은 주의를 요한다. 우리가 일상에서 사용하는 혐오 개념은 '증오'와 뒤섞여 있다. 혐오는 본래 불안이나 두려움 혹은 불쾌함으로부터 유발되는 정서적 상태다. 혐오는 구역질과 같은 생리적인 반응과도 결합해 있어서, 혐오와 관련된 행동 양식은 혐오 대상이 '가까이' 다가오는 것을 경계하고 기피하는 것으로 나타난다. 이런 점에 비춰볼 때, 우리 사회에서 문제가 되고 있는 혐오 표현이나 혐오 행위들 중 상당수는 혐오라기보다는 '증오'에 가깝다. 증오와 혐오의 차이 중 하나는 혐오가 그 대상으로부터 멀어지려고 하는 경우가 많은 데 반해, 증오는 그 대상을 얕잡아보고 모종의 적극적인 행위를 기도할 수 있다는 것이다. 따라서 현재 논의에서 많은 부분은 '증오'라고 해야 옳지만, 여기서는 일상의 표현을 그대로 사용하기로 한다.

역자 의식을 단숨에 털어낼 계기를 제공하기 때문이다. 사람들은 '미움 받아 마땅한' 누군가를 통해 사회 정의를 바로잡는다는 '도덕적 우월 의식'을 가질 수 있게 된다. 불현듯 정의감에 불타게 된 사람들은 그런 분노의 대열에 참여함으로써 그동안 자신의 내면에 차곡차곡 쌓여가던 스트레스를 푸는 덤까지 누린다.

혐오는 일종의 자기모순으로부터 오는 짜증과 불편함을 해소시켜 줄 수 있는 극단적인 반응이다. 혐오는 자신이 이 사회에서 누리고 있는 편익이 의도치 않게 누군가의 희생을 통해 얻어진 것이라는 사실 때문에 불편했던 사람들에게 해방구가 되어준다. 물론 격렬했던 분노가 사그라지고 나면 자기 자신이 그런 사회를 구성하고 있는 인자라는 모순적 상황을 직시해야 한다. 어제 그 문제에서는 도덕적 우월성을 갖지만, 오늘 이 문제에서는 부역자이기 때문이다. 게다가 인간사의 일반적인 통념을 증명이라도 하듯이 혐오라는 과장된 반응에는 예외 없이 억울한 희생양들이 있기 마련이다. 결국 고도로 복잡한 오늘날의 사회에서 타인에게 해를 입히지 않고 자신의 행복을 추구하고자 하는 평범한 사람들이 내적인 자기 붕괴를 방어할 수 있는 마지막 보루는 그래서 다시 회의주의뿐이다. 그나마 위로가 되는 것은 포스트모던 사회가 그런 회의주의를 세련된 지성미로 격상해주었다는 것이다. 에셀이 분노한 것은 바로 그런 사회적 분위기 그 자체였을 것이다.

무기력증을 유발하는 회의주의와 그 무기력증으로부터 벗어나기 위한 극단적인 반응으로서 혐오는 현대의 다양성 사회를 살아가는 사람들이 처한 인식론적 딜레마가 낳은 쌍생아다. 그 딜레마는 포스트모던적 상대주의가 감당해야 하는 몫이기도 하고 가치 전쟁을 유발하는 동기이기도 하다. 게다가 도저히 따라가기 힘들 정도로 빠른 사회적 변화는 우리가 부딪친 딜레마를 더욱 예리하게 벼리곤 한다. 울리히 벡과 바우만이 말한 것처럼 우리는 오늘날 온갖 종류의 위험과 불확실성에 둘러싸여 불안한 서울 쥐의 삶을 살고 있다. 세계 곳곳의 테러와 린치가 실시간으로 생중계된다. 개인의 힘으로는 도저히 어떻게 할 수 없는 재난들, 그리고 끊임없이 우리를 압박하는 경제 위기와 실직의 공포는 시간만 정해져 있지 않을 뿐 이미 예고된 미래다.

## 불안, 무기력증의 원인

하이데거Martin Heidegger가 인간 실존의 조건이라고도 말한 '불안'Angst은 일종의 생물학적 반응이기도 하다. 진화론적이고 뇌과학적인 관점에서 불안은 인류가 뇌의 시뮬레이션 능력을 발전시킴으로써 지불하게 된 대가다. 인류가 문명을 발전시킬 수 있었던 중요한 지적 역량은 미래를 계산하고 그로부터 현재의 행동을 결정하는 의미론적 재현 능력, 즉 시뮬레이션을 할 수 있는 지적 능력 덕분이었다. 불안은 그렇게 미래를 예측할 때 발생하는 불확실성에 대응하는 생물학적 장치이다.[20] 예측하기 어려운 불확실성이 커질 때 신경증적 반응들 역시 커진다.

---

20 조지프 르두, 『불안』, 임지원 옮김, 인벤션, 2017, 제8장 참조.

19세기 산업혁명 이후 인류의 생활방식의 근본적 변화와 함께 신경증의 시대가 시작된 것은 우연이 아니다. 오늘날의 사회 역시 마찬가지다. 인간을 대신하는 기계 지능들과 로봇들, 인간의 생물학적 조건을 변화시키는 의학 기술의 발전, 4차 산업혁명 등 우리를 둘러싼 모든 것들이 우리 예상보다 훨씬 빠르게 변화하고 있고, 곳곳에서 그런 변화에 적응하라는 주문이 쏟아진다. 하지만 우리에게는 아직 시간이 필요하다.

이로써 왜 우리가 무기력해졌는지를 짐작할 수 있다. 이해관계가 복잡하게 얽힌 네트워크 사회를 살아가는 자의 부역자 의식과, 개인의 지적 역량을 초과해 버린 사회적 변화가 유발하는 불안이 그 이유다. 무기력증과 혐오는 복잡한 네트워크 사회의 숨 쉴 틈 없는 변화가 초래한 병적 징후들이다. 19세기말 신경증 시대의 증인이었던 프로이트Sigmund Freud가 알려준 것처럼, 어떤 종류의 신경증적 증상들은 그 원인이 되는 사건들을 다시 의식에 떠올려 스스로 대면할 수 있게 해줌으로써 완화될 수 있다. 이는 삶과 문화의 위기를 그 기원으로 돌아가 되짚어 살펴보는 모든 종류의 역진적regressive 사고방식의 동기이자 효과이다. 우리 사회의 경우에는 어떨까? 상대적으로 짧은 시간 안에 경제성장을 이루면서 서구 사상과 문화 역시 우리의 삶 속에 빠르게 침투했다. 그리고 어느새 증폭된 우리 사회의 다양성은 그렇게 다소 혼란스럽게 덧쌓여 응축된 사상과 문화가 확산되고 분출될 수 있는 통로를 제공했다.

가치 전쟁, 그리고 그 부산물로서 분노와 무기력증과 혐오라는 증상들은 우리 사회의 역사적이고 문화적인 조건들로부터 자유로울 수 없다. 무엇보다 우리가 이미 친숙하게 느끼는 지적 흐름들과 삶의 태도에는 전통 서구 사회에서 오랜 시간 동안 사람들을 난감하게 해온 몇몇 딜레마들이 함께 포함되어 있다. 그것은 우리 사회 곳곳에서 드러나고 있는 가치 전쟁의 이면에 함께 자리 잡고 있다. 아직, 그리고 여전히 그런 딜레마들에 제대로 대처하지 못하는 상황이 가치 전쟁을 유발한다.

개인의 삶에서 어떤 것을 가장 소중하게 생각하는지는 각자의 몫이다. 또 우리 사회에서 무엇을 가장 중요하게 생각해야 하는지도 각자의 몫이라고 생각한다. 이러한 상황은 모두가 한결같이 동의할 수 있는 어떤 보편적인 가치 체계나 원리는 없다고 추론하게 한다. "자유와 평등 중 우리가 더 중요하게 생각해야 하는 가치는 무엇인가?" 또 "개인과 공동체 중에 우리는 어느 것에 더 무게중심을 두어야 할까?" 우리 사회는 이런 종류의 딜레마들을 진지하게 성찰할 시간을 갖지 못했다. 당연히 그런 문제들에 대한 선명한 답을 적어도 아직은 발견하지 못했다. 물론 그것이 우리만의 문제는 아니다. 그런 문제의 발상지인 유럽에서도 여전히 답을 찾지 못하는 건 마찬가지다.

사실 딜레마라는 상황이 암시하듯, 그런 문제들은 정답이 아니라 결단을 요구하는 것인지도 모른다. 그 결단은 모종의 균형점을 찾는 일이다. 자유와 평등, 개인과 공동체 사이에서 균형을 잡는 일은 근대 이후 서구 지성사의 화두 가운데 하나였다. 우리가 알고 있는 역사는 그 균형점이 늘 유동적이었다고 증언한다. 케인스주의와 신자유주의 그리고 공동체주의 등 우리 주변을 배회하는 '-주의'

들은 현실의 문제를 해결하는 균형점이 어디에 있는지를 둘러싼 논쟁들이다.

우리가 흔히 만나는 입장들은 어떤 입장이든 쉽게 부인할 수 없는 합리적인 근거를 갖고 있게 마련이며, 그런 의미에서 오직 사회적 합의와 결단만이 딜레마를 푸는 해법인지도 모른다. 따라서 아직 절묘한 해법을 찾지 못한 우리가 그런 지적 상황을 재구성해 보는 것은 의미가 있다. 그것은 우리 자신을 성찰하는 계기를 제공해 줄 뿐만 아니라, 오늘날 우리 사회에 만연해 있는 증상들을 최소한 이해할 수는 있게 해줄 것이기 때문이다. 그리고 바로 그런 성찰로부터 희망이 시작될 수도 있을 것이다.

# 3장

## 세 가지 딜레마

## 선택할 수 없는 문제들

우리 사회가 겪고 있는 가치 전쟁의 기저에는 세 가지 딜레마가 자리하고 있다. 그 첫째는 자유와 평등의 문제이고, 둘째는 개인과 공동체의 문제이며, 마지막으로는 현재와 미래 사이의 선택 문제이다. 이 세 딜레마는 다양한 삶의 양식들이 공존하는 사회라면 결국에는 만나게 될 개념적이고 원리적인 문제들이다. 이 문제들이 딜레마인 까닭은 어느 한쪽도 포기할 수 없거나, 어느 한쪽을 선택하더라도 충분한 이유가 있기 때문이다. 게다가 이 세 딜레마는 각각 독립적인 것이 아니라 서로 연결되어 있다.

가장 먼저 생각해봐야 할 문제는 근대 이후 시민사회를 지탱하는 가치인 '자유와 평등'이다. 자유와 평등이라는 가치는 민주주의를 지탱하는 근간이다. 하지만 두 가치를 현실에서 조화롭게 구현하기란 쉽지 않다. 자유를 강조하면 평등이 위축되고, 반대로 평등을 강조하면 자유가 제약될 수 있기 때문이다. 이 두 가치의 갈등은 인류 사회가 시작된 이래로 지속해왔다. 그 갈등은 한 개인이 공동체에 소속되어 있다면 피할 수 없는 구조적인 문제이기 때문이다. 그러나 그 문제가 본격적인 사회적 의제로 제기된 것은 근대 이후다.

근대 이전의 역사에서 평등한 개인들의 자유가 사회적 논의의 중심에 선 적은 없었다. 상대적으로 많은 자유를 누렸던 계급이나 개인들조차 공동체를 위해 희생하는 것은 당연하고 또 명예로운 일로 여겼다. 하지만 근대의 정치사회적 변화가 이러한 상황을 역전시킨다. 공동체는 본래 개인의 행복을 위해 존재하는 것이라는 생각으로 옮겨간 것이다. '모든 인간이 자유롭고 평등한 존재'라는 선언이 근대를 출범시킨 혁명의 문구였다는 사실은, 근대 사회가 적어도 개인의 자유와 평등의 문제에 있어서는 이전 사회와 어떻게 다른지를 웅변한다.

자유와 평등의 균형이 문제되는 까닭은 그 가치들이 사회적 자원의 분배 문제와 관련이 있기 때문이다. 2011년 월가 점령 시위가 보여주듯 미국이 자유를 중시하는 나라라면, 복지국가로 유명한 북유럽의 나라들은 평등을 더 중요하게 생각한다. 우리나라 역시 어느 가치를 더 중시할 것인지를 두고 논쟁 중이다. 그래서 우리나라의 정치 체제를 두고 '민주주의'라 하지 않고 반드시 '자유민주주의'liberal democracy라고 써야 한다고 주장하는 사람들이 있다. 최근 중등 역사교과서에 민주주의라고 쓸 것인지 자유민주주의라고 쓸 것인지를 두고 정치권에서 공방이 뜨거웠던 것은 이런 저간의 사정이 반영된 것이다. 비록 우리나라에서 '자유민주주의'는 북한의 '인민민주주의'에 대립하는 정치적 수사의 의미가 있기 때문에 정치적으로 보수 성향의 사람들이 선호하는 표현이지만, 공교롭게도 우리나라의 보수 진영이 진정한 의미의 자유주의자인지는 의심스럽다.

자유주의에서는 개인의 자유가 가장 중요한 가치이다. 따라서 국가나 공동체라는 이름으로 개인의 자유를 억압하는 어떤 시도도 부당하다고 여긴다. 그러나 한국의 정치사에서 이른바 '보수' 진영은 모호하기 짝이 없다. 사적 소유권에 제한을 가하는 시도에 대해서는 자유주의적 가치를 천명하지만, 국가가 사회질서 유지라는 명목으로 개인의 자유에 제한을 가한 수많은 시도들에 대해서는 침묵하거나 찬성했기 때문이다. 현실 정치라는 제약 조건을 감안한다 하더라도 정치적 태도의 일관성을 찾기가 쉽지 않다. 문제 사안에 따라, 또는 이해관계에 따라 입장을 달리한다는 점에서만 오히려 일관적이라고 할까? 물론 이런 사정이 오직 보수 진영에만 해당할 리 없다. 진보 진영이라고 해도 마찬가지다. 이것이 그저 자유주의나 진보/보수라는 정치적 개념이 한국 사회에서 어떻게 오해, 혹은 오용되고 있는지를 보여주는 것만은 아니다. 그보다는 도식적 이분법으로 분류하는 방식이 더 이상 유효하지 않다는, 현실의 복잡성을 말해주는 사례로 보아야 할 것이다.

## 자유인가 평등인가

자유가 보장될 때 모든 사람은 자신이 하고 싶은 일을 할 수 있는 권리를 갖는다. 문제는 하고 싶어 하는 일이 대개 비슷하다는 것이다. 자연은 인간 종을 설계할 때 유전자의 99퍼센트 이상을 같게 만들었다. 생물학적 의미에서 나와 다른 사람의 차이는 1퍼센트도 되지 않는다. 대부분의 사람들이 비슷한 것을 좋아하고, 또 비슷한 것을 싫어한다. 문제는 여기서 시작된다. 모든 사람을 만족시킬 만큼 기회나 자원이 넉넉하지 않기 때문이다. 많은 사람들이 좋아하는 놀이공원에는 스릴을 만끽할 수 있는 롤러코스터처럼 유독 인기 있는 놀이기구들이 있다. 외식에서도 사람들이 감탄해 마지않는 맛집들이 있다. 그런 체험을 해보기 위해서는 오랜 시간 줄을 서서 기다려야 하는 수고를 감내해야 한다. 그렇게 줄을 서서 기다리는 이유는 모든 이용자가 평등하기 때문이다. 만약 몇몇 사람들이 자신들의 즐거움을 위해 롤러코스터를 독점해버린다면 다른 사람들이 피해를 볼 수밖에 없다. 돈과 시간의 여유가 있는 사람이 음식을 계속 주문하며 오래도록 맛집 좌석을 차지해서 다른 미각 체험자들의 대기시간을 늘리는 것도 마찬가지다. 이처럼 현실에서 누군가가 자신의 자유를 누리는 일은 타인의 자유를 침해하는 일이 될 수 있다. 우리가 이기주의를 비난하는 이유도 그 때문이다. 따라서 자유를 중시한다 하더라도 최소한 타인에게 피해를 입혀서는 안 된다는 원칙이 중요하다. 나의 자유가 중요하다면 타인의 자유도 중요하기 때문이다. 즉 자유는 모두에게 평등하게 주어져야 한다. 적어도 원칙적으로는.

그런데 이런 경우를 생각해 보자. 월급도 좋고 평판도 좋은 어떤 회사에 같이 입사하기 위해 애를 쓰는 두 친구 A와 B가 있다고 하자. 두 사람 모두 입사 시험을 치렀는데 공교롭게도 A는 합격자들 중 성적이 가장 낮은, 말하자면 문을 닫고 들어간 합격자가 되었고, B는 탈락자 중 가장 성적이 좋은, 바로 자기 앞에서 문이 닫혀 떨어진 사람이 되었다. 사실 A의 가정은 경제적으로 여유가 있는 편에 속한다. A는 대학을 다닐 때도 별다른 학비 걱정 없이 공부했고 취업 준비에도 많은 시간을 들일 수 있었다. 반면 B는 대학 시절 내내 자신의 생활비를 벌어야 했고 대출받은 학자금도 있어 A만큼 취업 준비를 할 수 없었다. 그런 상황에서 경쟁을 했으니 A가 합격하고 B가 고배를 마신 사정을 이해할 만하다. 그런데 입사 후 얼마 지나지 않아 A는 틀에 박힌 회사 생활에 염증을 느끼고 회사를 그만두고 만다. A가 어렵게 얻은 기회를 포기할 수 있었던 이유는 경제적으로 궁핍하지 않은 탓이기도 했다. 그 사이 B는 생활고 때문에 자신이 생각하지도 않았던 다른 회사에 취업을 해버린 상태였다. B의 입장에서는 신중하지 못한 A의 행동이 원망스러울 수밖에 없다. 이때 B나 다른 공권력이 A가 다른 사람의 기회를 대가로 회사에 들어갔으니 회사를 그만두지 못하도록 규제할 수 있을까? 또 애초부터 둘 사이에는 출발선이 달랐기 때문에(불공정한 경쟁이므로) A도 부모의 경제적 지원을 받지 말고 B처럼 생계활동을 하면서 취업 준비를 해야 한다고 강제할 수 있을까?

비록 B는 가까운 친구 사이인 A에게 푸념이나 화풀이삼아 비난을 할지도 모르겠지만, 원칙적으로는 그 누구도 A의 선택을 강제할 수 없다. 그것은 마치 공정성을 위해 대학 입시에서 모든 학생들이 정해진 수업시간 외에는 어떤 공부도 해서는 안 된다고 규제하는 것과 마찬가지다. 그것은 평등을 위해 개인의 자유를 희생시키는 선택일 것이다. 누구든 원하는 것을 할 수 있는 자유와 모든 사람은 평등하다는 두 원칙이 서로 충돌하는 경우는 이처럼 매우 흔하다. 그리고 딜레마는 여기서 발생한다. 사회적 현실은 우리에게 모두가 평등하지만 모두가 원하는 대로 할 수는 없다고 말한다.

우리는 기회 균등의 원칙 아래 공정한 경쟁을 해야 한다고 믿는다. 공정하게 경쟁해서 실패한 것은 합리적으로 수용할 수 있지만 기회 자체가 불평등하게 주어지는 것은 용인할 수 없다고 보기 때문이다. 그렇지만 어떤 경쟁이 공정한 경쟁인가? 우리가 금수저 흙수저 논쟁을 벌이는 이유는 우리 사회가 받아들이고 있는 '공정성'이 진정으로 공정한 것인지, 아니면 그저 허울 좋은 관념에 불과한 것인지를 따져보기 위해서다. 좋은 직장을 잡기 위한 A와 B의 경쟁은 똑같이 시험을 칠 수 있었기 때문에 공정한 경쟁이라고 불러야 할까? 겉보기에는 기회 균등에 따른 공정한 경쟁처럼 보이지만 실질적으로는 불평등한 경쟁이라고 해야 옳다. 신자유주의가 비난을 받는 이유는 이미 출발선에서 뒤처져 있는 사람들이 자신보다 앞서 있는 사람들과의 격차를 줄이는 일을 사실상 불가능하게 만드는 구조를 갖고 있기 때문이다. 그래서 많은 정부에서 실질적인 기회의 평등이 주어질 수 있도록 사회제도들을 손보게 된다. 그러나 앞선 예처럼 과도한 개입은 개인의 자유로운 선택을 제약할 위험이 크다.

오늘날 몇몇 북유럽 국가와 같이 사회민주주의적 성격이 강한 나라에서는 같은 교통법규 위반이라고 하더라도 위반자의 소득에 따라 벌금이 달라진다. 이런 사회가 강조하는 것은 사회안전망이고 평등이다. 정부의 역할도 그런 의미에서 훨씬 더 적극적이다. 반면 많은 신자유주의자들이 주장하듯, 국가나 정부가 시장에 과도하게 개입하면 개인의 창의성을 떨어뜨리고 결과적으로 사회 전체의 생산력과 경쟁력을 떨어뜨릴 수 있다. 그들은 공산주의와 자본주의 사이의 체제 경쟁이 한 세기만에 자본주의의 승리로 귀결된 것을 보라고 말한다. 그들에게 그것은 자유가 더 중요하다는 입장을 지지해주는 역사적 증거이다. 그러나 다른 한편 신자유주의가 초래한 현실은 부의 양극화이다. 그리고 이는 개인의 자유를 실질적으로 억압하는 결과를 낳는다. 치열한 경쟁 사회 속에서 수많은 사람들이 생존을 위해 자신의 자유를 상품으로 내놓아야 하기 때문이다. 개인의 자유를 강조하는 신자유주의 입장에서 보면 일종의 역설이다.

평등을 강조하는 입장이든 자유를 강조하는 입장이든 나름의 충분한 이유와 근거가 있다. 지나간 역사가 남겨준 증거에 따르면 자유와 평등이라는 가치의 분배 비율은 그 나라의 정치적 상황 그리고 역사 문화적 조건에 의존한다. 그래서 우리로 하여금 진지하게 되묻게 만든다. "우리 사회에서 더 중요하게 생각해야 할 것은 무엇인가?"

금수저, 흙수저로 구분하여 사회의 분배 구조를 문제시하는 논의들은 '평등'에 초점을 맞춘 입장이다. 반면 능력껏 일하고 그에 비례해서 분배해야 한다는 입장은 '자유'에 방점을 둔 입장이다. 아직 우리 사회는 두 갈래 길 사이에서 고민하고 있는 것으로 보인다. 심지어 동일한 사람이 자유와 평등의 문제에 대해 상호모순적인 태도를 취할 때도 있다. 어떤 때는 평등에 무게를 두어 이야기하고 다음날에는 자유에 방점을 두고 이야기한다. 설령 자신이 일관적이지 않다는 것을 안다고 하더라도 '판단은 케이스에 따라 다르다'는 식으로 논리의 옹색함을 벗어난다. 물론 대부분의 경우는 코에 걸면 코걸이 식으로 자신에게 이익이 되는 것만을 좇아 말하는 것이다. 그렇다면 공정한 마음을 갖기로 결심한 시민이라면 사정이 달라질까? 그가 자신의 입장을 세우고자 한다면 아무래도 전문가의 견해를 참조해야 한다. 그렇지만 유감스럽게도 형편이 나아지지는 않는다. 특정 입장을 대변하는 논객들의 논쟁을 보면 어떤 때는 그 사람의 이야기가 맞고 또 어떤 때는 반대 주장이 맞는 것처럼 보이기 때문이다. 사회 운영의 원칙을 정하는 일이 딜레마처럼 여겨지거나 내 인생을 결정하는 중요한 선택에서 결정 장애 상태에 빠지는 것은 당사자들의 심리에 문제가 있어서만은 아니다. 오히려 복잡한 사회에서 나름대로 충분한 이유를 가진 주장들이 동등하게 내 앞에 놓여 있기 때문이다.

## 개인인가 공동체인가

자유와 평등을 어떻게 구현해야 하는지는 가볍고 경쾌하게 살고

싶은 현대인들에게는 차라리 생각을 안 하는 게 나을 정도로 까다로운 문제이다. 설상가상으로 그 문제는 개인과 공동체 사이의 관계 문제로까지 이어진다. 그래서 마치 보르헤스의 끝없이 갈라지는 길들이 있는 정원에 선 것처럼 첫 번째 문제를 슬쩍 못 본 체 넘어가면 곧바로 다음 문제에 부딪친다. 새로운 문제의 도식은 이렇다. "나는 공동체의 안녕을 위해 어느 정도까지 불편과 손해를 감수해야 하는가?" 또는 "공동체 전체를 위한 소수의 희생은 어쩔 수 없는가?"

이와 관련하여 많이 논의되었던 문제는 이른바 '트롤리 딜레마'다. 이 문제는 마이클 샌델(Michael Sandel)이 『정의란 무엇인가』에서 공리주의를 비판하기 위한 사례로 드는 바람에 대중적 유명세를 치렀다. 그러나 이 문제는 원래 1967년 영국의 필리파 푸트가 임신중절 문제와 관련하여 이중효과(double effect)의 원리를 비판하기 위해 도입한 사고실험이다.[21] 그녀는 산모와 태아 중 한 사람을 선택해야 하는 임신중절의 문제를 도덕적 딜레마로 표현하며 하나의 사고실험을 도입한다. 당신이 선로 위를 달리고 있는 전차(트롤리)의 선로 전환을 맡고 있다고 하자. 달리는 전차 앞에는 두 선로가 있는데, 한 선로에는 5명이 일하고 있고, 다른 선로에는 1명이 있다. 브레이크를 사용할 수 없는 상황이며 어느 쪽으로 가든 희생자가 나올 수밖에 없다. 당신은 어떤 선택을 하겠는가? 어떤 선택을 하면 도덕적으로 정당화될 수 있을까?

더 많은 사람의 이익을 위해 몇몇 소수를 희생시키는 일의 윤리적 정당성 문제는 공리주의의 한계와 관련하여 끊임없이 회자되는 문제이다. 그리고 단지 윤리 이론만의 문제가 아니라 우리 사회 곳곳에서 일상적으로 부딪히는 문제들이기도 하다. 국민의 세금을 잡아먹고 있는 한계 기업을 구조조정해야 하는 상황에서 그저 열심히 일했지만 구조조정을 당해야 하는 노동자들이 받아야 하는 피해가 그렇고, 방사성 폐기물 처리장과 같은 위험한 시설을 어딘가에 설치해야만 하는 상황에서 피해를 입게 될 지역 주민들의 문제도 그렇다. 오늘날 우리 사회의 기본 정서는 아무리 다수를 위한 일이라고 해도 소수의 인권을 함부로 해서는 안 된다는 것이다. 그

---

21 Philippa Foot, "The Problem of the Abortion and the Doctrine of the Double Effect," in *Oxford Review*, No. 5 (1967). 이중효과의 원리는 우리의 어떤 자발적인 행위가 좋은 결과와 나쁜 결과 두 가지를 동시에 낳는 경우에 적용할 수 있는 윤리적 원리이다. 개략적인 내용은 이렇다. 좋은 결과를 내려고 의도적으로 나쁜 행위를 하는 것은 언제나 잘못이다. 그러나 예외적으로 나쁜 결과가 예상되지만 선한 행동을 하는 것은 때때로 허용될 수 있다.

럼에도 불구하고 현실에서는 그 원리를 구현하기가 어렵다. 누군가는 결코 원하지 않는 피해를 입거나 불편을 감수해야만 하는 상황들이 있기 때문이다. 만약 관련 당사자들이 오직 자신의 이익만을 추구한다면 공동체를 슬기롭게 운영해간다는 것은 사실상 불가능한 일이 되고 말 것이다. 그렇다고 공동체의 이익을 위해 누군가에게 희생을 강요하는 것도 마뜩찮은 일이다.

물론 소박한 공리주의의 계산처럼 그 누군가가 감당해야 하는 손해를 통해 결과적으로 사회 전체에 커다란 이익이 예견된다면 그런 정책이나 행동은 윤리적으로 정당화될 수 있을지도 모른다. 문제는 그 손해를 감당할 사람이 '나만 아니면 된다'는 식의 태도이다. 말하자면 공동체를 위해서는 바람직한 일인데도 누구도 기꺼이 나서지 않는 상황, 고양이 목에 방울달기의 어려움이 개인과 공동체 사이에 놓여 있다. 공동체를 위해 개인의 희생을 요구하는 것은 얼핏 논리적 모순처럼 들릴 수 있다. 공동체적 삶의 궁극적인 이유는 그 공동체를 구성하는 개인의 행복이 아닌가? 내가 어떤 공동체에 소속되고자 하는 것은 나를 위해서지 결코 내가 공동체를 위한 수단이 되고자 함이 아니다. 그런데도 공동체를 위해 개인이 희생되어야 한다면 그것은 본말이 전도된 것이다. 자유와 평등의 균형점을 찾는 일의 어려움처럼, 공동체를 지나치게 강조하면 그 공동체의 구성원들의 자유와 권리에 과도한 제약들을 가하게 된다.

혼밥족, 혼술족의 시대는 이런 문제들이 복잡하게 뒤얽혀 있는 사회의 횡단면이다. 개인주의를 당연하게 받아들이면서 성장한 세대에게 공동체적 의무는 개인의 자유를 제약하는 폭력으로 느껴진다. 하지만 반대로 개인을 지나치게 강조하면 공동체의 안녕과 질서를 유지하는 일이 어려워져 장기적으로는 개인의 자유와 권리를 지키는 일에까지 나쁜 영향을 미치게 된다. 앞서 포스트모던 시대의 개인들이 느껴야 하는 불안과 공포를 분석한 바우만의 이야기처럼, 개인이 의지할 공동체가 제 구실을 하지 못하면 개인의 불안감은 점점 더 증폭될 수밖에 없다. 개인과 공동체 사이에서 균형을 잡는 문제는 근대 이후의 역사에서 우리가 물려받은 두 번째 딜레마이다.

## 현재인가 미래인가

두 번째 딜레마는 자동적으로 세 번째 딜레마를 유발한다. 개인과 공동체 사이의 균형을 어떻게 맞출 것인가의 문제는 무엇보다 이해 당사자들 간의 합의가 중요하다. 그런데 만약 현재 세대와 미래 세대 사이에 이해관계가 충돌할 경우 우리는 어느 쪽 의견에 무게를 실어야 할까? 얼핏 미래 세대는 당면한 문제들에 대해 이해 당사자가 아닐 수도 있다. 예컨대 아직 태어나지도 않은 세대가 이해 당사자일 수 있을까?

사회제도를 변화시키는 일은 그저 한 끼 식사의 메뉴를 결정하는 일과는 다르다. 수많은 사람들의 이해관계가 달린 일을 그때그때 바꿀 수는 없기 때문이다. 일단 사회제도가 사람들 사이에서 용인되고 받아들여지기 시작하면 사람들은 자신의 미래를 그 제도에 맞추어 계획하기 마련이다. 따라서 사회제도를 선택하는 일은 장기적인 관점에서 고려해야 한다. 그러나 바로 이 장기적인 관점 때문에 이해관계자들의 폭이 한없이 넓어질 수도 있다. 장기적인 관점에서 보자면 아직 태어나지도 않은 세대의 이해관계를 반영해야 하기 때문이다.

우리가 현재의 사회제도에 관해 어떤 결정을 내린다는 것은 미래 사회의 얼개를 결정하는 일이기도 하다. 아직 사회에 진출하지 않은, 또는 아직 태어나지 않은 미래 세대는 현재 세대가 결정한 사회 구조 속에서 살아가게 된다. 가령 연금개혁 문제처럼 누군가의 희생이 필요할 때, 현재 세대와 미래 세대 중 누가 그 부담을 떠안아야 할까? 과연 두 이해 당사자가 모두 만족할 수 있는 합리적인 해결책을 찾을 수 있을까?

우리가 일상생활에서 특별하게 어느 한쪽을 선호할 이유가 없을 때 선택하는 해법 중 하나는 제비뽑기다. 누군가가 아무도 원하지 않는 희생을 떠맡아야 하거나, 누군가가 특별한 이유 없이 이익을 볼 수 있는 상황에서 그 당사자를 결정해야 한다면 우연에 맡겨 버리는 것이다. 엄밀한 의미에서는 이성적이고 합리적인 의사결정을 포기하는 것이지만, 그럼에도 그런 결정을 우리가 선호하는 것은 그것이 공정한 절차라고 생각하기 때문이다. 운運은 우리가 어떻게 할 수 없는 것이니까!

그런데 이런 이야기를 타고난 가정환경으로 인해 경쟁의 출발선이 서로 다르게 주어진 사람들에 대해서도 마찬가지로 적용할 수 있을까? 우리가 문제 해결 방식으로 제비뽑기를 선호한다면, 똑같은 이유에서 좋은 가정에서 태어나 좋은 기회를 잡는 사람들을 향해 불만을 가져서는 안 된다. 그들은 그저 운이 좋았을 뿐이고, 흙수저를 물고 태어난 내가 그저 운이 없었을 뿐이니까. 여기에 수저 논쟁이 갖고 있는, 그러나 잘 드러나지 않는 함축이 담겨 있다.

수저 논쟁은 단지 현재 세대에만 해당되는 것이 아니라 미래 세대에 관한 논의를 포함하고 있다. 수저 논쟁의 이면에 담긴 함축은, 내가 흙수저로 태어난 것은 내가 운이 없어 그런 것이지만, 내가 흙수저라면 내 아이가 흙수저가 되는 것은 필연이라는 것, 즉 수저 논쟁은 우연이 필연으로 바뀌는 사회 구조에 관한 문제이다. 우리가 수저에 관해 논쟁하는 이유는 분명 정의롭지 못한 사회제도를 개선하기 위해서다. 그리고 사회제도와 관련된 결정은 단지 현재 세대만이 아니라 미래 세대에도 영향을 미친다. 그렇다면 우리가 부당하다고 생각하고 있는 사회제도를 개혁하고자 할 때 우리는 어떤 입장에 서야 하는가? 현재를 살아가고 있는 사람들의 이해관계를 중시해야 하는가? 아니면 미래를 살아가게 될 미래 세대의 입장을 배려해야 하는가?

우리가 민주주의라는 제도를 선호하는 이유는 사회를 운영해 가는 원칙이나 질서에 문제가 있을 때 그것을 수정할 수 있는 힘이 우리 모두에게 있다는 사실 때문이다. 이는 특히 우리 자신이 해당 문제의 이해당사자일 때 더욱 두드러진다. 게다가 사회제도에 관한 의사결정은 나뿐만 아니라 나의 자식들에게도 영향을 미친다. 2016년에 많은 부모들이 아이들의 손을 잡고 광장에 함께 나서 촛불을 든 것은 부당한 것에 저항함으로써 더 좋은 미래를 선물하고자 하는 마음 때문이었다. 우리 사회를 지탱하는 사회제도와 관련하여 오늘 우리가 하는 결정은 당연히 다음 세대와 관련이 있다.

연금제도를 개혁하는 일, 지구 온난화와 같은 기후변동 문제나 환경 문제와 관련해서 다소간의 불편을 감내하는 일, 소득세율이나 부동산세율을 결정하는 일 등등은 모두 우리 자신만의 문제가 아니라 우리 다음 세대의 문제이기도 하다. 세대 갈등이 촉발되는 이유도 이러한 사정과 무관하지 않다. 조만간 연금 수혜자가 될 내가 희생하지 않으면 다음 세대에는 연금이 고갈될 수 있다. 그렇다면 내가 조금 희생해야 할까? 혹시 나보다 먼저 온갖 혜택을 받은 세대들에 비해 나만 손해 보는 것 아닐까?

민주주의는 발언권이 있는 사람들 사이에서 이해관계를 조율하는 탁월한 방법론이다. 민주주의의 원리에 평등이 중요한 까닭은 모두 다 똑같은 발언권을 가져야 하기 때문이다. 그런데 미래 세대는 현실적인 발언권이 없다. 미래 세대의 발언은 현재 발언을 할 수 있는 세대가 미래 세대를 대리할 때만 가능하다. 그런데 만약 현재 세대의 이익과 미래 세대의 이익이 충돌할 때, 현재 세대는 미래 세대를 적극적으로 대리해줄 수 있을까? 미래는 아직 오지 않았을 뿐 아니라 영원히 오지 않을 수도 있는 것인데, 현재의 내가 미래 세대의 이익을 고려하거나 대리할 이유가, 아니 도대체 그런 권리가 있을까?

본래 현재 세대가 미래 세대의 이해관계를 적극적으로 반영할 수 있는 생물학적 근거는 가족이다. 그러나 요즘과 같이 결혼을 미루고 출산을 꺼리게 하는 사회적 조건이라면 가족 공동체의 경험으로부터 파생되는 미래 세대에 대한 (생물학적이고, 그래서 어떤 의미에

<국가별 노년부양비 전망>

자료 : 통계청, 국제연합(UN)

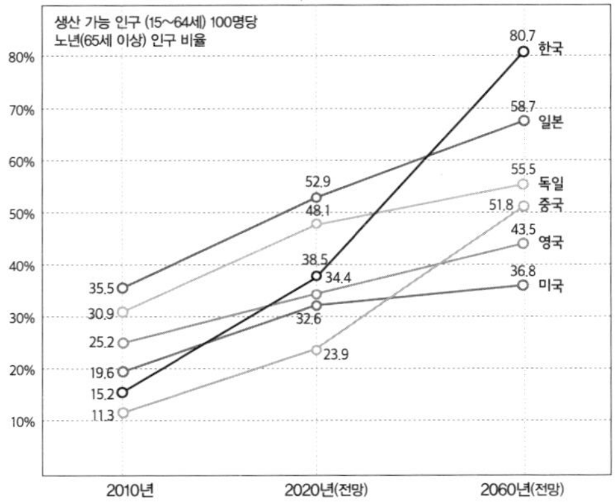


서는 본성적이라고 말할 수 있는) 배려는 기대하기 어렵다. 예컨대 최근의 다양한 통계 자료들을 토대로 볼 때 고령화와 인구 감소의 추세가 이대로 지속될 경우 우리나라의 미래는 매우 부정적이다.[22]

현재 추세대로라면 생산 가능 인구가 줄어듦에 따라 젊은 세대가 늙은 세대를 부양해야 하는 부담은 날이 갈수록 커질 것이고 소비는 줄고 경제는 위축되어 사람들의 생활은 점점 더 팍팍해질 것이다. 그런데 과연 내가 대한민국의 미래를 위해 꼭 결혼을 하고 자식을 낳아야 하는 이유는 무엇인가? 최근 에코 세대의 출산율이 떨어지는 데는 부분적으로 이런 이유가 있다. 무엇보다 자신이 부모 세대에게 받았던 지원을 자식 세대에게 해주기가 쉽지 않고, 아이를 양육하는 과정에서 자신이 누릴 수 있는 많은 것들을 포기해

---

22 연합뉴스 2017.5.25자 보도. https://www.yna.co.kr/view/AKR20170524152100017

야만 하기 때문이다.

여기에 딜레마와도 같은 난맥이 드러난다. 연금개혁 문제나 환경 문제가 보여주듯이, 현재 세대와 미래 세대 모두를 만족시키는 선택은 현실적으로 불가능해 보인다. 누군가는 손해와 불편을 감수해야만 한다. 만약 우리가 미래 세대를 배려한다면 현재 세대는 그에 상응하는 불편과 고통을 감내할 준비가 되어 있어야 한다. 그러나 그것은 결코 쉬운 일이 아니다. 가정을 꾸리고 아이를 낳아 잘 기르겠다고 마음먹은 사람들이라면 미래 세대의 이익을 진지하게 고려할 가능성이 크다. 반면 결혼을 하지 않거나 아이를 낳지 않겠다고 결심한다면 미래 세대를 배려할 동기는 그리 크지 않다. 개인과 공동체 사이의 딜레마는 현재 세대와 미래 세대 사이의 이해관계가 충돌하는 문제에서 다시금 등장한다.

민주주의라는 제도는 과연 이러한 문제들을 해결할 수 있을까? 유권자들의 심기를 헤아려야 하는 국회의원들이 유권자들 내부에 존재하는 가치 전쟁에서 어느 편에 서게 될까? 영국의 브렉시트 사례가 보여주듯 젊은 세대가 고령자들에게 왜 미래의 일을 미래에 살지 않을 사람이 결정하느냐고 항의한 것은 그저 단순한 해프닝이 아니다. 물론 고령 세대를 향한 젊은 세대의 항변은 그대로 그 젊은 세대의 다음 세대가 반복할 것이다.

## 입체적 시선으로 보기

자유와 평등, 개인과 공동체, 그리고 현재 세대와 미래 세대 사이의 딜레마는 근대 세계가 수천 년간 이어져 오던 낡은 신분제 사회를 혁파하면서 그 대가로 받은 수수께끼들이다. 그 세 문제는 마치 신화에 나오는 뱀 우로보로스Ouroboros처럼 서로가 서로의 꼬리를 물고 있는 식으로 연결되어 있는 문제들이다. 이는 연결이 폭발적으로 확대된 네트워크 사회의 구조적 특성과도 무관하지 않다. 자연발생적인 네트워크 구조의 특성 중 하나는 전체를 일별할 수 있는 조망점을 찾기가 쉽지 않다는 것이다. 임의의 지점에서 전체를 보고자 하면 그 지점의 특성에 따라 전체의 모습이 달리 보인다. 우리가 특별한 노력을 기울이지 않는다면 자신의 관점과 입장은 자신이 속한 상황에 의존하게 될 것이다. 그리고 그렇게 정해진 입장들이 확증편향의 과정을 거쳐 견고해지기 시작하면 가치 전쟁은 피할 수 없다.

우울한 결론이기는 하지만 방법이 아예 없는 것은 아니다. 무엇보다 당사자들 스스로가 자신들이 그런 상황에 처해 있다는 사실 자체를 깨닫는 것이 중요하다. 그 반성적 인식이 모종의 돌파구를 제공할 수 있기 때문이다. 그것은 대상을 바라보는 시선의 차원을 변경할 수 있는 여지를 준다. 우리가 자유와 평등, 개인과 공동체, 현재와 미래 사이에서의 선택을 딜레마로 보는 까닭은 그 둘 중 어느 하나만을 선택할 수 없기 때문이다. 이는 마치 원의 내부에 있는 점과 외부의 있는 점을 연결하되 원둘레를 지나지 않아야 하는 문제와 비슷하다. 두 점 중 어느 하나도 포기하지 말고 연결을 해야 하는데 원둘레를 지나지 않고 연결할 수 있는 방법이 있을까? 2차원의 관점에서는 이 문제를 해결할 수 없다. 오직 3차원의 시선에서만 원둘레를 지나지 않고 원 안의 점과 바깥의 점을 연결할 수 있다. 바꾸어 말하면 2차원에서는 해결할 수 없는 문제도 3차원에서는 해결 방법을 생각해 볼 수 있다.

문제 상황으로부터 거리를 갖는 반성적 시선은 마치 2차원의 문제를 3차원에서 보는 것과 같은 효과를 낸다. 하지만 누군가는 이렇게 부정할지 모른다. 우리는 결코 자신이 속한 상황을 벗어날 수 없다. 달리 말해 그렇게 차원을 달리하는 시선은 오직 신과 같은 존재만이 택할 수 있는 방법일 뿐, 유한한 인간 지성이 차원을 달리해서 본다는 것은 불가능한 일이다. 분명 그럴지도 모른다. 하지만 그렇다고 해서 우회로가 아주 없는 것은 아니다. 차원을 달리하는 것이 어렵다면 그런 효과를 낼 수 있는 다른 방법을 모색하면 된다.

우리가 부딪치고 있는 문제 상황이 2차원의 횡단면이고 우리가 그 상황을 벗어날 수 없다면, '시간'을 새로운 직교축으로 도입해서 3차원의 효과를 내면 된다. 어려운 문제를 풀기 위해 그 문제의 발생적 기원으로 돌아가 상황을 재구성하는 일이 바로 그 예다. 그 과정은 우리로 하여금 횡단면의 문제 상황을 입체적 관점에서 볼 수 있게 해준다. 그리고 이는 우리에게 결코 낯선 방법이 아니다. 그것은 '온고이지신'溫故而知新이라는 말처럼 미래를 가늠하기 위해 과거를 살펴보는 우리 사회의 전통적인 탐구 방식이기도 하다. 나아가 독일의 현상학자 후설Edmund Husserl이 우리가 당연히 여기는 이념의 생활세계적 기원을 추적했던 방식이며, 푸코가 '고고학적' 이라는 개념으로 표현했던 방법에 담겨 있는 지혜이다.

## 자연 상태와 사회 계약

현재 우리 사회에 던져진 몇몇 딜레마들, 그리고 가치 전쟁의 역사적 분기점은 근대 정치학의 시작이라고 할 수 있는 홉스에게서 찾을 수 있다. 근대국가의 성립과 그 권력의 정당성에 관한 논쟁을 연 홉스는 자연 상태의 인간이 싸움을 벌이게 되는 세 가지 이유를 든다.[23] 하나는 원하는 것을 차지하기 위한 경쟁competition이고, 두 번째는 일종의 불신으로 상대를 믿지 못하거나 자신이 미래에 약자가 될 수도 있다는 불안으로 인한 확신의 결핍diffidence이고, 끝으로 자신의 뜻대로 이루었다는 것을 뽐내기 위한 명예심glory이다. 홉스에 따르면 자연 상태의 인간들은 바로 이 세 가지가 원인이 되어 '만인 대 만인의 싸움'bellum omnium contra omnes 상태에 필연적으로 이르게 된다. 홉스는 이러한 싸움의 원인들이 모두 인간 본성으로부터 귀결된 것으로 본다. 자연 상태에서 모든 인간은 자기 자신의 보존을 최우선의 가치로 생각하기 때문이다.

홉스가 '만인 대 만인의 싸움'이라는 주장을 하기 위해 받아들인 전제는, 자연 상태에서는 사람들 사이의 능력 편차가 그리 크지 않다는 것이다. 그러면서 그는 인간과 다른 동물의 차이를 비교의 잣대로 세운다. 사실 인간들 사이의 능력 차이를 사자나 치타와 같은 동물과 인간의 차이에 비할 수는 없다. 다분히 의도적인 비교를 통해 홉스가 강조하고 싶었던 것은 자연 상태에서 모든 인간은 '평등

23 토머스 홉스, 『리바이어던』, 진석용 옮김, 나남, 2008, 13장.

하다'는 것이다. 일단 이러한 전제를 수용한다면 적어도 기계론자였던 홉스의 생각으로는 결론이 기계적(자동적)으로 도출된다. 먼저 능력의 평등에서 욕구나 희망의 평등, 즉 같은 것을 원하는 사람들이 생겨날 것이다. 그러나 모두가 자신이 원하는 것을 가질 수는 없다. 경쟁자는 있기 마련이고 따라서 갈등이 시작된다. 내가 상대방에 비해 그리 모자라는 것이 없는데 나는 왜 그것을 갖지 못하는가?

어떤 이유로든 불평등이 발생할 위험이 있을 때 사람들은 서로에 대해 적대적인 경쟁자가 된다. 물론 운 좋게 양보나 타협으로 싸움을 피할 수 있을지도 모른다. 하지만 약속은 깨지기 위해 있다는 듯 서로가 상대방을 믿지 못하기 때문에 싸움은 언제든 다시 일어날 수 있다. 따라서 자연 상태에서 싸움은 그치지 않으며, 설령 그친다 하더라도 잠시 유보될 뿐이다. 인간 본성에 변화가 없는 한, 싸움을 종식시키는 유일한 방법은 그 싸움을 예방하고 중재해줄 절대 권력이 있을 때뿐이다. 홉스는 그 절대 권력을 성경에 나오는 괴물 '리바이어던'으로 묘사했다. 리바이어던, 곧 자연인들의 싸움을 종식시킬 국가라는 절대 권력은 안전한 자기 보존을 열망하는 개인들의 계약을 통해 성립한다. 이 계약의 핵심은 분쟁을 예방하는 것이므로 모든 개인들은 자신의 안전을 위해 국가에 절대 복종을 약속해야 한다.

그런데 만약 국가가 오히려 개인의 안전을 위협한다면 어떻게 될까? 홉스는 이런 문제에 대해 진지하게 고민하지는 않은 듯하다. 우선 그러한 의구심, 즉 국가가 개인을 위협하는 일은 홉스에게 개념적으로나 논리적으로나 일어날 수 없다. 국가는 모든 개인의 권리를 이양받은 권리의 대리인이므로 국가가 개인을 위협하는 일은 곧 내가 나 자신을 위협하는 것과 같기 때문이다. 더욱이 홉스의 논리에서는 개인을 보호하기 위한 국가가 개인을 위협할 특별한 이유도 없다. 국가가 특정 개인에게 폭력이나 강압을 행사하는 것은 오직 그 개인이 애초의 계약을 어기고 다른 개인이나 혹은 국가 자체를 위협하기 때문일 것이다.

홉스가 이처럼 국가에 절대 권력을 부여한 까닭은 정치적 무질서와 혼란이 야기할 폭력에 대한 두려움 때문이었다. 테러나 전쟁 등의 이유로 무정부 상태에서 자행되는 개인들 간의 폭력이 얼마나 위험한지는 새삼 강조할 필요가 없다. 지금도 지구촌 곳곳에서 이런저런 이유로 국가의 공권력이 미치지 못하는 곳에서 자행되는 폭력들은 우리가 살고 있는 시대의 정체성을 묻게 만들 정도다. 홉스에게 중요한 것은 공동체의 안녕이었고, 그런 의미에서 주권자인 국가가 강력한 힘을 갖는 국가주의만이 해법일 수 있었다. 실제로 그는 영국의 정치적 혼란상을 온몸으로 겪어야 했던 사람이다.

그에 반해 의회주의자였던 존 로크는 국가의 권력을 제한할 수 있어야 한다고 믿는다. 국가의 존속 이유는 개인들의 권리를 보호하는 데 있는데, 홉스처럼 국가에 절대 권력을 귀속시키고 난 후에는 국가가 개인을 억압하더라도 저항할 방법이 없기 때문이다. 로크의 자유주의적 정신은 공권력에 대한 시민 저항의 근거를 제공하였고 그에 따라 미국 독립전쟁과 프랑스 혁명의 사상적 근거가 된다.

이렇게 국가 권력이 자연 상태에 있는 자유로운 개인들의 계약에 의해 성립된다는 공통점에도 불구하고 홉스와 로크는 그 권력의 성격에 대해 다른 주장을 내놓는다. 우선 홉스가 자연 상태를 일종의 전쟁 상태로 본 데 반해 로크는 자연 상태를 전쟁 상태로까지 볼 필요는 없다고 한다.[24] 홉스와 달리 로크는 가족 공동체와 같은 초보적인 사회적 상태를 자연 상태 안에 포함시켰다. 그런 자연 상태에서 대부분의 사람들은 평화롭게 자신의 삶을 영위하려고 할 것이다. 따라서 로크의 자연 상태는 홉스가 가정했던 것처럼 상시적인 공포가 지배하는 상황이 아니다. 물론 그렇다고 해서 분쟁이 없는 것은 아니다. 때문에 그런 분쟁을 해결해줄 중재자는 홉스의 경우와 같이 필요하다. 다만 그 중재자의 성격이 다르다.

로크가 가정한 자연 상태에서는 모든 사람이 평등하고 각자는 자신의 자유를 누리기 위해 몰두한다. 특히 로크는 홉스와 달리 자연 상태에서 자연인들이 누리고 지켜야 할 권리를 포괄적으로 해석한다. 그에 따르면 자연 상태에서 모든 사람은 자신의 노동을 투하해서 획득한 산물에 대해 정당한 '소유권'이 있다. 소유권에 대한 문제는 홉스가 제대로 주목하지 못했던 문제이기도 했다. 전쟁 상태와 다름없는 홉스의 자연 상태에서는 그것이 본래 누구의 것인가 하는 소유권이 문제가 아니라 지금 누가 그것을 갖고 있는가 하는 점유로 권리관계가 종결되기 때문이다. 따라서 '소유권'을 주장할 수 있는 로크의 자연 상태와 홉스가 상정한 자연 상태는 다르

---

24 존 로크, 『통치론』, 강정인 옮김, 까치, 2007, 2장 19절.

다. 그것은 말 그대로 야생의 야만 상태가 아니다. 홉스의 들개는 자신이 잡은 사슴에 대한 권리를 사자 앞에서 주장할 수는 없다. 반면 로크의 들개는 사자 앞에서 자신이 사슴을 잡기 위해 얼마나 많은 노동력을 들였는지 항변할 수 있다. 로크에게 필요한 것은 자연 상태에서 권리의 충돌이 일어났을 때 이성적 판단으로 중재할 중재자이지 무소불위의 권력을 가진 자가 아니다.

그렇다면 실제 자연 상태가 어떤 상태인지를 객관적으로 확인할 수 있다면 두 사람 중에 누가 현실을 올바르게 이해하고 있는지 판가름할 수 있지 않을까? 그리고 그런 객관적인 사실을 토대로 공동체와 개인 중 어느 것이 더 중요한 문제인지를, 또 자유와 평등 중에서 어느 것이 더 중요한 가치인지를 가늠해 볼 수 있지 않을까? 그러나 유감스럽게도 자연 상태의 생활상이 어떠한지를 따져보는 일로 딜레마가 해결될 것 같지는 않다. 과거가 어떠했다는 것이 곧바로 현재 상태를 정당화해주지는 못하기 때문이다. 과거 원시인들이 무자비한 폭력을 사용했다고 해서 우리도 폭력이 난무한 일상을 받아들여야 하는 것은 아니다.

만약 우리가 홉스와 로크 중 어느 한 편을 손들어 줄 수 있다면 그것은 과거 상태 외에 다른 근거들이 있기 때문이다. 게다가 홉스나 로크가 자연 상태를 어떻게 상정했느냐 하는 것은 그들이 생각한 이상적인 사회 상태에 의존해 있다. 바꾸어 말해 실제 자연 상태가 어떠했느냐는 문제가 아니었다. 그들은 각자가 이상적이라고 생각한 사회의 모습을 정당화하기 위해 자연 상태를 재구성한 것뿐이다. 그것은 또한 당시의 시대적 상황을 비판적으로 평가하기 위한 잣대로도 사용되었다.

로크와 홉스 모두 국가 권력의 탄생 과정을 재구성함으로써 당시의 현실을 비판하고 새로운 지향점을 분명히 하고자 했다. 우리의 경우도 다르지 않다. 우리 사회가 문제로 생각하고 있는 것이 무엇인지, 또 우리 사회가 꿈꾸고 있는 미래가 무엇인지를 알고 서로 합의할 수 있다면, 그것은 어느 가치가 더 중요한지를 결정하는 데 중요한 판단 기준이 될 것이다.

## 딜레마는 어떻게 시작되었는가?

비록 홉스와 로크가 통치 권력의 운영방식에 대해서는 생각이 달랐지만(홉스의 경우에는 절대 권력, 로크의 경우에는 분권형 권력으로), 국가의 목적이 무엇인가 하는 것에는 거의 일치된 견해를 갖고 있었다. 국가는 개인의 안전을 담보하기 위한 계약의 산물이다. 국가의 형성은 그 자체가 목적이 아니라 수단이다. 국가는 개인을 위해 존재하는 것이지 개인이 국가를 위해 존재하는 것이 아니다. 비록 홉스가 국가에 절대 권력을 귀속시켜 개인을 국가라는 새로운 권력의 속박 안에 밀어 넣었지만, 그것은 오직 개인의 안전을 위해서였다. 이렇게 개인의 중요성에 관해 일치된 견해는 근대라는 새로운 시대의 요청에 부응한 결과였다. 그런 의미에서 시덴톱Larry Siedentop이 근대를 가리켜 '개인이 발명된 시대'[25]라고 부른 것은 적절해 보인다.

---

25 래리 시덴톱, 『개인의 탄생』, 정명진 옮김, 부글북스, 2016.

켜켜이 쌓여온 역사의 발명품으로서 개인의 등장은 신분과 계급을 중심으로 한 낡은 공동체적 세계관을 뿌리에서부터 흔들었다. '모든 인간은 자유롭고 평등하게 태어났다'는 로크의 선언(홉스의 전제 역시 내용적으로는 마찬가지다)은 새로운 시대의 개막을 알리는 당위 명제였다. 사실 인간은 자유롭고 평등하게 태어난 적이 없다. 그러나 원래는 그것이 옳은 것이다. 따라서 이제 해명해야 할 문제는 도대체 왜 인간이 신분이나 계급을 이유로 속박을 받아야 하는가이지, 인간이 정말로 본래부터 자유롭고 평등한 존재인가가 아니다.

홉스와 로크 이래로 개인의 자유와 평등은 근대 정치이론들의 공리公理, axiom가 되었다. 공리의 타당성은 언제나 직관적이다. 우리는 '서로 같은 것에 같은 것을 각각 더하면 그 결과는 같다'는 것을 증명하라고 요구하지 않는다. 모든 인간이 자유롭고 평등하다는 것도 마찬가지다. 근대는 인간이 자유롭고 평등한 존재라는 것을 부정할 수 없는 진실로 받아들이는 것으로부터 시작되었다. 그 유산은 우리가 살고 있는 오늘날의 세계에서도 강력한 영향력을 발휘한다. 그 덕에 우리는 스테판 에셀이 말한 것처럼, 그리고 2011년 월가 점령 시위가 일어났던 것처럼 불평등한 현실에 분노할 수 있다. 우리가 우리의 현실에 뭔가 문제가 있다고 판단할 수 있는 까닭은 모든 사람은 평등해야 한다는 공리의 직관적 타당성 덕이다. 우리가 살고 있는 현실이 우리가 당연하다고 믿고 있는 것과 다르기 때문이다.

통상 한 체계의 공리들은 이후에 등장하게 될 모든 정리定理, theorem의 근거들이다. 따라서 좋은 체계의 공리들은 서로 독립적이어야 한다. 어느 한 공리로부터 다른 공리가 연역될 수 있다면 그것을 구태여 공리라고 말할 필요가 없다. 다른 공리로부터 유도될 수 있는 공리는 정리로 옮기는 것이 체계를 더 '우아하게' 만든다. 자유와 평등의 경우에는 어떨까? 종교적인 이유에서든, 혹은 생물학적 이유에서든 인간이 자유롭다는 명제와 모든 인간은 평등하다는 명제는 서로 독립적일까?

모든 인간이 고립된 존재로서 서로 다른 우주에 산다면 그 두 명제는 서로를 제약하지 않는다. 마치 로빈슨 크루소처럼 각자가 자기만의 세계에서 자유를 누릴 수 있기 때문이다. 그러나 그 개인이 공동체 안에서 그 어떤 방식으로든 '속박된' 존재로서 살아야 한다면, 자유와 평등은 독립적이지 않다. 왜냐하면 공동체 안의 한 개인이 '온전한' 자유를 누리기 위해서는 누군가의 자유를 제약할 수 있기 때문이다. 그것은 곧 평등이라는 원리에 위배된다. 거꾸로 모든 개인이 평등해야 한다면 그 평등은 개인의 차이, 즉 각각의 개인이 처한 상태와 욕망의 차이를 무시하게 되고, 그것은 곧 개인의 자유를 억압하게 된다. 결국 문제는 근대인들이 상황에 따라서 서로 충돌할 수 있는 두 개의 권리를 '개인'이라는 하나의 실체에 동등한 권리로 귀속시켰다는 점에 있다. 자유가 개인의 (욕망과 선택에 관련한) 문제라면, 평등은 (다른 사람과의 비교라는) 사회적 관계의 문제이다. 따라서 개인의 자유와 평등의 문제는 전체와 부분 사이의 역학적 관계의 문제로 이행한다. 전체(사회)는 부분(개인)이 모여 이루어지는가, 아니면 전체가 생김으로써 비로소 부분이 생겨나는가? 간단히 말해 전체가 먼저인가, 아니면 부분이 먼저인가?

근대 이전의 사회는 아리스토텔레스의 유기체적이고 목적론적인 세계관에 의지해 있었다. 그런 세계관에서는 완성된 전체가 우선한다. 근대는 그런 '낡은' 세계관으로부터 결별할 준비가 되어 있었다. 근대 과학은 새로운 세계관, 혹은 토머스 쿤Thomas Kuhn의 표현을 빌면 패러다임 변화를 이끄는 척후병이었다. 그 변화는 유기체적이고 목적론적인 세계관을 기계론적 세계관으로 대체하는 것이었다. 피사의 탑에서 아리스토텔레스의 세계관을 떨어뜨렸다고 알려진 갈릴레이는 그러한 변화의 상징인 인물이다. 유기체적이고 목적론적인 세계관에서 부분은 오직 전체와 연관해서만 의미를 가질 수 있다. 반면 기계론적 세계관에서는 오직 자립적인 부분들만이 의미를 갖는다. 전체는 부분에 의지할 뿐이므로 전체 자체의 고유한 의미를 따로 가정할 이유가 없다. 설령 전체의 고유한 의미를 말한다 하더라도 그것은 그저 편의를 위해서일 뿐이다. 존재하는 것은 오직 자립적인 부분들뿐이다. 근대 과학이 이렇게 세계에 대한 설명 방식을 바꾼 후에 얼마나 큰 성공을 거두었는지는 새삼 강조할 필요가 없다.

홉스는 갈릴레이를 만난 뒤 자연 세계를 설명하는 기계론적 설명 방식에 깊은 감명을 받았다. 그는 자연 세계를 설명하는 방식을 인간 사회를 설명하는 일에 도입한다. 우리는 공동체를 이루고 살고 있으며 그 공동체 안에는 지배와 피지배의 권력관계가 존재한다. 어떻게 이런 사실이 가능한가? 이러한 현실을 설명하기 위해서는 이런 현실을 도출해낼 어떤 관념적 사실이 필요하다. 마치 자고 일어났더니 땅이 젖어 있는 경우 지난밤에 비가 왔으리라고 생각하는 것과 마찬가지다.

하나의 전체(공동체 또는 사회)가 이루어지기 위해서는 부분(개인)이 있어야만 한다. 지배와 피지배라는 권력 관계는 공동체 및 사회라는 조건 아래서 생겨나는 것이므로 개별 개인은 사회적 권력 관계가 생겨나기 이전의 존재이며 그런 한에서 권력 관계로부터 자유로운 존재이다. 전체를 이해하기 위해서는 그 부분들을 보아야 한다는 기계론적인 생각은 공동체와 개인 중에서 개인이 먼저라는 생각에 도달할 수밖에 없다. '개인의 발견'은 홉스가 공동체의 권력 문제를 과학적이고 합리적으로 설명하는 과정에서 도달한, 이성을 가진 존재라면 당연히 받아들여야 하는 논리적 산물이었다. 비록 자연 상태를 서로 다르게 규정함으로써 다른 결론에 이른 로크였지만, 이 경우에는 홉스와 다르지 않았다.

이성의 안내에 따라 홉스와 로크가 도달한 개인들은 자신들의 자연권을 포기하고 정치적 공동체를 구성하는 협의 즉 '계약'에 나선다. 그것은 자신에게 천부적으로 주어진 권리들을 지키기 위해서이다. 역설적인 것은 개인들이 자신의 권리를 지키기 위해 일정 부분 자신의 권리에 제약을 허용해야만 한다는 사실이다. 이 문제를 해결하기 위해 홉스는 국가에 절대 권력을 부여했고, 로크는 국가에 개인들 간의 권리 충돌을 합리적으로 조정할 중재자로서의 권력을 부여했다. 앞서 제시된 딜레마들 중 두 가지, 즉 자유와 평등 그리고 개인과 공동체 중 어느 것에 더 우선적인 가치를 부여할 것인가의 문제는 '개인'이라는 근대적 개념의 등장과 더불어 시작된 것이다.

근대 이후의 사상가들이 포기할 수 없었던 것은 근대를 시작하게 한 바로 그 개념, '개인'이었다. 오늘날 우리가 알고 있는 여러 형태의 자유주의들은 어떻게 해야 개인이 자신의 자유를 최적의 상태로 누릴 수 있는가에 대한 고민의 결과들이다. 그런 자유주의를 비판하는 입장들이라고 해서 다르지는 않다. 자유주의를 비판하는 사람들이 보기에 자유주의의 문제는 자유가 소수에게 독점될 위험성이 있다는 것이다. 월가 점령 시위가 보여주었듯이 신자유주의를 비판하고 평등을 강조하는 이유는 더 많은 사람이 자유를 누리기 위해서이다. 결국 문제는 '어떻게 해야 더 많은 사람이 더 많은 자유를 누릴 수 있는가'로 재서술될 수 있다.

근대 이후 개인의 자유는 신성불가침의 영역이 되었다. 다만 홉스가 적나라하게 보여주었듯이 개인의 자유를 무제한적으로 인정할 경우, 개인은 오히려 자유를 누릴 수 없는 상태가 되어버리고 만다. 이른바 '자유의 역설'은 그런 의미에서 이중적이다. 모든 사람이 무제한적인 자유를 누린다면 누구도 안전하게 자신의 자유를 누릴 수 없는 상태가 된다는 점에서 역설적이고, 그래서 좀 더 안전하게 자유를 향유하기 위해 자신의 자유를 제약해야 한다는 점에서도 역설적이다. 이러한 역설을 해결하는 한 방법은 자유를 '자율', 즉 스스로를 통제하는 자유로 해석하는 것이다. 칸트는 계몽의 물음에 답하면서 계몽이란 '미성년의 상태로부터 벗어나는 것', 즉 스스로 판단하고 그 판단에 따라 행위하고 책임지는 것이라고 대답한다. 헤겔이 자아와 타자의 변증법적 통일에 관해 말한 것은, 자유와 평등이라는 두 나선이 어떻게 조화로운 균형을 유지할 수 있는지에 대해 '자율성' 외에는 다른 대안이 없음을 고백한 것이다.

그런데 합리적이고 이성적인 존재가 자신의 자유를 지키기 위해 자신의 자유를 제약할 때 어느 정도가 적절한 것인가? 혹은 거꾸로 말해 내가 타인을 배려해야 한다면 어느 정도까지 배려해야 할까? 바로 이 실천적인 질문에 모든 딜레마의 뿌리에 해당하는 문제가 놓여 있다. '함께 살아간다는 것, 공동체적 삶이란 무엇인가?' 이 물음은 자유와 평등의 문제를 가장 일상적이면서도 근원적으로 정식화한 것이다. 특히 오늘날과 같이 고도로 개인화된 사회에서 이 물음은 점점 더 치열한 물음이 되고 있다.

전통 사회가 그랬듯이 공동체적 삶을 인간의 본성으로 규정한다면 공동체적 삶은 하나의 '당연한' 사실이 되며, 그런 한에서 왜 우리가 공동체적 삶을 살아야 하는지에 대한 물음도 제기되지 않는다. 설령 누군가 진지하게 인간이 왜 공동체적 삶을 살아야 하는지 묻는다고 해도 대답은 그저 우리의 본성이 그렇다는 말을 반복하는 수밖에 없다. 그런데 공동체적 삶은 과연 별도의 정당화가 필요 없는 인간 삶의 기본 출발점일까? 만약 누군가가 마치 로빈슨 크루소와 같이 철저하게 고립된 채 혼자서 살아갈 수 있다면, 타인을 배려해야 하는 성가신 도덕적 의무는 더 이상 의미가 없을 것이다. 『로빈슨 크루소』의 작가 대니얼 디포의 사고실험은 (비록 디포는 그 이야기가 실제 이야기라고 주장했지만) 혼자 사는 삶이라면 평등의 문제를 고민할 필요가 없다는 것을 분명하게 보여준다. 자유가 개인의 욕망과 관련된 '사실'이라면, 평등은 함께 사는 삶을 위한 '규범'이다.

## 자유의 이중성

우리가 일상에서 경험하듯이 같은 재료를 사용한 요리라 하더라도 맛이 다를 수 있다. 그것은 동일한 재료를 다루는 요리사의 레시피 탓이다. 마찬가지로 자유와 평등을 어떻게 이해하고 그 사회적 자산을 어떻게 배분하느냐에 따라 사회의 성격은 달라진다. 홉스가 생각한 자연인들이 누렸던 자유는 벌린Isaiah Berlin의 구분에 따르자면,[26] 적극적positive 자유에 해당한다. 간단히 말해 누구든 자신이 원하는 것을 할 수 있다는 의미의 자유다. 통상 우리가 행복한 삶의 지표로 삼는 기준들 중 가장 중요한 것은 자신이 원하는 대로 살 수 있는가이다. 그런 의미에서 적극적인 자유는 자아실현의 척도로 여겨지곤 한다. 우리 사회는 우리에게 각자의 가슴에서 들려오는 소리에 귀 기울이고, 그 내면의 욕망을 성취하기 위해 도전하라고 속삭인다. (물론 그 소리는 소비 사회의 동력을 증폭시키기 위해 애쓰는 온갖 미디어들의 속삭임일 수도 있다.) 선택의 자유는 그런 도전을 위한 첫 번째 필요조건이다. 자신이 원하는 것을 자유롭게 선택할 수 있다는 것은 그가 주체적인 삶을 살고 있다는 증거다. 그런데 생각이 깊은 사람이라면 자신의 자유로운 선택이 누군가의 자유를 제한할 수도 있다는 사실을 어렵지 않게 짐작할 수 있다.

따라서 가능한 하나의 해법은 자유를 소극적으로 해석하는 것이다. 벌린 역시 적극적 자유의 추구는 자칫 강자의 논리만이 지배하

---

26 이사야 벌린, 『이사야 벌린의 자유론』, 박동천 옮김, 아카넷, 2014.

는 세상을 초래할 수 있다고 경고한다. 그래서 그는 우리가 추구해야 할 자유는 소극적negative 자유라고 말한다.[27] 소극적 자유란 어느 누구도 자신의 의사에 반해 피해를 입지 않아야 한다는 것, "한 사람이 다른 사람의 방해를 받지 않고 행동할 수 있는 영역"[28]이 보장되는 것, 곧 속박으로부터의 해방이다. 자유에 대한 벌린의 이러한 해석을 도덕적 명제로 바꿔보자. '나는 내 자유를 누리기 위해 누군가를 희생시켜서는 안 된다.' 이러한 해석은 오늘날 우리 사회의 건전한 상식이기도 하다. 자신의 자유를 위해 타인에게 해를 가해서는 안 된다는 것은 다양성 사회의 선량한 시민이 지켜야만 하는 도덕이다.

그러나 유감스럽게도 소극적으로 자유를 향유하는 일조차 쉬운 일은 아니다. 일단 소극적으로 자유를 향유한다는 것은 먼저 그가 타인의 존재를 이미 승인하고 있다는 것, 공동체 속의 일원이라는 것을 의미한다. 그런데 공동체 속의 일원이라 함은 그에게 어떤 역할이 부여되어 있다는 것을 함축한다. 어떤 공동체든 그것이 하나의 정체성을 가진 체계인 한 그 내부 구성원들이 담당해야 할 역할이 있기 때문이다.

그런데 만일 누군가가 자신에게 부여된 역할을 외면하면 어떻게 될까? 아마도 다른 사람들이 그가 해야 할 일을 떠맡게 될 것이다. 그것은 타인에게 해를 가하면 안 된다는 소극적 자유의 원칙에 위

27 같은 책, 133쪽 참조.
28 같은 책, 344쪽 참조.

배되는 일 아닐까? 설령 그가 타인에게 해를 가하려는 어떤 의도도 갖지 않았다고 해도 말이다. 우리 몸을 구성하는 세포들 중에 고장 난 세포들은 그 세포를 이루는 구성 부분들 중의 일부가 제대로 작동하지 않았기 때문이다. 그렇게 고장 난 세포들이 많아지면 기관이, 나아가 몸 전체가 망가지게 된다.

누구든지 자신의 의지에 따라 어떤 공동체에 속하기로 결심했다면 우리는 그가 해당 공동체에서 그에게 부여한 역할을 승인한 것으로 볼 수 있다. 만약 그가 자신의 역할을 방기한다면, 그는 자신이 해야 할 일을 타인에게 떠넘기는 셈이 된다. 결과적으로 그는 타인에게 피해를 입히고 있는 것이다. 그런 경우라면 그는 공동체와의 '계약'을 파기하는 것이 옳다. 자신이 그 공동체로부터 받은, 혹은 받을 수 있는 혜택을 포기하고 대신에 그 공동체 안에서 자신이 해야만 하는 역할로부터도 해방되는 것이다. 회사에 입사해서 월급을 받는 계약이 바로 이런 경우에 해당한다. 개인과 회사의 관계는 개인의 자발적 의지에 따른 계약적 관계다. 어느 한쪽이 그 계약에 따른 의무를 수행하지 못할 경우에는 피해가 발생하므로 계약 관계는 해소되거나 파기된다. 계약 관계를 유지하는 상태에서 자신의 일을 방기하는 선택은 분명 타인에게 피해를 입히는 일이다.

하지만 자신의 의지와 상관없이 공동체에 속하게 되는 경우도 있다. 그 경우에도 자신에게 부여된 역할을 방기하는 것이 타인에게 피해를 입히는 일이 될까? 가족의 경우가 그렇다. 가족 중 누군가가 자신에게 부여된 역할을 방기한다고 해보자. 물론 그는 추호도 다른 가족 구성원에게 피해를 주고 싶지는 않다. 그럼에도 그가 어떤 이유에서든 자신의 역할을 방기한다면 그는 결과적으로 다른 가족에게 짐을 떠넘기는 셈이 될 것이다. 가족에 속하는 것이 나의 자유로운 선택에 따른 일이 아닌데도 내가 그 의무를 져야만 할까? 이러한 문제 상황은 실제로 우리나라의 많은 가정에서 벌어지는 일들이다.

세계사적 관점에서 볼 때 한국전쟁은 19세기 이후 지속적으로 대립해온 자유주의 체제와 사회주의 체제가 한반도라는 아시아의 변방 지역에서 정면으로 충돌한 역사적 사건이었다. 그러나 정작 이 땅에 살고 있는 사람들은 그런 체제들에 대해 제대로 이해하지 못했고, 따라서 그 전쟁의 역사적 의미가 무엇이었는지 생각할 수도 없었다. 대다수 사람들에게는 그저 살아남는 것이 목표였을 뿐이다. 가뜩이나 모진 수탈이 자행된 식민지시기를 지나자마자 벌어진 전쟁은 이 나라를 세계에서 손꼽히는 가난한 나라로 만들었다. 하지만 한국의 부모들은 당장의 생계가 위태로운 상황에서도 교육을 포기하지 않았다. 그것이 자식들에게 자신들의 가난을 물려주지 않을 유일한 방법이라고 믿었기 때문이다. 물론 어려운 형편 탓에 자식들 모두를 대학에 보낼 수는 없었다. 그래서 선택한 고육책이 집안의 기둥이 될 나무 하나만을 키우는 것이었다. 그 대부분은 장남이었다. 논을 팔고 소를 팔아 대학을 보냈다. 다른 형제들은 일찌감치 돈을 벌어야 했다. 대학에 진학하고 사회적으로 성공할 수 있는 장남의 기회는 다른 형제들의 기회를 희생시킴으로써만 가능했다. 물론 그 대가로 장남은 집안 전체를 지탱해야 하는 무거운 책임감을 견뎌야 했다.

그런데 다른 형제들의 기회를 대가로 자신의 사회적 성공에 좀 더 가까이 간 그 장남이 어느 날 갑자기 삶의 의미에 관한 실존적인 고민에 빠진다. 그래서 오랜 고민 끝에 잘 다니던 직장을 때려치우고 자식 교육과 부모 부양 문제를 도외시한 채 오직 자기 인생의 의미를 깨닫기 위해 세계 여행을 떠나겠다고 말하면 어떻게 될까? 그가 이렇게 말했다고 해보자. "내가 장남인 것은 내가 선택한 게 아니야. 동생들의 희생도 내가 강요한 것이 아니고. 내가 선택한 것이 아닌데 그 책임감은 감당하기 어려울 정도로 무겁다. 이제 그 짐을 좀 내려놓고 싶다. 나도 이제는 내가 원하던 삶을 살고 싶어!"

공동체 안에서 일어나는 누군가의 선택은 대개 상대방에게 영향을 끼치게 마련이다. 오빠를 지원하기 위해 자신의 삶을 희생해야 했던 여동생의 입장에서는 오빠의 고뇌에 찬 실존적 선택에 대해 이렇게 말할 것이다. "오빠는 자신이 장남이 된 것이 자신의 선택이 아니었고, 동생의 희생을 강요한 것도 자신의 의지가 아니었다고 말하지만 그건 나도 마찬가지야. 하지만 어쨌든 혜택을 본 사람은 오빠야. 나는 그저 딸이라는 이유만으로 희생을 강요받아야 했어. 그리고 그런 희생은 결혼을 해서 가정을 꾸리고 나서도 달라지지 않았어. 엄마라는 이유로, 며느리라는 이유로 강요받은 희생의 목록은 셀 수조차 없어." 그래서 동생도 선언한다. "나도 내 자유를 찾을 거야. 내 삶의 주인공이 될 거라고!"

남편과 시누이의 이런 선언에 대해 아내이자 며느리이며 올케인 또 한 사람은 어떤 선택을 할까? 그리고 그런 부모들을 바라보는 자식들은 어떨까? 아직 고등학교에 다니는 자식들은 실존적인 선택을 하는 부모 세대들을 보며 응원할 수 있을까? 아빠와 엄마가 모두 자신의 인생을 되찾는 선택을 하면, 여태까지 받았던 경제적 지원을 받기가 어렵다. 대학을 진학하는 일도 여의치 않고, 설령 대학을 가더라도 학비를 벌기 위해 일을 해야 할 것이고, 그러면 공부를 제대로 하지 못해 가뜩이나 바늘구멍 같은 취업문을 통과하기는 더더욱 어려워질 것이다. 이 젊은 세대는 자신의 앞에 놓인 잿빛 시나리오에도 불구하고 행복한 결혼과 가정생활을 꿈꿀 수 있을까?

## 대가 없는 해방은 없다

전후 베이비붐 세대인 대한민국의 5, 60대에게는 이런 상황이 그리 낯설지 않다. 그리고 우리 사회에서 볼 수 있는 세대 갈등은 이러한 역사적 상황으로부터 자유롭지 않다. 한 개인이 자신의 주체적인 삶을 위해 어떤 선택을 한다는 것이 오로지 그 자신만의 몫은 아니다. 공동체 안에서 한 사람의 선택은 마치 도미노처럼 확산된다. 그런 문제가 주로 경제적인 이유 때문에 생긴다고 생각할 수 있을지 모른다. 하지만 꼭 그런 것만도 아니다. 고민의 종류는 다르겠지만 그것은 드라마에 나오듯 재벌 집에서도 벌어질 수 있는 일이다. 가업을 잇기 위해 개인의 꿈을 희생하는 경우가 그러하다. 누군가와 '끈끈하게' 묶이면 그 관계 자체가 개인의 자유로운 선택을 방해하는 짐이 될 수 있다.

일상적인 의미에서 자유는 욕망의 함수다. 자신이 욕망하는 것을 할 수 있다는 것은 대부분 그 욕망의 성취 과정에 연루되어 있는 누군가의 기회나 욕망을 희생시킬 수도 있음을 함축한다. 그렇다고 해서 자신의 행복을 위해 실존적인 선택을 하는 사람들 모두를 이기주의자라고 해야 할까? 그는 그저 자신이 원하는 것만을 하고 싶어 했을 따름이다. 자신의 자유를 가능한 한 적극적으로 누리려는 태도는 주체성을 중시하는 현대인에게는 도저히 거부하기 힘든 유혹이다.

따라서 효과적인 대안은 나를 옭아매고 있는 관계로부터 자유로워지는 것이다. 그렇게 할 경우 가족은 사실상 해체될 것이고, 개인들은 섬처럼 고립된 채 각자의 삶에 매달릴 것이다. 같은 현상이라도 어떤 맥락에서 보느냐에 따라 의미는 달라질 수 있다. 개인주의 문화에 익숙한 세대에게 혼자의 삶은 자유롭다. 그런 의미에서 긍정적이다.[29] 혼자 밥을 먹어야 하고, 혼자 술을 마셔야 하고, 또 혼자 영화를 봐야 하지만, 누군가 내 앞에 있는 사람을 신경 쓰지 않아도 되니 편하고 자유롭다. 사실 가족마저도 일종의 계약적 관계로 이해하는 사회적 분위기도 확산되고 있다. 일단 결혼을 '계약'의 관념으로 이해하며, 부모와 자식 간의 관계마저 마찬가지 관점에서 보기도 한다. 웬디 브라운의 생각처럼 신자유주의적 사고방식이 사회 전반 특히 가족 관계에까지 침습했는지는 분명치 않지만,

29 통계청에서 발표한 자료에 따르면 지난 10년 사이 1인 가구는 가장 대표적인 가구 형태가 되었다. 『파이낸셜투데이』 2017.4.7.자 보도. http://www.ftoday.co.kr/news/articleView.html?idxno=71308

그런 사회적 분위기가 확산되고 있다고 말할 현상들은 많아 보인다.

가장 견고한 공동체인 가족에 대해서도 이러한데 국가에 대해서는 더 말할 것도 없다. 가족의 경우와 마찬가지로 태어날 때 자신이 속할 국가를 선택한 개인은 없다. 자신의 삶을 위해 가족을 이루는 일에 대해서도 부정적으로 생각하는 사람들이 국가에 대해 느끼는 소속감은 훨씬 더 취약할 것이다. 한동안 세간에서 유행했던 '헬조선'이라는 말은 그런 저간의 사정을 반영한다. 이는 물론 팍팍한 삶의 현실에 대한 자조적인 반응이지만, 다른 한편으로 그것은 우리 사회의 개인주의가 지속적으로 강화되어 왔다는 것을 보여준다.

그러나 그런 삶은 앞서 바우만의 이야기처럼 누구에게도 의지할 수 없는 고립된 개인들의 삶이 될 가능성 또한 크다. 더욱이 최악의 상황은 그런 개인들의 내면에 응축되는 고립감과 불안감이다. 주체적인 삶을 위해 자신이 선택한 고립이기 때문에 그로 인해 생겨난 불안감의 이유를 특정할 수도 없다. 그런 불안감의 신경증적 증상 중 하나는 앞서 이야기한 것과 같이 '분노'다. 그래서 우연하게도 정당하게 분노할 수 있는 구실이 있는 사건을 만나게 되면 감정이 폭발한다. 때로는 낯모르는 사람들과 연대해서 혐오 폭력의 부역자가 되기도 하고, 감정이 격해져 애꿎은 희생자를 만들어낼 수도 있다. 그도 저도 아니면 오직 자신의 일상에만 파묻힌 채 타인에게는 무관심해져버리는 것이다.

마치 도돌이표처럼 되풀이되는 이러한 논의의 시작은 모든 가치 판단의 결정권이 개인에게 있다는 생각, 다시 말해 가치 판단의 중심이 개인이기 때문이다. 오늘날의 사회에서 가치 전쟁이 일어날 수밖에 없는 이유는 각 개인이 로빈슨 크루소처럼 자신의 사적 영역에서만큼은 아무런 제한도 받지 않는 절대자일 수 있다는 생각이 마치 신성한 진리라도 되는 양 우리의 삶을 지배하고 있기 때문이다.

호르크하이머와 아도르노가 『계몽의 변증법』에서 근대를 가리켜 신화로부터 해방된 인간 이성이 계몽주의라는 이름으로 스스로 신화가 되어버렸다고 평가한 것처럼, 근대가 과거 종교적 혹은 신분제 사회의 억압으로부터 개인을 해방시켰지만 이제는 다시 개인이 신화가 되었다. 지금 우리 사회가 부딪치고 있는 딜레마들은 개인주의라는 해방 신화의 대가이다.

한 명의 개인으로서 누군가는 개인의 자유란 무엇보다 중요하기 때문에 아무리 가짜뉴스의 폐해가 심각하다고 해도 국가가 시민의 자유로운 의사표현을 감시하고 제약할 수는 없다고 생각한다. 그러나 또 한 명의 개인으로서 다른 누군가는 바로 그렇게 생각하는 자유가 공동체 전체를 위태롭게 하고 종내에는 수많은 개인들의 자유를 위태롭게 하기 때문에 국가가 적극적으로 행동해야 한다고 생각한다.

개인주의를 둘러싼 문제의 핵심은 개인들의 가치 충돌을 뛰어넘어 그들을 중재할 보편적이고 절대적인 심판자가 없다는 것이다. 홉스와 같이 분쟁을 조정할 절대 권력을 그냥 수용하는 것은 받아들일 수 없다. 그 권력이 도리어 개인의 자유를 위협할 가능성이 열려 있으며, 국가가 절대 권력을 휘둘렀던 우리 사회의 실제 역사는 홉스의 생각이 지나치게 이론적이고 소박했다고 결론지을 만한 증거다. 수많은 사람들이 국가라는 이름으로 자행된 폭력의 피해자가 되었거나 그런 폭력의 부역자로 동원되었다. 따라서 절대 권력을 도입하는 일은 이솝 우화에 나오듯 개구리들이 황새를 임금님으로 불러들이는 꼴이다. 그렇다면 로크의 생각처럼 개인들의 가치 전쟁을 판단해줄 합리적이고 이성적인, 그러나 절대적이지는 않은 심판자를 도입하면 어떨까? 그런다고 해서 원리상으로 사정이 달라지는 것은 아니다. 무엇보다 '절대적이지 않다'는 조건에 이미 포함되어 있듯이 그런 심판의 과정 자체가 여전히 가치 전쟁의 국면에 빠질 수 있기 때문이다.

절대자의 공백, 100여 년 전에 니체가 신은 죽었으며 허무주의가 도래할 것이라고 한 근거는 오늘날에도 여전히 차고 넘치는 듯해 보인다. 개인주의가 초래할 수 있는 사회적 위험에 관한 논의를 여기서 더 반복할 필요는 없을 것이다. 그것은 지난 세기 내내, 아니 근대 전체를 통해 되풀이되었다. 그럼에도 불구하고 개인주의는 포기되지 않았다. 다만 잘못 이해된 개인주의, 말하자면 이기주의가 비난받았을 뿐이다. '진정한 개인주의'는 결코 포기된 적이 없다.

## 개인주의, 그 오랜 투쟁의 역사

한때 우리 사회에서는 서양 정신문화의 특징을 개인주의라고 규정한 적이 있다. 그 의도 중 하나는 우리 사회 또는 동양의 사유가 공동체적이며, 그런 탓에 개인주의 문화가 가진 한계를 극복할 수 있는 대안이라는 것을 강조하기 위해서였다. 그것은 분명 사실이었다. 개인주의의 문제는 서구 사회에서도 지속적으로 제기되어 왔기 때문이다. 물론 개인주의에 대한 '비난'은 아시아 지역의 정치경제적 열세를 문화적 자존심으로 극복하기 위한 일종의 자기 위안이었는지도 모른다. 사정이 어찌되었든 그런 시각이 오래 지속되지는 못했다. 신자유주의가 국가 간 장벽을 제거하고 이른바 '세계화' 혹은 '글로벌 스탠더드' 같은 표현들이 우리 삶에 스며들면서 개인주의가 서양의 문화라는 생각은 이제 낡아버린 지 오래다.

다원주의 또는 다양성 사회에서 강조되는 것은 통일성이 아니라 '차이'이며, 그런 차이의 존중을 통해 보장받고자 하는 것은 '개인의 인권'이다. 비록 우리 사회에는 여전히 전통으로부터 물려받은 공동체적 의무를 강요하는 일이 차고 넘치지만, 개인주의는 오늘날 변화하고 있는 우리 현실을 설명하는 기본설정 값이 되어가고 있다. 그래서 자의에 의해서든, 혹은 치열한 경쟁 사회에서 살아남아야 하는 어쩔 수 없는 현실 때문이든, '나 혼자 산다!'를 선택하는 사람들의 수는 점점 더 늘어가고 있다. 통계청의 2019년 조사자료[30]를 기준으로 할 때 1인 가구는 30.2퍼센트에 이르고 있다. 이제 우리나라의 세 가구 중 한 가구는 1인 가구다. 특별한 계기가 없는 한 그 추세는 당분간 지속될 것이다.

개인주의의 시작, 그것을 시덴톱처럼 '발명'invention이라고 말하

30 http://kosis.kr/statHtml/statHtml.do?orgId=101&tblId=DT_1JC1517&conn_path=I2

건, 혹은 뒬멘Richard van Duelmen의 표현처럼 '발견'Entdeckung이라고 말하건,[31] 개인주의가 하나의 사회적 이슈로 등장한 것은 분명 서양의 근대 사회였다. 그러나 어떤 역사적 사건이 아무런 이유도 없이 불현듯 일어나지는 않는다. 이미 11세기 중세철학의 보편 논쟁과 관련하여 아벨라르두스Abelardus가 개체의 중요성을 강조하였고, 중세 후기, 특히 오캄William of Ockam에 이르자 존재하는 것은 오직 개체뿐이라는 입장이 힘을 얻었다. 논리적인 의미의 '개체'를 인간으로 바꾸면 바로 개인이 된다. 그리고 야콥 부르크하르트Jacob Burckhardt의 탁월한 혜안처럼 르네상스기에 이르면 개인주의가 폭발할 조건들이 갖추어진다.[32] 그런 점에서 홉스가 자신의 정치 이론에서 부각시킨 개인의 관념은 일종의 역사적 유산이라고 보아야 한다.

우리가 르네상스라고 부르는 14~16세기는 유럽의 역사에서 유례를 찾아보기 어려울 정도로 복잡하고 역동적인 시기였다. 다방면에서 낡은 체제를 부인하는 새로운 패러다임이 꿈틀거렸다. 하늘이 움직이던 세상을 땅이 움직이는 세상으로 바꾼 '코페르니쿠스적 전회轉回'라는 말은 그런 시대를 상징하는 표현이었다. 수백년에 걸쳐 '성스러운 전쟁'이라는 이름으로 행해진 십자군 전쟁은 답답한 울타리 속에 갇혀 있던 유럽에 외부 세계와 교류할 수 있는 길을 열었다. 결과적으로 이 길은 유럽 세계에 두 가지의 큰 충격

---

31 리하르트 반 뒬멘, 『개인의 발견』, 최윤영 옮김, 현실문화연구, 2005. 뒬멘은 개인주의의 싹이 이미 중세시대부터, 특히 기독교 문화 내에서부터 이미 개인주의가 성장하고 있었다고 주장한다.

32 야콥 부르크하르트, 『이탈리아 르네상스의 문화』, 이기숙 옮김, 한길사, 2003, 제2부 참조.

을 불러들였다. 그 하나는 고대 그리스의 자유로운 정신문화라는 축복이었고, 다른 하나는 흑사병이라는 재앙이었다.

이 두 충격은 유럽의 정신적 기반, 그 중에서도 특히 종교적 기반을 흔들어 놓았다. 고대 그리스의 지적 유산이 새로운 세계관을 위한 마중물이었다면, 흑사병은 시대를 지배하던 낡은 믿음들, 심지어 종교적 신념마저도 무력화시킬 정도의 강력한 파괴자였기 때문이다. 안정을 잃은 체계는 점점 더 요동치기 마련이다. 마침내 종교개혁이 일어나고, 때맞춰 폭발적으로 성장한 인쇄 문화는 낡은 세계관을 뒤흔들 수 있는 지식들을 빠르게 확산시켰다. 지식은 본질적으로 해방의 기능을 한다. 글을 읽을 수 있다는 것은 자신의 세계를 무한히 확장시킬 수 있는 기회를 제공하기 때문이다.

게다가 십자군 전쟁이 열어놓은 길을 통해 가속화된 외부 세계와의 교류는 인간 삶의 가장 뿌리 깊은 기반인 경제 체제마저 흔들어 놓았다. 국제적인 전쟁을 통해 활발해진 교역은 지중해를 장악한 이탈리아의 몇몇 도시들에 돈이 모이게 했고, 그 돈들은 다시 개인의 욕망들을 부추겼다. 그렇게 임계점을 돌파한 변화의 바람은 이내 전 유럽으로 빠르게 확산되었다. 시대의 분위기가 바뀌자 세상을 보는 사람들의 시선도 바뀌었다. 그저 늘 그렇게 살아왔기 때문에 당연하게 받아들이던 것들이 더 이상 당연하지 않게 되었다.

이언 와트Ian P. Watt가 말했듯이, 돈 후안이나 돈키호테처럼 그 전에는 결코 볼 수 없었던 개성을 가진 인물들이 대중들 사이에서 회자되었다. 마침내 18세기에 이르러서는 혼자서도 꿋꿋하게 삶을 영위할 수 있다는 것을 보여준 로빈슨 크루소가 등장했다.[33] 삶의 주체는 공동체가 아니라 개인이라는 생각은 이제 되돌릴 수 없게 되었다.

결과론적으로 근대는 과학혁명과 근대철학으로 상징되는 지성사적 변화, 무역과 시장의 성장을 자양분으로 삼은 자본주의와 산업혁명, 그리고 경제 체제의 변화와 함께 성장한 시민(부르주아) 계급 등 사회 변화를 초래할 조건들이 일시에 조성된 시기였다. 그리고 축적된 변화의 에너지는 마침내 프랑스 대혁명을 계기로 점화되었다. 모든 인간은 자유롭고 평등한 존재로 태어났다는 시대의 공리는 혁명의 불길 속에서 승전보를 전했다.

물론 그 승전보가 최종적인 선언은 아니었다. 정확히 말하면 그것은 긴 여정을 시작하는 진군의 나팔 소리였다. 곳곳에서 좌절을 겪어야 했고, 때로는 피가 낭자한 폭력이 동반되었다. 그런 탓에 사회적 변화는 결코 조용하게 이루어지지 않았다. 오히려 대혁명이 좌절할 무렵에는 일종의 아수라장이라고 말해도 좋을 만큼 혼란이 가중되었다. 대혁명의 실패는 낡은 기득권 세력에게 다시 한 번 반전의 기회를 주었고, 사회 변화를 추진한 진보 세력은 계급의 이해관계에 따라 다시금 자유주의와 사회주의로 나뉘었다. 이는 여러 겹의 변화가 중첩될 때 일어날 수 있는 당연한 혼란이었다. 에릭 홉스봄Eric Hobsbawm은 그 혼란상을 이렇게 표현했다.

"과학이 이토록 득의양양했던 적은 없었으며, 지식이 이처럼 널리

33 이언 와트, 『근대 개인주의의 신화』, 이시연/강유나 옮김, 문학동네, 2004.

보급된 적도 없었다. 4,000종 이상의 신문이 전 세계 시민들에게 지식을 보급했으며, 영국과 독일 및 미국에서만도 해마다 출판된 서적의 종류가 다섯 자리 숫자에 이르렀다. (…) 이와 같은 승리에는 물론 어두운 면이 따랐다. (…) 산업혁명은 인류가 살아온 세계 중에서도 가장 추악한 세계를 낳았다는 것을 부인할 사람은 오늘날 아무도 없다. (…) 달리 표현하면 산업혁명은 전례 없이 많은 남녀를 토지로부터 몰아내고 대를 물려 누려온 확실성을 박탈함으로써 아마도 가장 불행한 세계를 만들어낸 것이었다. (…) 이러한 비난에 대하여 진보의 투사들은 이것이 새로운 부르주아 사회의 작용 때문이 아니라 반대로 낡은 봉건제도와 군주제도, 그리고 귀족제도가 완전한 자유기업의 장애물로 여전히 남아 있기 때문이라는 주장으로 항변하려 했다. 반면 새로운 사회주의자들은 그것이 부르주아 사회제도의 작용 자체에 기인하는 것이라고 주장했다."[34]

## '자유'라는 이름의 종교

홉스봄의 지적처럼 새로운 변화를 추종한 진보 세력들은 크게 두 갈래 방향을 잡았다. 하나는 정치적 혼란의 와중에도 꿋꿋이 성장한 자유주의적 흐름이었고, 다른 하나는 대혁명 이후에도 전혀 나아진 것이 없었던 프롤레타리아 계급을 대변하는 사회주의였다. 자유주의가 개인의 자유를 강조하는 입장이라면 사회주의는 개인

34 에릭 홉스봄, 『혁명의 시대』, 정도영/차명수 옮김, 한길사, 1998, 540-542쪽.

보다 공동체적 삶을 더 중시한다. 사실 근대라는 시대를 가능하게 한 두 혁명, 정치혁명과 산업혁명은 결과적으로는 신흥계급으로 등장한 부르주아들을 위한 혁명이었다. 대혁명으로 새로운 세상을 꿈꾸었던 노동자들의 삶은 변하지 않았다. 먹고살기는 여전히 힘들었으며, 그들을 압박하는 힘의 정체만 달라졌을 뿐이었다. 따라서 사회주의적 노선이 주장한 것은 단순히 신분의 억압으로부터 해방되는 것만이 아니라 진정한 자유인으로서 누려야 할 권리들이었다.

사람들은 경제적 불평등이야말로 새로이 떠오른 인간다운 삶의 장애물로 여겼다. 바꿔 말하면 경제적 불평등으로부터 해방되는 일은 명목상의 자유가 아니라 실질적인 자유를 위한 중요한 선결 요건이었다. 국가의 절대 권력을 주장한 홉스마저도 부가 몇몇 소수에게 독점된다면 국가도 위태로워질 수 있다고 일찌감치 경계했다. 사회주의 진영이 평등을 강조한 진짜 이유는 그것이 더 많은 개인이 자유를 향유하기 위한 조건이라고 생각했기 때문이다. 경제적인 이유로 일부 소수에게만 허락된 자유는 신분제 사회와 다를 바 없었다. 그런 점에서 근대의 역사는 개인의 자유를 위한 도정이었다고 말해도 좋을 것이다. 자유주의와 사회주의의 대립은 목표점은 같지만 그 목표에 도달하기 위해서는 어떤 경로를 선택해야 하는지의 차이였다.

비록 이런저런 부침의 우여곡절을 겪어야 했지만 역사는 결코 물러서지 않았다. 홉스봄은 자유주의와 사회주의의 대립 속에서도 "인간의 생활은 자연력에 대한 인간의 지배력 증가에 맞먹는 만큼의 물질적 개선이 이루어질 수 있는 전망을 눈앞에 두고 있다는 것을 믿고 있었다는 점에서 양자 모두 정당했다"[35]고 평가한다. 신분제로부터의 정치적 해방이나 자연이라는 거대한 힘의 속박으로부터 벗어나는 일은 모두 '자유'라는 말로 압축할 수 있다. 근대 유럽 지성사를 설명하는 개념인 '계몽'은 말하자면 해방의 가치였다. 무지와 미신으로부터 해방, 신분제의 억압으로부터 해방, 그리고 자연의 폭력으로부터 해방, 이 모두를 끌어안는 개념은 바로 '자유'였다. 베네데토 크로체는 19세기 유럽을 회상하는 책의 시작을 '자유라는 종교'라고 이름 붙이고 이렇게 말한다.

"다시 한 번 자유는 지평선 위로 떠올랐으며, 이번에는 혼자였다. 사람들은 비할 바 없이 빛나는 별이라고 찬탄해마지 않게 되었다. 젊은 세대의 입에서 자유라는 단어는 이제 과거와 현재는 물론이고 미래를 향한 안내자로서 생생한 중요성을 가진 이념을 발견한 사람들에게 정서적인 공감을 표현하는 말이 되었다."[36]

다만 이런 자유를 현실에서 어떻게 구현할 것인지에 대해서는 여전히 딜레마의 상태로부터 벗어나지 못했다. 칼 폴라니Karl Polanyi는 초기 자본주의 시대에 노동자들의 삶이 어떠했는지를 영국의 시인 윌리엄 블레이크의 표현을 빌려 '사탄의 맷돌'이라는 말로 묘사했

---

35 같은 책, 542쪽.

36 Benedetto Croce, *History of Europe in the Nineteenth Century*, (trns. H. Furst), New York: Harcourt, 1933, p. 6.

다.[37] 고양이 손만 한 어린 손들마저 먹고살기 위해 탄광의 노동에 동원될 정도였다. 그럼에도 '보이지 않는 손'의 마법을 기대하는 지식인들은 강건했으며, 그들은 시장의 자율성을 위해 개인(물론 내용적으로는 가진 자들)의 자유가 보장되어야 한다는 생각에서 결코 물러서지 않았다. 역사적 증거도 있었다.

1795년 영국에서는 이른바 '스피넘랜드 법'이 시행된다. 그것은 오늘날로 치면 기본소득제와 비슷한 것으로 노동자들의 열악한 현실을 극복하기 위해 정부 재정을 투입하는 제도였다. 당시로서는 상당히 혁명적인 시도였으나 그 결과는 파국에 가까웠다. 폴라니마저도 그 제도가 결과적으로 노동자들의 생산성과 자긍심을 동시에 떨어뜨렸으며, 임금 역시 입에 풀칠하는 정도에 고착시키는 결과를 낳았다고 보고한다. 시장에 국가가 잘못 개입할 경우 빚어낼 수 있는 최악의 결과였다. 이러한 역사적 경험은 자유주의자들에게 자신들의 주장을 철회해서는 안 되는 이유를 제공했다.

무엇보다 누구든 타인을 해치지 않는 한 원하는 것을 마음대로 할 수 있는 자유(자유방임, laissez-faire)는 개인들의 창의성과 도전 정신을 고무한다고 여겨졌고, 이 자유로운 경쟁이 바로 사회 발전의 동력이 된다는 믿음으로 이어졌다. 때맞춰 등장한 진화론은 그런 자유로운 경쟁 덕에 인간이라는 위대한 존재가 지상에 등장할 수 있었다고 설명해 주었다. 그러나 그 자유의 실질적인 의미는 명료하지 않았다. 한 개인의 자유가 다른 사람의 자유와 충돌할 수밖에

37 칼 폴라니, 『거대한 전환』, 홍기빈 옮김, 길, 2009, 제2부 참조.

없는 현실에서 자유에 대한 강조는 길을 잃어버리고 말았다. 그 결과 19세기 후반에 들어서자 많은 사람들이 개인주의를 일종의 이기주의로 여기는 상황에 이르렀다. 결국 프랑스 혁명과 산업혁명을 계기로 역사의 전면에 등장한 자유주의와 시장 자본주의의 결합은 그 반대 진영에게 오히려 힘을 실어주는 계기가 되었다. 리히트하임George Lichtheim은 19세기를 회고하면서 이렇게 말한다.

> "1870년대는 무제한적인 개인주의와 '자유방임주의'에 대한 신념이 시들해지기 시작하면서 사회주의가 부르주아 체제에 대한 하나의 도전으로 부각된 한편, 비스마르크 치하의 독일의 민족주의가 자유주의로부터 분리되었던 시기였다."[38]

산이 높으면 골이 깊듯이 19세기 전반부를 지배했던 분방한 자유주의적 개인주의의 대가는 컸다. 가장 극단적인 대가는 개인주의의 정반대에 위치한 국가주의와 그로 인한 폭력이었다. 무솔리니의 이탈리아가 그랬고, 히틀러의 나치가 그랬다. 이러한 결말은 개인이 자유의 권리를 제대로 사용하지 못할 경우, 어떤 일이 벌어질 수 있는지를 생생하게 증언한다.

그럼에도 불구하고 결과적으로 이러한 반작용들은 개인주의를 좀 더 세련되게 만들어주는 시련이 되었다. 말 그대로 온갖 우여곡절 끝에 얻어낸 개인의 '자유'는 그렇게 쉽게 포기될 권리가 아니

---

38 게오르게 리히트하임, 『유럽현대사』, 유재건 옮김, 백산서당, 1982, 45쪽.

었다. 비록 당시의 세계 정치 현실이 극단적인 민족주의와 전체주의에게 힘을 실어주었지만 그것은 개인주의를 향한 역사적 서사에서 도드라진 일시적인 파열음이었다. 무엇보다 집단과 전체성을 강조한 대안들의 현실적인 결과가 예외 없이 잔인한 폭력이 동반된 비극이었다는 사실이 사람들을 각성시켰다. 20세기 들어 실존주의나 포스트모던이 문화적 유행으로서 강력한 영향력을 발휘했던 것은 우연이 아니다. 그것은 근대를 시작하게 만든 두 개의 공리, 즉 개인의 자유와 평등이 전체주의나 국가주의 이념에 희생되는 것에 대한 저항이었다.

## 20세기에 대한 회고, 그리고 데자뷔

오늘날의 관점에서 볼 때 지난 100여 년의 역사는 개인주의를 좀 더 강건하게 해주는 시련이었다고 말할 수 있다. 물론 개인주의가 위기에 처했던 경험들을 그저 역사 속에 묻고 지나갈 일은 아니다. 더군다나 우리가 이기주의를 개인주의로부터 분리시키고, 진정한 정치적 이념으로서 개인주의의 가능성을 생각한다면 개인주의를 좌초시킬 위험요소들이 무엇인지를 분명히 할 필요가 있다.

예컨대 19세기 말 자유방임주의가 퇴조하면서 등장한 극단적인 민족주의와 국가주의, 나아가 인종주의적인 폭력들은 반드시 기억해야만 하는 역사다. 인간 삶의 방식이나 사회 문제에 대한 사람들의 심리적 대응 방식에 어떤 유사성이 존재한다면, 비슷한 역사가 반복될 가능성을 배제할 수 없기 때문이다. 물론 역사가 동일하게 반복될 리는 없다. 인류는 자신의 문화적 경험을 잊지 않을 것이기 때문이다. 대신 변주된 역사로서 유사한 일들이 일어날 가능성은 늘 열려 있다. 더욱이 라인홀드 니부어Reinhold Niebuhr가 경고한 것처럼 한 개인이 문제가 아니라 사회적이고 집단적인 행동이 문제일 경우에 이성은 제대로 작동하지 않을 수 있다.[39] 20세기를 회고하면서 에릭 홉스봄은 이렇게 말한다.

> "19세기 말에는 대중적 규모의 외국인 혐오가 첫 선을 보임으로써 20세기 말의 상황을 예기했고 인종주의—밀려들어오는 열등민족 무리에 의해서 오염되거나 심지어 흡수되는 사태로부터 토착민의 순수 혈통을 보호한다는 것—가 외국인 혐오의 일반적 표현이 되었다. (…) 이러한 운동들의 공통된 접합제는 한 쪽의 바위 같은 대기업과 다른 한 쪽의 확고한 지위를 가진 부상하는 대중적 노동운동이 양쪽에서 자신들을 압박하는 사회에서 느끼는 소시민들의 분개였고, 최소한 과거에 자신들이 차지했던 그리고 자신들의 정당한 몫이라고 믿었던 상당한 사회적 지위 또는 자신들이 열망할 권리가 있다고 느낀, 역동적 사회에서의 사회적 지위를 박탈해버린 사회에 대한 분개였다."[40]

중동 지역의 정치적 불안정이 난민들을 낳고, 이 난민들을 수용하

---

39 라인홀드 니부어, 『도덕적 인간과 비도덕적 사회』, 이한우 옮김, 문예출판사, 2017.
40 에릭 홉스봄, 『극단의 시대—20세기의 역사』, 이용우 옮김, 까치, 1997, 170-171쪽.

는 과정에서 드러난 유럽 각국에서의 반응은 홉스봄이 지적한 것처럼 19세기와 몹시 닮아있다. 2018년 제주도의 예멘 난민 사례가 보여주듯이 우리나라도 예외가 아니다. 데자뷔를 연상시키는 일들은 곳곳에서 넘친다. 경제 시스템의 근본적인 변화와 경제 위기 상황도 그 대표적인 경우다. 19세기 산업혁명 대신에 우리는 4차 산업혁명을 말하고 있고, 2008년의 미국에서 시작된 금융위기는 1929년의 대공황을 연상시킨다. 우리가 역사를 되짚어봐야 하는 이유는 그런 점에서 분명하다. 같은 실수를 반복해서는 안 되기 때문이다.

19세기 말과 20세기 초에 사회주의 그리고 더 나아가 공산주의가 확산될 수 있었던 이유는 당시의 혼란스러웠던 위기 상황을 빼놓고는 설명되지 않는다. 당시 사회주의 진영의 공격 목표는 자유시장경제를 근간으로 하는 자본주의였다. 자유시장경제에 기초한 자본주의가 가장 중요하게 생각한 가치는 물론 개인의 자유였고, 국가의 시장 개입은 최소화되어야 한다고 여겨졌다. 시장 안에서 개인의 자유를 최대한 보장할 때 창의적인 혁신이 가능하다고 믿었기 때문이다. 그러나 그 결과는 주기적인 공황과 실업으로 인한 생존위기였다. 시장 만능주의자들이 말하는 풍요로운 미래는 오직 관념 세계에서나 가능한 일이었다. 2008년 전 세계 경제에 커다란 충격을 안기고 곳곳에서 자본주의의 종언을 거론하게 했던 미국의 금융버블 역시 '신자유주의'의 결과였다. 100여 년을 뛰어넘는 두 사건의 공통점은 계급 갈등을 촉발시킬 정도의 양극화 현상이었다. 자본가들은 막대한 부를 축적한 반면, 사회적 약자들은 생존의 위기에 내몰렸다.

먹고사는 일에서 생기는 문제는 사람들을 움직이는 데 가장 큰 동기 역할을 한다. 정치적으로는 어땠을까? 비록 실패했다고 말해야 하지만 프랑스 혁명은 유럽의 정치 체제를 근본적으로 변화시키고 있었다. 시민들은 자신들의 권리를 당당하게 요구하기 시작했다. 바람이 가득 찬 풍선처럼 내부 압력이 높아졌을 때 유럽 각국의 돌파구는 제국주의와 식민지 정책이었다. 새로운 시장의 발견은 폭발적으로 늘어난 생산력과 그런 생산력을 지탱할 수 없었던 사회제도 사이의 긴장을 완화할 수 있는 좋은 출구였다. 그 바람에 민족국가들 사이의 경쟁은 격화되었고, 국가주의나 극우 민족주의가 정치적으로 유리한 고지를 점령할 수 있는 토대가 마련되었다. 특히 프랑스 혁명 이래로 도입된 민주주의는 대중적 지지를 권력의 뿌리로 삼았다. 민주주의는 분명 개인주의를 기본 철학으로 삼았지만 역설적이게도 국가주의가 그 기회를 놓치지 않았다.

시민들은 급격한 사회 변화와 경제 위기에 커다란 위기감을 느꼈지만 어떻게 대처해야 하는지에 대한 경험이 없었다. 국가주의, 특히 자신들의 계층적 이익을 지켜줄 것이라고 홍보하는 국가주의는 그런 시민들에게 정치적 안정이라는 과거의 향수를 불러일으켰다. 트럼프를 미국 대통령으로 만든 샤이 보수들은 홉스봄이 앞선 인용문에서 밝힌 것처럼 미래에 대해 불안감을 느낀 소시민들이었다. 그들도 한때는 자유롭고 평등한 사회를 지향하는 건강한 시민이었을 것이다.

20세기를 목전에 두고 자유방임주의가 퇴조하기 시작하고 전체주의가 부상한 것은, 낡은 질서가 붕괴됨으로써 찾아온 혼란스러운 상황을 사람들이 일종의 위기로 인식했기 때문이다. 이러한 위기감은 가진 자들에서나 못 가진 자들에서나 마찬가지였다. 가진 자들은 그동안 자신들이 누려왔던 것들을 포기해야 할지 모른다는 점에서, 갖지 못한 자들은 새로운 변화에도 불구하고 그들의 기대에 턱없이 모자랐다는 점에서 그랬다. 이러한 혼란을 종식시킨 것은 공교롭게도 거대한 폭력이었다. 사실 나치즘과 같은 국가주의가 어떻게 독일을 장악할 수 있었는가는 홉스봄의 대답으로 쉽게 이해될 수 있다. "나치즘의 가장 중요한 성과는 다른 어떤 정부보다도 효과적으로 대공황을 이겨낸 것이다."[41]

나치가 바이마르 공화국을 무너뜨리고 1당 독재국가로 나아갈 수 있었던 원동력은 대중의 강력한 지지였다. 간단히 말해 독일의 시민들은 1차 세계대전 이후 독일의 위기 상황을 벗어나게 해줄 강력한 지도력을 원했고 그 결과 전체주의를 용인했다. 그 선택은 독일을 유럽의 강국으로 부상하게 하는 데는 성공했을지 몰라도, 결국 인류 역사에서 가장 파국적인 폭력을 낳고 말았다. 수천만 명의 목숨을 앗아간 가공할 전쟁과 홀로코스트는 개인들에게 자유와 평등이라는 선물을 안겨준 '근대'라는 시대를 마감시켜 버렸다. 그것은 단지 시간상의 구분이 아니라 특정한 시공간을 지배한 어떤 이념의 사망선고에 가까웠다. 19세기를 지배한 '진보'라는 이념이 바로 그 희생양이었다.

41 같은 책, 184쪽.

개인주의를 지탱한 자유주의 입장이든, 초기 자본주의의 구조적 모순들을 해결하고자 한 사회주의이든, 어느 입장이든 의심하지 않았던 것은 인류 사회가 진보해 나갈 것이라는 희망이었다. 그런 의미에서 19세기는 의심할 여지 없이 '진보의 시대'였다. 국가주의 역시 그런 진보의 신앙에 편승했다. 그러나 결과적으로 국가주의는 인류 문명의 진보에 대한 근대적 희망을 교살하고 말았다. 그 덕에 20세기의 지성인들은 포스트모던적 회의주의로 자신의 세련성을 내비치게 되었다. 그들에게 인류 문명이 진보할 것이라는 믿음은 공허한 이데올로기였으며, 인간이 이성적이며 합리적인 존재라는 믿음도 근거 없는 환상에 불과했다. 인간은 어처구니없는 실수를 반복할 수 있는 존재이며, 마찬가지로 인류 전체가 똑같은 실수를 저지를 수 있다.

오늘날 세계 각국에서 보이는 우경화 현상들은 100여 년 전 유럽의 상황을 연상시킨다. 무역 전쟁과 국가 간 패권 경쟁, 경제 위기와 외국인에 대한 혐오 등은 데자뷔를 말하기에 충분하다. 전쟁이 가능한 보통 국가를 지향하는 일본의 극우 보수 세력의 주장 역시 예외는 아니다. 메이지 유신을 통해 아시아의 패권 국가였던 시절에 대한 극우 세력의 향수는 국가주의로의 회귀로만 설명할 수 있다. 우리나라는 예외라고 말할 수 있을까? 우리는 19세기 말의 국제 정세에서 희생양이었기 때문에 사정이 다르다고 말할 수 있을까?

국가주의로서 나치즘이 가장 위험한 적으로 간주한 것이 공산주의였다는 사실을 떠올려 보자. 홉스봄은 당시의 상황을 이렇게 정리한다.

"우파의 반발은 볼셰비즘 자체에 대한 것이 아니라 기존 사회 질서를 위협하거나 그러한 질서를 무너뜨린 주범으로 비난받을 수 있는 모든 운동, 특히 조직된 노동계급에 대한 것이었다. 레닌은 이러한 위협의 실체라기보다는 상징이었다."[42]

만약 우리가 정치적 이분법이라는 도식을 사용한다면, 나치즘과 같은 국가주의를 어떻게 분류할 수 있을까? 공산주의를 적대시하므로 '자유민주주의' 진영에 넣어야 할까? 통상 어떤 집단의 정치적 정체성은 그 집단 내부에서 성숙한 자생적인 이념에 기초하기도 하지만 때로는 정치적 상대방을 통해 정립되기도 한다. 나치즘은 '국가사회주의 독일 노동자당'Nationalsozialistische Deutsche Arbeiterpartei이라는 공식 명칭에서 드러나듯이 '국가'(또는 민족)를 우선시하는 전체주의다. 그런 점에서 개인의 자유를 강조하는 자유민주주의와는 정반대에 서있다. 그럼에도 불구하고 공산주의를 적대시하는 정치적 노선을 통해 공산주의의 반대편에서 정치적 정체성을 획득할 수 있었다. 우리나라 역시 비슷한 경험을 갖고 있다.

한국전쟁 이후 군사정권들의 정체성이 그랬다. 자유민주주의 수호를 정치적 가치로 내걸었지만 사실은 국가주의였다. 노동자들의 인권보다는 경제성장이 더 중요한 목표였기 때문에 그 과정에서 개인의 권리는 희생되기 일쑤였다. 게다가 가부장적이고 유교적인 전통문화는 개인의 자유보다 가족이나 국가와 같은 공동체를 우선

42 같은 책, 179쪽.

시했고, 그 덕에 전체를 위한 소수의 희생은 당연한 일로 여겨지곤 했다. 이러한 국가주의적 성격에도 불구하고 한국의 보수 정권들이 자유민주주의 수호를 주요한 정치적 이념으로 내걸을 수 있었던 이유는 북한의 위협 때문이었다. 하지만 북한과의 경제력 격차가 커진 오늘날 '반공=자유민주주의'라는 도식은 더 이상 유효하지 않다. 정치적 정체성을 담보하는 작업이 단지 상대방이 누구냐에 따라 정해지기에는 우리 사회의 복잡성이 매우 커졌기 때문이다.

오늘날 우리 사회 곳곳에서 개인과 공동체 사이의 갈등이 벌어지는 이유 중 하나는 그동안 억눌려왔던 개인의 자유와 권리에 대한 감수성이 커졌기 때문이다. 1990년대 이후 한국 사회가 세계화에 뛰어들고 신자유주의에 문을 연 후, 수면 아래 있던 갈등도 서서히 드러나기 시작했다. 세계화와 신자유주의는 개인의 자유를 중시하고 치열한 경쟁을 당연한 것으로 여겼다. 문화적으로도 90년대 후반에 확산된 포스트모던의 지적 분위기는 공동체를 중시하는 전통적인 가치관과 개인주의를 중시하는 새로운 가치관 사이의 갈등을 증폭시켰다. 게다가 1997년의 IMF 외환위기, 2008년의 금융위기는 '생존경쟁' 논리에 기초한 개인주의를 강화시켰다. 물론 신자유주의적 시장주의가 낳은 부작용으로서 소득 불평등 문제는 개인의 자유만이 아니라, 그런 자유를 누리기 위한 사회적 조건으로서 '평등' 문제에 대한 감수성마저 높였다. 지금 우리 사회는 그런 갈등의 골짜기를 통과하고 있는 중이며, 가치 전쟁은 그 통과의 대가로 지불하는 통행세인 셈이다.

## 반성적 평형—역사의 변주로부터 얻는 지혜

역사를 되짚어보는 일은 우리가 어떤 과정을 통해 현재 상태에 이르게 되었는지를 이해할 수 있게 해준다. 오늘날 우리 사회 곳곳에서 부딪치는 가치 전쟁은 갑자기 생겨난 우연이 아니라 역사적인 결과물들이다. 물론 세상은 복잡해졌고, 과거가 단순히 반복되지는 않는다. 오늘날 개인의 자유는 무엇보다 중요한 가치이지만 그렇다고 해서 19세기적 자유방임을 뜻하지는 않는다. 다시 말해 인간사에서 늘 일어나는 일인 탓에 과거의 갈등과 오늘날의 갈등이 구조적 유사성을 갖고는 있지만 갈등의 양상은 사뭇 다르다. 그래서 그 차이에 주목해야 한다. 그 차이를 어떻게 보느냐에 따라 희망을 말할 수 있기 때문이다.

롤스는 자신의 정의론을 전개하면서 '반성적 평형'reflective equilibrium이라는 방법론을 소개한다. 그것은 사회 구성원들이 어떤 원칙들에 합의하게 될 때 일종의 피드백 과정과 같다. 일단 어떤 원칙을 잠정적으로 합의하더라도 변화된 사회적 조건이나 고려하지 못했던 문제가 발견될 경우, 기존의 합의점은 수정될 수 있어야 한다. 반성적 평형은 이성적 숙고를 통해 균형점(합의점)을 찾아가는 역학적 균형 찾기의 과정이다. 비록 롤스는 사고실험 속에서 반성적 평형을 말했지만, 우리의 실제 역사가 바로 그런 균형점을 찾아가는 과정일 수도 있다. 결국 희망의 근거는 우리 개개인이 역사를 반성적 평형의 과정으로 볼 수 있느냐에 달렸다.

앞서 말했던 것처럼 오늘날의 개인주의가 19세기적 자유방임과 다른 이유는 역사적 경험을 통해 그 부작용에 대해 이미 알고 있기 때문이다. 평등을 강조하더라도 획일적인 평등을 말하지 않는 이유도 마찬가지다. 물론 균형을 찾아가는 동역학적 움직임은 늘 편차를 갖고 있기 마련이다. 따라서 단박에 균형점을 찾기도 쉽지 않다. 자신의 몸무게를 모르는 여러 사람이 시소에서 균형을 맞추는 게임을 생각해보자. 사람들은 우선 어림짐작으로 나누어 시소에 오르지만 단박에 균형을 찾을 수는 없다. 어느 한쪽으로 기울어지면 구성원을 바꾸는 방식으로 편차를 줄여나간다. 그 과정에서 한쪽으로 기울어졌던 시소가 거꾸로 반대쪽으로 기울어질 수 있으며, 그러면 다시 구성원을 바꿔 편차를 줄이는 과정을 반복해 나간다. 이러한 일련의 과정을 반복함으로써 시소는 균형점을 찾아간다. 필요하다면 누군가 가방을 끌어안을 수도 있고, 무거운 외투를 벗을 수도 있다.

이렇게 역사는 양 극단으로부터 균형점을 찾아가기 위해 편차를 줄여나가는 동역학적 과정이다. 우리는 근대 이후 전개되어 온 역사를 자유와 평등, 개인과 공동체 사이의 딜레마에서 균형점을 찾아가는 과정으로 볼 수 있다. 아니, 사실이 그렇지 않더라도 이제는 편차를 줄여 최적의 균형점을 찾기 위해 노력해야만 한다. 반성적 성찰 능력을 갖고 있는 존재라면 같은 실수를 반복해서는 안 된다. 지난 세기에 인류가 겪어야 했던 실패 사례들은 수천 년 동안 유지되어 온 사회 질서를 뒤집은 근대의 정치적 전회가 빚어낸 파생 효과이자 기회비용이었다. 이 새로운 변화에 대해, 니체가 말한 것처럼 절대 권력의 공백으로 인해 벌어진 무정부적 혼란 상황에서 시민들은 어떻게 해야 하는지 경험이 없었다. 그러나 오늘날은 다르다.

과거의 아픈 경험은 도리어 희망의 근거가 될 수 있다. 비록 균형을 찾아가는 과정에서 비용은 치러야 하겠지만, 그 비용의 의미는 어떤 관점에서 이해하느냐에 따라 달라진다. 균형을 찾아가는 반성적 평형 과정을 그저 잘못된 것을 시정하는 과정으로만 본다면 반성적 평형이 갖는 역사적인 의미를 놓치기 쉽다. 균형점을 찾아가는 역사적인 과정은 산술 평균을 구하는 수학적 접근과는 다르다. 우리 사회의 운동장이 어느 한쪽으로 오랫동안 기울어져 있었다고 할 때, 그것은 다른 한쪽이 희생되어 왔다는 것을 의미한다. 진자가 어느 한쪽으로 이동되어 있을 때, 그 위치에너지를 소모하고 균형점에서 멈추어 서기 위해서는 반대편으로 옮겨가기 마련이다. 이러한 동역학적 과정은 나중에 도달하게 될 균형점을 지나쳐 다른 극단에 가까이 갈 수 있다. 그것은 물론 과거와는 반대의 불균형일 것이다. 그러면 진자는 다시 반대편으로 이동하려고 할 것이다. 이러한 진자 운동을 거듭하면서 편차는 줄어들고 마침내 균형점을 찾아간다.

근대가 시작된 이후, 새롭게 주어진 개인의 자유는 자유방임이라는 극단까지 나아갈 수 있었다. 밀J. S. Mill이 그의 『자유론』에서 "한 사람을 제외한 온 인류가 같은 생각이라 하더라도 다른 생각을 가진 그 한 사람을 핍박해서는 안 된다"고 한 원칙은 자유의 고결함에 대한 선언이었다. 하지만 그 의미가 현실에서는 달리 해석되었다. 근대라는 새로운 해방 공간은 혼란스러웠고 무질서했다. 개인의 자유와 평등을 강조하는 민주주의는 문제에 대한 신중한 숙고의 광장이 아니라 이해관계를 토대로 한 대결의 장을 만들어냈다. 19세기말 오스트리아의 상황을 생각해 보자.

> "오스트리아 자유주의도 다른 모든 유럽 국가의 자유주의와 마찬가지로 귀족정치와 바로크 절대주의에 대항하여 영웅적으로 투쟁하던 시대가 있었다. 이 시대는 1848년의 충격적인 패배로 종말을 맞았다. 그 뒤에는 순화된 자유주의자들이 권력을 쥐었고, 1860년대에는 다른 세력들이 기권하다시피 한 와중에서 입헌 체제를 성립시켰다. 자유주의자들은 그들 자체의 힘 덕분이 아니라 구질서가 외부의 손에 의해 패배함으로써 국가의 조타수 자리에 앉게 된 것이다. (…) 얼마 지나지 않아 농민, 도시 기술자와 노동자, 슬라브인 등 새로운 사회 그룹이 참정권을 요구하기 시작했다. 1880년대에 이 그룹들은 대중 정당을 결성하여 자유주의의 헤게모니에 도전했다. 반유대주의적인 기독교사회당, 범게르만당, 사회당, 슬라브민족당이 그런 정당이었다. (…) 기독교사회당의 선동가들은 고전적 자유주의에 배치되는 온갖 내용이 뭉뚱그려진 10년간의 빈 통치를 시작했다. 자유주의자들이 기독교도, 반유대주의자, 사회주의자, 민족주의자 등 현대의 대중운동에 의해 분쇄된 것이다."[43]

세기말 빈의 정치적 풍경 속에서 우리는 마치 진자와 같이 한쪽 극

43 칼 쇼르스케, 『세기말 빈』, 김병화 옮김, 글항아리, 2014, 50-51쪽.

단으로부터 반대 극단으로 옮겨가는 변증법적 운동을 본다. 이러한 과정의 관성력은 극단적인 국가주의로 인해 초래된 2차 세계대전이라는 파국적인 폭력 후에도 멈추지 않았다. 냉전 체제와 68혁명, 그리고 1989년 소련의 붕괴로 인한 냉전 체제의 종식과 '제3의 길'의 모색 등은 한쪽 극단으로부터 반대 극단으로 이동하는 움직임을 관성적으로 반복했다. 그러나 이러한 진자 운동이 무한히 반복되지는 않을 것이다. 우리는 이를 개인의 자유와 평등이라는 근대적 이념이 균형점을 찾기 위한 역사적 모색이었다고 보아야 한다.

비록 복잡한 국제 정치 역학과 문화적, 지역적 특수성으로 인해 단순화하기는 어렵지만 그럼에도 장기적인 시선에서 볼 때 개인의 인권과 자유는 강조되었고 평등 의식도 높아졌다. 이는 무엇보다 새로운 정보통신 기술의 발전 덕이다. 과거에 비해 세계는 훨씬 더 가까워졌고, 그렇게 정보 교류가 늘어나면서 삶의 질을 판단하는 여러 기준들이 세계적으로 공유되고 있기 때문이다. 역설적인 것은 오늘날 지구촌 곳곳에서 부의 불평등이라는 부작용을 낳는 신자유주의적 시장경제가 이러한 변화에 긍정적인 역할을 해왔다는 점이다. 마치 야누스처럼 모순적인 두 얼굴을 가진 세계화 덕이었다. 기업들이 돈을 벌기 위해 국경의 벽을 허물자 자연스럽게 '더 좋은 삶', 나아가 '당연히 그래야 하는 삶'의 양식까지 국경을 넘었다.

자유주의의 기저에는 개인의 자유를 존중하고 공정한 경쟁을 통해 창의적인 혁신을 유도하는 '건강한' 이념이 자리하고 있다. 따라서 자유주의적 시장경제는 국가의 통제나 간섭에 저항한다. 이러한 기조가 세계화와 함께 국가의 장벽들을 넘어서고 있다. 독재 정부가 지배하는 나라들에 시장경제가 도입되고, 그에 따라 자유주의적 이념이 확산될 경우 민주주의에 대한 열망이 커지는 것은 자연스러운 일이다. 문제는 이러한 자유주의가 스스로의 통제력을 잃을 때 일어나는 부작용이다. 과도한 경쟁은 불평등을 낳고, 이러한 불평등이 사회 각 영역에서 재생산되고 확산되면 사회 전체가 위기에 빠질 수 있다. 불평등한 사회 구조는 도리어 개인의 자유를 제약한다. 균형을 찾는 일의 중요성이 바로 여기에 있다. 인간사에서 오롯이 좋기만 한 것은 없다.

역사적 경험은 지난 역사에서 우리가 버려야 할 것과 지켜야 할 것에 대한 감수성을 높여주었다. 전체주의의 위협은 거부해야 하고, 개인의 자유에 대한 존중심은 보존되어야 한다. 또한 개인의 자유를 존중한다고 해서 함께 살아가는 이웃들의 권리를 침해해서는 안 된다. 경쟁은 생산성과 효율성을 높이는 일이지만 기울어진 운동장에서의 경쟁이라면 바로 잡아야 한다. 무엇을 거부하고, 무엇을 지켜낼 것인가에 대한 현명한 선택만이 희망을 말할 수 있게 해준다. 잘못된 선택은 당연히 커다란 사회적 비용을 지불해야만 한다. 지금, 가치 전쟁 중인 우리 사회는 바로 그런 선택의 기로에 있다.

## 당면한 위기—전체주의의 망령과 이기주의

역사적 경험에 비추어 볼 때, 우리는 예측 가능한 위기 앞에 직면해 있다. 아니 이미 우리는 위기의 문턱을 넘어섰다. 2008년의 경제 위기는 경쟁지상주의를 통한 빈익빈 부익부라는 신자유주의의 민낯만이 아니라, 글로벌 체제의 한계도 드러내주었다. 세계화를 통해 거대 기업집단들은 국가 간 장벽을 무력화시키고 세계 곳곳에서 막대한 이익을 추구하였다. 신자유주의의 이념인 '경쟁'은 기업들로 하여금 더 많은 이익을 낼 수 있는 곳을 찾아 떠돌게 만들었다. 그들은 더 싼 임금으로 제품을 생산해낼 수만 있다면 어디든 달려갔다. 이는 대개 해당 지역경제의 흥망을 결정한다.

글로벌 네트워크 상황은 한쪽에서 실업률이 떨어지면 다른 곳에서는 실업률이 올라가는 효과를 낳고 있다. 기본적으로 임금이 높은 선진국에 있던 공장들이 기업 경쟁력을 이유로 제3세계로 옮겨가면, 그 공장들이 있던 선진국에서는 실업이 시작된다. 물론 공장이 옮겨간 제3세계는 호황이 시작되겠지만, 그것도 일시적이기 쉽다. 더 싼 지역이 나오면 언제든 옮겨갈 수 있기 때문이다. 생산시스템의 이러한 변화는 사회 전체를 유동적으로 만든다. 그리고 그런 유동성은 가뜩이나 정착하기 어려운 현대의 삶을 더욱 불안하게 만든다.

최근 민주주의가 발달한 선진국들에서 극우 보수주의가 고개를 드는 이유에는 이런 상황이 무관하지 않다. 설사 기업에서 공장을 옮기지 않더라도 값싼 노동력을 공급받을 수 있는 방법은 있다. 상대적으로 값싼 임금의 이주노동자들이 있기 때문이다. 국가 간 장벽이 허물어지고 인력이 자유롭게 이동할 수 있는 상황이 되었을 때, 가장 취약한 계층은 해당 지역에서 힘들고 고된 생산 노동을 담당하던 계층이다. 그들은 자신들보다 경쟁력 있는(즉 임금이 싼) 노동자들을 결코 환영할 수가 없다. 미국에서 그 누구도 예측하지 못했던 트럼프 대통령의 당선이나 유럽 각국에서 극우 보수주의가 의회 권력에 침투해 들어갈 수 있었던 것은 상실감으로 분노한 계층들이 있었기 때문이다. 신자유주의적 경쟁은 국경 없는 자유무역을 전제로 한다. 그러나 그 경쟁이 과열되면서 균형을 잃자, 곧바로 민족주의나 보호무역 같은 반작용을 불러일으킨다.

이러한 상황은 21세기의 우리 시대가 당면한 위기이다. 그리고 어떤 의미에서는 예측 가능했던 위기이기도 하다. 역사란 것이 비슷한 패턴의 변증법적 진자 운동을 한다면, 19세기말 자유방임주의로부터 20세기 초 극단적인 전체주의의 광풍에 시달린 것과 마찬가지의 도식이 21세기에도 나타날 수 있기 때문이다. 19세기말 민족 이동에 가까울 정도의 인력 이동과 외국인 혐오 현상, 20세기말 세계화와 함께 확산된 다문화주의와 노동력의 이동, 그리고 그에 대한 반작용으로 등장한 제노포비아xenophobia, 외국인혐오 현상 등은 거의 반복된 패턴이라고 말할 수 있을 만큼 닮아있다. 따라서 문제는 앞서 말한 것처럼 과거와 동일하게 반복하지 않게 하려는 노력이 현실적인 성과를 거둘 수 있는가 하는 것이다.

만약 우리가 지난 100년 전과 똑같이 대응한다면, 역사의 반복은 시작될 것이고 지구촌 전체가 거대한 폭력의 소용돌이에 휘말릴 수밖에 없다. 그것은 누구도 환영하지 않는 결론이며, 그래서도 안 된다. 특히나 엄혹한 국제 정치 문제가 민족주의나 국가주의와 같은 전체주의와 결탁하게 되면, 누구도 원치 않는 희생양들을 만들 수 있다. 국가 간의 문제가 개인들 간의 관계로 전이될 수 있기 때문이다. 그것은 집단이기주의 외에 다름 아니다. 선량한 개인들이 그의 국적이나 종교 혹은 민족 정체성 때문에 폭력의 희생양이 되었던 지난 세기 초의 경험을 그대로 반복해서는 안 된다.

분명 국제 정세와 국내 문제는 서로 다른 층위의 문제들이고, 따라서 서로 다른 대응책들이 필요함에도 불구하고, 폭력을 정당화하는 기제는 층위와 상관없이 반복할 수 있다. 그 경우 국제 정치적인 대립이 국내의 개별 시민들에게 폭력적인 대응을 촉발하게 될 것이다. 국가의 대립이 개인의 대립을 함축하지는 않는다. 우리나라가 다른 나라와 대립한다고 해서 이 나라에 살고 있는 그 나라 사람들을 적대시해야 하는 것은 아니다. 그러나 어떻게든 분노를 표출하고 싶은 시민들에게 '분노해도 되는' 대상의 등장은 얼마나 반가운가. 비록 그 사이 시민들의 민주적이고 정치적인 역량이 100년 전에 비해 훨씬 성숙했다 해도 디지털 기술이 제공하는 광범위한 소셜 네트워크는 100년 전보다 훨씬 더 교묘한 가짜뉴스들을 생산해낼 수 있다. 세계화든 디지털 네트워크든 양날의 검과 같다. 더 좋은 이념을 확산시키는 통로는 가짜뉴스를 확산시키는 통로이기도 하다. 길이 나면 좋은 손님과 나쁜 손님이 함께 오기 마련이다.

21세기의 위기를 100년 전의 상황과 찬찬히 비교한 스티븐 킹S. D. King은 오늘날 세계의 현실을 이렇게 기술한다.

> "포퓰리즘은 특히 금융위기의 뒤에 부상하기 쉽다. 1870년대 이래 일시적 경기 침체가 아닌 금융위기가 정치적 포퓰리즘을 부양했음

을 시사하는 강력한 증거가 있으며, 특히 극우 운동으로 이어진 경우는 자명한 사례로 남아 있다. 그런데 양차 대전 사이의 기간에 무솔리니와 히틀러가 이탈리아와 독일에서 선거를 통해 약진했지만, 실은 벨기에, 덴마크, 핀란드, 스페인, 스위스 등 유럽의 다른 지역에서도 극우 정치세력이 나타났다. 2008년 금융위기 이후 우익 포퓰리즘—그리고 약간의 좌익 포퓰리즘—의 귀환이 여실히 드러나고 있다."[44]

킹은 이러한 현상이 '세계화'와, 근본적으로는 자유주의적 시장경제가 갖고 있는 허약함이 빚어낸 결과로 본다. 세계화의 민낯은 이런 것이다.

"자산 소유의 국경이 사라진 덕분에 세계의 한구석에서 일어난 손실을 다른 쪽에 살고 있는 납세자들이 물어주어야 하는 경우가 흔히 발생했다. 당연한 말이지만 납세자들은 이런 사태를 좋아하지 않았다. 개별 국가들이 자신의 손실을 최소화하기 위해 노력하는 동안, 많은 경우에 국제적 협력 대신 국민국가의 이기주의가 고개를 들었다."[45]

많은 사람들이 세계화로 인해 자신이 누려야 할 것을 이민자들에게 빼앗겼다고 생각하기 시작한다. 국가 혹은 민족 이기주의가 고

44 스티븐 D. 킹, 『세계화의 종말』, 곽동훈 옮김, 비즈니스맵, 2017, 125-126쪽.
45 같은 책, 92-93쪽.

개를 들기 시작한다. 민주주의 사회에서 여론을 통해 권력을 쥐어야 하는 정당들은 당연히 여론에 편승하거나 심지어 정치적 목적을 위해 여론을 부추기거나 선동할 수도 있다. 신자유주의에 입각한 세계화가 내적 모순에 의해 위기에 봉착했을 때 대안은 다시 과거로, 즉 국민국가로 돌아가는 것이며, 그것도 절차적 민주주의에 호소한 민족주의로 되돌아가는 것이다. 무솔리니와 히틀러는 쿠데타로 정권을 잡은 것이 아니다. 그들은 선거를 통해 정권을 장악했고 파시즘으로 나아갔다.

근대 계몽주의의 철학적 이념에 비추어 볼 때, 그리고 자유와 평등 그리고 우애라는 프랑스 혁명의 정신에 따라 볼 때 세계화는 바람직한 이념일 수 있다. 하지만 이러한 세계화가 신자유주의적 경쟁 논리와 결합한 오늘의 현실은 몇몇 소수의 거대 기업집단과 그런 집단과 결탁한 엘리트들의 배만 불리는 결과를 가져왔다. 그 이유는 우리가 세계화라는 매우 그럴듯해 보이는 이념을 허용할 때, 그 조건이 이기주의를 허용하는 경쟁 시장이라는 점을 분명히 보지 못했기 때문이다.

이 책의 앞머리에서 우리는 2008년의 금융위기가 전 세계 시민들에게 불평등에 대한 감수성을 불러일으켰다는 사실로부터 이야기를 시작했다. 그런데 만약 그로부터 10여 년이 지난 오늘날 그 결과가 자국이기주의(만약 다문화사회 국가라면 편협한 민족주의로 발전하기 쉬운)라면, 더 바람직한 세계를 희망했던 바로 그 분노가 위험한 미래로 이끌 수도 있다는 것은 그리 어려운 추론이 아니다.

## 시민 개인으로부터 시작하기

오늘날 우리 사회에서 벌어지고 있는 가치 전쟁은 단지 내부의 문제만은 아니다. 현대 사회는 극히 일부 국가를 제외하고는 폐쇄된 시스템이 아니라 개방된 시스템이며 따라서 외부 환경 변화에 따라 영향을 입을 수밖에 없다. 게다가 글로벌 네트워크가 촘촘하게 짜인 상태에서 국제 정세의 변화는 그 변화의 에너지를 여과 없이 각국의 내부로 공급한다. 때문에 우리 사회의 가치 전쟁은 국제적인 변화와도 무관하지 않다. 게다가 이미 글로벌 스탠더드라는 이름으로 우리 사회에 정착한 서구 사회의 가치관과 생활방식 역시 가치 전쟁에 에너지를 제공한다.

우리 사회의 가치 전쟁을 해결하는 문제는 분명 그 역사적 문화적 특수성을 고려해야 한다. 하지만 그것만으로는 충분치 않다. 우리가 서구의 개인주의 역사와 국제 정세의 흐름을 살펴야 하는 이유도 거기에 있다. 이러한 사정은 아마도 백여 년 전에 조선이 부딪쳤던 문제였을 것이다. 하물며 오늘날에는 말할 것도 없다. 폐쇄적이었던 조선은 급변하는 국제 정세의 희생양이 되었고, 그 대가로 이 땅의 사람들은 파국적인 변화를 겪어야만 했다. 그리고 그 변화는 이후 백 년 동안 이 땅을 살아가는 모든 사람들의 삶의 방식과 생각의 방식에 (긍정적이든 부정적이든 간에) 커다란 단절과 변화를 초래했다.

역사에 변증법적 반복이 있다면 분명 우리 사회는, 아니 현재의 지구촌 전체가 백여 년 전과 유사한 파고에 부딪치고 있는 중이다.

19세기의 자유주의가 전체주의적인 국가주의를 불러온 것과 비슷하게 21세기의 신자유주의는 새로운 국가주의를 부르고 있다. 과거가 파국적인 결말로 변화의 대가를 치렀다면, 이번에도 그럴 가능성은 열려 있다. 다만 우리가 역사적 경험을 망각하지 않는다면 다른 선택을 할 수 있다는 사실 또한 분명하다. 역사의 흐름을 롤스가 말하는 '반성적 평형'을 잡아가는 과정으로 만들기 위해서는 무엇보다 시민들 개개인의 역량이 중요하다.

근대의 역사를 되짚어 보자. 근대의 시작은 개인을 모든 권리의 궁극적인 실체로 삼는 것으로부터 시작했다. 그 개인들이 사회 체제를 변화시키는 혁명의 과정에서 집단의 갈등으로, 그렇게 충돌한 집단들의 이해관계 충돌은 결국 국가이기주의로 확대되었다. 만약 우리가 이러한 문제들을 해결하고자 한다면, 어디에서 출발점을 잡아야 할까? 대답은 분명하다. 모든 권리의 실체인 시민 개개인으로부터 시작해야만 한다.

물론 누군가는 이러한 생각이 이상적이고 비현실적이라고 말하고 싶을지 모른다. 무엇보다 사회적 문제를 개인의 문제로 환원해서 보려는 방식이 결합의 오류를 범하는 것으로 생각할 수 있기 때문이다. 니부어가 말한 것처럼, 개인은 도덕적일 수 있지만 그런 개인들이 모인 사회도 도덕적일 것이라고 기대할 수는 없기 때문이다.[46] 그러나 이보다 좀 더 근본적인 문제는 도덕적일 수 있는 개인들조차도 변화하기가 쉽지 않다는 사실이다. 이기적으로 행동하는

46 라인홀드 니부어, 『도덕적 인간과 비도덕적 사회』.

사람들이 차고 넘치는 상황에서 나 혼자 이타적으로 행동한다고 해서 세상은 달라지지 않을 것이며, 결국 나만 손해가 될 것이라는 생각을 떨치기 어렵다. 이러한 추론은 국제 관계에도 그대로 투사된다. 우리 사회가, 또는 우리 시민들이 도덕적으로 좀 더 훌륭한 선택을 한다고 해서 국제 정세가 변하지 않는 한 우리나라만 손해를 볼 것이다.

냉정한 현실을 생각할 때 이러한 회의주의적인 전망은 분명 설득력이 있다. 그러나 그 설득력은 절반의 진실만을 담고 있다. 그 절반의 진실은 그러한 회의적인 전망이 맞는다면 역사는 동일하게 반복될 것이라는 점이다. 이는 앞서 우리가 2008년 이후 전 세계적인 분노가 결과적으로 아무런 사회적 변화도 이끌어 내지 못한 채 사그라지고 만 심리적 원인이기도 하다. 사물화된 질서에 굴복하는 것, 그 경우 가치 전쟁은 더 좋은 사회로 발전하기 위한 사회적 비용이 아니라 파국을 예고하는 묵시록의 전조가 되고 말 것이다.

나머지 절반의 진실은 우리가 과거와는 다른 선택을 할 수 있으며, 그런 선택이 역사의 단순한 반복을 막을 수 있는 동력이 될 수 있다는 것이다. 전체와 부분의 문제는 매우 역동적인 관계이다. 한 개인의 선택이 사회를 바꾸기는 어렵다. 하지만 그만큼의 또 다른 진실은 사회의 변화가 한 개인의 선택으로부터 시작한다는 것이다. 몇몇 사람들의 작은 선택이 세상을 바꾸는 시발점이 된 예를 찾는 일은 그리 어렵지 않다.

특히 국부적인 변화가 전체 시스템에 영향을 미치는 일은 과거에 비해 오늘날 더 빈번한 일이기도 하다. 이는 전 세계가 네트워크적 연결을 강화해온 탓이다. 우리가 흔히 '나비효과'라고 부르는 현상은 복잡한 네트워크 사회에서 일어나는 일이다. 세계화와 디지털 기술의 발전은 지구촌을 복잡한 네트워크로 바꾸어 놓았다. 따라서 나 혼자 바뀐다고 세상이 바뀌지는 않을 것이라는 회의주의를 지레 전제할 이유는 없다. 우리 사회만이 아니라 전 세계 시민들 역시 우리와 비슷한 가치 전쟁의 국면에 있으며 따라서 우리 사회가 변한다면 전 세계가 변할 수 있다. 세계 시민들의 네트워크는 100여 년 전과는 비할 바 없이 넓고 견고해졌다.

소식이 확산되고 그것이 여론을 형성하는 메커니즘은 과거에 비할 바가 아니다. 비록 그 네트워크가 이기적으로 행동하려는 사람들에 의해서도 사용되기도 하지만, 아무것도 하지 않아서 예고된 파국을 그대로 맞이하는 것보다는 어찌되었든 변화를 일으킬 수 있는 선택을 하는 것이 훨씬 합리적이다. 그래서 무엇이라도 시작해야만 하는 절박성에서 가장 먼저 시작할 일은 다른 사회가 바뀌기를 기다리는 것이 아니라 우리 사회를 바꾸는 일이다. 마찬가지로 다른 사람들이 바뀌기를 기다리는 것이 아니라 내가 바뀌어야 한다. 이러한 변화 의지야말로 건강한 개인주의의 논리적 귀결이다.

문제를 풀어갈 해법의 첫 실마리는 이기주의라는 인간 본성에 대한 통념을 바꾸는 것으로부터 시작해야 한다. 우리 사회에 문제가 많다고 본 사람들을 좌절시킨 것은 하나의 견고한 믿음이었다. 호네트의 표현을 따르자면, 자본주의의 사물화된 질서에 대한 페티시즘에는 인간이 본성적으로 이기적이라는 생각이 전제되어 있다. 게다가 인간 본성은 웬만해서는 바뀌지 않는다는 생각 또한 오랜 통념이다. 인간은 본성상 이기적이고, 그 본성이 변하지 않는다고 믿는 한, 치열한 경쟁 사회에서 다른 사람을 믿고 그들을 배려하는 일은 결국 나에게만 손해를 줄 것이라는 생각을 바꿀 수 없다.

근대를 시작하게 한 개인주의가 건강한 이념일 수 있기 위해서는 그 부정적 효과인 이기주의를 분리해내야만 한다. 먼저 개인주의를 이기주의와 동일시하는 것부터 생각해보자. 사실 이기주의란 오직 개인의 차원에서만 논의될 수 있는 것은 아니다. 집단이기주의나 국가이기주의도 언제나 가능하고, 또 실제 현실이기도 하다. 따라서 개인주의를 이기주의와 동일시하는 것은 이미 그 시작부터 문제가 있다. 개인의 이익이 아닌 공동체를 위한 선택을 한다고 해서 모두 이타주의자는 아니다. 개인의 차원에서는 이타주의자가 집단의 차원에서는 이기주의자가 될 수 있기 때문이다.

누군가 자신의 시간과 돈을 들여 자신이 속한 집단을 위해 희생하면서 상대 집단과 싸움을 한다고 해 보자. 물론 이 싸움은 두 집단 사이에 충돌하는 이익 때문에 생긴 싸움이다. 이때 이 사람은 이기주의자인가 이타주의자인가? 자신이 속한 집단의 이익을 위해 희생하는 경우이기 때문에 이타주의자로 보아야 할까? 아니면 상대 집단에 대해 우리 집단의 이익을 지키려고 노력하는 자이기 때문에 이기주의자로 보아야 할까?

간단히 말해 이기주의나 이타주의는 상황과 조건에 따라 달리 규정될 수 있는 상대적인 개념이다. 그럼에도 불구하고 우리는 이기주의와 개인주의를 동일시하는 경우가 많다. 개인주의에 대한 비판은 그 개인주의가 이기주의적으로 해석되기 때문이다. 누군가를 향해 (이기주의를 뜻하는 의미에서) '개인주의자'라고 비아냥대는 사람들 중에 상당수는 집단이기주의자일 확률이 높다. 이처럼 이기주의는 절대적인 개념이 아니라 상황 의존적인 개념이다. 하지만 우리가 인간 본성은 변하지 않으며 인간은 본성상 이기적이라고 말할 때는, 상대적인 개념이 아니라 절대적인 개념으로 이해하고 있는 것처럼 보인다. 우리는 우선 이기주의 또는 개인주의에 대한 생각부터 바꿔야 할지 모른다. 이기주의는 과연 우리의 본성인가?

# 4장

## 강요된 본성

## 개인주의인가, 이기주의인가

근대 이후 여러 우여곡절에도 불구하고 개인주의는 포기되지 않았다. 결과론적으로 보면 근대 이후의 역사는 개인주의를 향한 서사였다. 개인주의는 민주주의의 발전, 그리고 자유시장경제와 함께 성장했다. GDP 규모 세계 10위의 경제대국인 우리 사회 역시 예외는 아니다. 누군가 우리 사회의 현실을 설명하고자 한다면 그는 개인주의를 빼놓을 수 없을 것이며, 앞으로도 그럴 것이다. 하지만 그럴수록 우리는 공동체와 연대가 중요하다는 이야기를 듣게 될 것이다.

역사적 경험이 말해주듯 고도로 개인주의화한 사회는 곳곳에서 파열음을 내기 쉽다. 고립된 섬과도 같은 삶은 집단적인 사회적 불의에 저항하기 어렵고, 위기의 순간에 공동체의 보호를 받기도 어렵기 때문이다. 따라서 개인주의가 심화될수록 공동체와 연대에 대한 강조도 늘어날 것이다. 그러나 그것은 거꾸로 우리 사회의 개인주의가 점점 더 강화되고 있는 현실을 고백하는 일이 될 것이다. 혼자 사는 삶은 더 이상 낯선 것이 아니다. 그것이 어쩔 수 없이 강요된 것이든 새로운 문화적 트렌드이든 마찬가지다. 이 명백한 현실은 하나의 수수께끼를 낳는다. 개인주의는 왜 포기되지 않는가?

이러한 상황은 그저 '개인주의'가 아니라 개인주의가 지향했던 것이 무엇인지를 되묻게 만든다. 만약 우리가 본래의 개인주의가 지향하는 이념과 부정적인 뉘앙스를 풍기는 '개인주의'를 분리할 수 있다면, 개인주의가 낳을 수 있는 사회적 부작용들은 최소화하면서도 개인주의를 통해 도달하고자 했던 어떤 목표에 근접해갈 수 있을 것이다.

다시 개인주의가 시작된 근대의 역사를 되짚어보자. 근대가 '모든 사람은 자유롭고 평등하게 태어났다'는 원리를 통해 새로운 시대를 천명한 것은 누구든 자신의 의사에 반해 부당한 억압을 받아서는 안 된다고 믿었기 때문이다. 오늘날 우리 모두가 중요하게 생각하는 인권 개념은 바로 그런 근대 정신문화의 유산이다. 우리가 온갖 종류의 갑질에 분노하는 이유도 개인의 인권은 누군가의 이익을 위해 유린될 수 없다고 믿기 때문이다. 근대에 시작된 '사회계약' 이념의 진짜 목적은 개인이 안전한 환경 속에서 자기 삶의 목표를 추구할 수 있게 하는 사회제도 구축에 있다.

이러한 개인주의가 위험한 어떤 것으로 여겨진다면, 진짜 문제는 개인주의 자체가 아니라 개인주의와 혼동되고 있는 어떤 것에 있음에 틀림없다. 그 대답은 물론 이기주의다. 그러나 개인주의로부터 이기주의를 분리해내는 일은 여간 어려운 일이 아니다. 왜냐하면 앞서 살펴본 것처럼 오늘날의 사회가 고도로 복잡한 탓에 자신의 의지와 상관없이 타인에게 피해를 입히는 경우가 허다하기 때문이다. 나의 행복이 타인의 불행이 될 가능성이 높다는 사실은 개인주의와 이기주의의 경계를 자주 무너뜨려 버린다. 간단한 사고실험이 이를 분명히 보여준다.

개인주의적인 사회에서 누구라도 사회적 약자가 될 수 있는 상황, 예를 들어 경제 위기 상황이 닥쳤다고 해보자. 흔히 말하는 제로섬 사회 또는 승자독식 사회에서는 누구든 한순간에 나락으로 떨어질 수 있다. 한 개인의 실패는 과도한 욕망이 빚어낸 실수였을 수도 있고, 열심히 살았지만 세상의 변화에 적응하지 못한 것일 수도 있다. 어떤 경우든 그런 사람들은 사회적 안전망의 끝자락에서 위험한 상황으로 내몰리게 된다. 그런데 합리적인 개인주의자들이 그런 사람을 위해 선뜻 손을 내밀 수 있을까? 안전을 중요하게 생각하는 사람들은 가라앉을 것 같은 배에는 올라타려 하지 않는 법이다. 그것은 가장 견고한 공동체라는 가족 간에서조차 마찬가지다. 하물며 낯모르는 다른 사람들의 어려움에 대해서야 말할 것도 없다. 안타까운 마음에 손을 내밀었다가 나도 위험해질지 모른다는 불안감이 커지기 때문이다. 쌓아올리는 것은 오래 걸리지만 나락으로 떨어지는 것은 한순간이라는 생각이 머리를 떠나지 않는다. 이런저런 미디어를 통해 들려오는 소식은 나의 불안감을 증폭시킨다. 그렇게 그저 '내가 아니라서 다행'이라는 소시민적 안도감이 우리를 지배하기 시작하면 말 그대로 악순환이 시작된다.

어려운 처지에 빠진 사람을 도와야 한다는 것은 상식을 가진 건강한 시민이라면 당연하게 받아들여야 하는 도덕적 요구이다. 그러나 상시적인 불안에 시달리는 현대인들에게 착한 사마리아인의 의무는 번거로울 뿐만 아니라 여차하면 스스로를 위험에 빠뜨릴 수도 있는 부담이다. 그래서 머뭇거리는 사이에 시간은 지나고 의도하든 의도하지 않았든 위기에 빠진 사람을 외면한 결과가 되고 만다.

위기에 처한 이를 도운 사람이 의인이 되어 뉴스 화면을 장식하는 이유는 바로 여기에 있다. 상황이 어찌되었든 어려움에 처한 사람을 도와야 한다는 내면의 소리를 외면한 사람은 어떻게든 자신의 행위를 정당화하려고 애쓰기 마련이다. 죄의식에 시달리며 살 수는 없기 때문이다. 가장 손쉬운 방법은 책임을 떠넘기는 것이다. 다시 말해 누군가 어려움에 빠지게 되었다면 단지 상황이나 사회만의 문제가 아니라 그의 잘못도 틀림없이 있을 것이라고 생각해 버리는 것이다. 복잡한 현대 사회에서 그런 핑계거리를 찾는 일은 그리 어려운 일도 아니다. 그래서 어떻게든 자신의 행위가 정당화되면, 다음번에 누군가를 도와야 할 일이 생겨도 모른 체하는 일관성이 생기게 된다.

설령 타인의 어려움을 외면했던 자신을 정당화하지 못하는 '착한' 사람들이라고 해도 결과는 달라지지 않는다. 그에게는 부역자의 죄의식이 고개를 들기 때문이다. 역설적이게도 그런 꺼림칙함은 '잘못된 사회 구조'의 혁신에 적극적으로 나서지 못하게 만든다. 내가 바로 그런 사회의 부역자였기 때문에 사회를 부정하는 일은 일종의 자기부정이 되기 때문이다. 결국 남는 것은 타인에 대한 무관심이나 나락으로 떨어진 사람들의 '불운'에 대한 동정뿐이다. 이 모든 것은 일종의 자기 위안을 위해 동원된 감정들이다. 그런 과정을 통해 확인된 도덕적 이상과 현실 사이의 괴리가 개인주의, 아니 정확하게 말하자면 이기주의적으로 해석된 개인주의를 강화시키는 사회적 동기다.

게다가 이러한 종류의 대응은 단지 경제적인 문제에만 국한된 것이 아니다. 세상의 편협한 시선이 당사자의 의사와는 전혀 상관없이 한 사람을 사회적 약자(소수자)로 만들어 버린 경우, 예를 들어 성정체성, 종교, 인종, 장애, 다문화가정 등에 대한 부정적 시선으로 인해 사회적으로 고립된 사람들, 심지어 길에서 무차별로 폭행당하는 사람을 돕는 문제에서도 마찬가지다. 오지랖 넓게 약자 편에 섰다가 예상치 못한 봉변을 당할 수 있기 때문이다. 부당한 억압에 공감하고 그래서 어떻게든 그들을 도우려고 애를 쓰는 사람에게 합리적이고 '신중한' 친구는 '괜한 오지랖이 아니냐'고 조심스럽게 주의를 준다. 그렇게 고민하는 시간이 늘어나면 애초의 정의감은 점점 더 고개를 숙인다. 남는 생각은 그저 어떻게든 내가 사회적 약자가 되지 않도록 하는 것뿐이다. 이러한 상황에서 사람들은 생각한다. '이러한 개인주의는 이기주의가 아니다. 불확실한 미래에 대해 합리적으로 대응하려는 생존전략일 뿐이다.'

사람들이 이렇게 생각하는 이유는 마치 자신이 이기주의자가 되어버린 것 같은 느낌, 다시 말해 자신이 도덕적으로 무능력한 사람이라는 사실을 스스로 받아들이기 어렵기 때문이다. 원칙주의자는 아마도 이러한 소시민적 자기정당화를 비난할지도 모르겠다. 그런데 타인을 돕지 않는다고 해서 이기주의일까? 이타주의가 아니면 이기주의라는 도식은 과도한 이분법적 사고 아닐까? 행복하지 않다고 해서 곧바로 불행한 것은 아니다. 불행하지 않다고 해서 행복하다고 말하기 어려운 것처럼, 과도한 이분법은 우리로 하여금 대답을 머뭇거리게 만든다. 좀 더 근본적으로 물어보자. 자신의 생존을 위해 노력하는 것을 꼭 이기주의라고 해야 할까? 우리가 일상에서 직관적으로 이해하는 이기주의는 일종의 탐욕스러움, 즉 자신의 이익을 위해 남에게 해를 끼치는 행위이지, 단지 자신의 생존을 위한 불가피한 행동에 대해서는 이기주의라고 말하지 않는다. 그럼에도 불구하고 자신의 생존을 위한 행위가 결과적으로 타인에게 피해를 입히게 된다면, 여전히 우리의 마음은 불편할 수밖에 없다. '나 살자고 타인의 가슴에 못 박는 일'은 결코 권장할 일은 아니기 때문이다. 그렇다면 이제 문제는 좀 더 선명해진다. 문제는 개인주의가 아니라 개인주의가 이기주의로 변하게 되는 세상, 즉 자신의 이익을 추구하는 행위가 결과적으로 타인에게 해를 입히는 사회 구조에 있다.

## 강요된 본성

개인주의에 대한 비판은 전 세계 어느 곳보다도 개인주의를 발전시켜온 유럽에서 본격화되었다. 그것은 문화적 자기비판이었다. 무엇보다 개인주의가 공동체의 안전망을 무기력하게 만든다고 보았기 때문이다. 그러한 비판들은 개인의 의식만이 아니라 사회 구조에도 초점을 맞추었는데, 그 이유는 사회가 그들을 이기적으로 행동하도록 자극한다고 보았기 때문이다. 개인주의자들을 이기적인 사람들로 만드는 사회는 앞선 사고실험에서 볼 수 있듯이 제로섬 사회 혹은 과도한 경쟁이 지배하고 있는 사회이다. 개인의 자유를 강조하는 신자유주의가 비난받는 이유도 그것이 말하는 경쟁의 효율성이 선량한 개인들로 하여금 이기주의적으로 행동하도록 자극하기 때문이다.

대학 강의실을 들여다보자. 상대평가가 일반적인 우리의 대학은 경쟁으로 넘쳐난다. 학생들이 아무리 열심히 한다 해도 상대평가 제도 아래에서는 노력의 대가를 제대로 인정받기 어렵다. 나보다 더 열심히 한 사람들, 혹은 나보다 운이 좋은 사람들이 내 윗자리를 차지하고 나면 내 노력은 어쩔 수 없이 평가 절하되어야만 한다. 대학 입시에 인생의 모든 것을 걸고 있는 우리나라의 수많은 학생들의 경우는 더욱 심각하다. 자신의 미래 인생이 전국 고등학생 줄 세우기에서 어디쯤 있느냐에 따라 결정된다고 믿기 때문이다. 무사히 대학을 졸업한다고 해서 달라질까? 학교를 졸업하고 사회로 나오면 그런 경쟁은 더욱 격화된다. 우리의 젊은 세대는 세상에서 자기 뜻을 펼치기도 전에 탈진해 버린다.

지난 수십 년 동안 사람들이 자신의 재능과 노동력을 내다 파는 시장은 점점 더 승자독식의 구조를 심화시켜왔다.[47] 1등은 돈과 명

---

47 로버트 프랭크와 필립 쿡은 승자가 모든 것을 갖는 시장 구조가 얼마나 소모적이고

예 등 거의 모든 것을 갖는다. 그래서 모든 사람들이 1등을 하기 위해 경쟁한다. 미국 메이저리그 야구선수들의 평균 연봉은 약 400만 달러에 이르지만 마이너리그의 평균 연봉은 채 1만 달러도 되지 않는다. 마이너리그의 선수들이 자신들의 열악한 현실을 견디게 하는 유일한 힘은 메이저리그 선수가 되었을 때 누릴 수 있는 것들에 대한 열망이다. 대중문화 영역에서 스타가 되려는 사람들도 마찬가지다. 수많은 스타 지망생들이 열악한 현실을 견딜 수 있는 이유는 스타가 되었을 때 받게 될 보상에 대한 생각이 마치 마약처럼 현실의 통증을 마비시키기 때문이다.

물론 승자독식의 사회 구조가 심화된 이유를 오직 신자유주의의 경쟁지상주의에서만 찾을 수는 없다. 이른바 디지털 네트워크 사회도 일부의 책임을 갖고 있다. 디지털 네트워크 사회는 많은 사람들의 기대와 달리 과점이나 독점에 아주 취약하기 때문이다. 본래 디지털 네트워크가 사람들에게 보여준 비전은 분산이었다. 정보가 독점되는 것이 아니라 모든 사람들이 개별적 주체로서 정보의 생산과 유통의 주체가 될 수 있기 때문이다. 그런데 역설적이게도 그런 정보의 유통 플랫폼이 독과점을 낳고 있다. 사람들이 네트워크 세계로 진입하는 문의 종류는 무척 제한적이다. 정보가 많은 곳에는 사람이 몰리고, 그렇게 사람이 몰리면 정보가 점점 더 많아진다.

알버트 바라바시Albert Barabasi는 몇몇 소수에 자원이 집중되는 디

---

파괴적인지를 상세하게 분석하였다. 『승자독식사회』, 권영경/김양미 옮김, 웅진지식하우스, 2008.

지털 네트워크 사회의 구조적인 특성에 대해 흥미로운 분석을 내놓았다.[48] 예컨대 공항과 버스터미널의 연결을 생각해 보자. 지역에 있는 작은 공항들은 대부분 허브에 해당하는 공항과 연결되어 있지만 지역의 작은 공항들끼리 연결되어 있는 경우는 드물다. 허브 공항이 연결을 독점하고 있는 셈이다. 그에 반해 버스터미널들은 상대적으로 분산적이다. 많은 사람들이 디지털 네트워크를 사용하는 방식 역시 공항의 연결과 비슷하다. 원리적인 관점에서 우리는 네트워크 세계에 대해 그 성격을 분산적이라고 말하지만, 실상 많은 분야에서 과점이나 독점이 일어나고 있다. 플랫폼 비즈니스라고 부른 사업들이 어떻게든 시장 점유율을 높이려고 출혈 경쟁을 하는 이유도 그 때문이다. 일단 자신의 회사나 서비스 명칭이 해당 비즈니스를 대표하는 고유명사의 위치에 올라서기만 하면, 그 시장을 독점할 수 있으리라는 야심을 갖게 된다.

바라바시는 단지 오늘날 우리 사회의 사회적 현상들에 대한 과학적 분석을 내놓은 것이지만, 그것은 동시에 사회가 어떻게 불평등해질 수 있는가를 보여주는 것이기도 하다. 독점과 과점은 불평등 구조를 심화시킨다. 전 세계가 구글의 독점에 대해 경계하는 것도 그런 탓이다. 승자가 모든 것을 갖는 승자독식 구조에서는 경쟁이 치열해지고 불평등도 심화된다. 이기주의는 그런 사회의 불가피한 부산물이다. 더욱이 신자유주의의 시장 철학과 그런 철학 아래서 성장한 디지털 경제는 그 부산물을 '자연스러운 것'으로 탈바

---

48 알버트 바라바시, 『링크』, 강병남/김기훈 옮김, 동아시아, 2002.

꿈시켜 놓았다. 바로 이 '자연스러움'이 사회 구조를 바꿀 동력을 약화시킨다. 사회 구조란 인간의 자연스런 본성에 기초해서 만들어졌다고 믿는 통념 때문이다. 시장주의 철학이 의지해 있는 인간 본성은 바로 '이기심'이다. 그래서 사회의 구조적 문제를 알아도 사람들은 이렇게 푸념한다. '인간이 본래 이기적인데 어쩌겠는가?'

사회가 개인들로 하여금 이기적으로 행동하도록 자극한다는 것을 알아도 그 대처 방안을 생각하기가 어려운 것은 인간 본성에 대한 우리의 확고한 믿음 때문이다. 역사적으로 인간 본성과 관련한 다양한 논의가 있어 왔음에도 불구하고 오늘날의 사람들을 지배하는 생각은 과학의 지지를 받고 있다. 인간 역시 자연 세계의 다양한 존재들과 마찬가지로 치열한 생존경쟁을 통해 진화한다는 생각이 그것이다. 인간 본성에 관한 철학적 이론들과 달리 진화론적 설명은 그것이 과학이라는 이유로 좀 더 특별한 대접을 받는다. 과학은 가치 판단의 영역이 아니다. 과학은 그저 사실만을 말한다. 그래서 과학으로서 진화론이 말해주는 인간의 생물학적 본성은 우리가 어떤 생각을 하든 상관없이 '움직일 수 없는 사실'로 간주된다.

앞서 이야기한 것과 같이 호네트는 사회 변혁의 에너지가 약해지는 이유가 사람들이 시장경제의 질서를 사물화한 결과라고 진단했다. 시장경제의 작동 방식은 저 창밖에 굳건히 버티고 있는 바위처럼 우리가 어떤 생각을 하든 상관없이 유지될 것이라는 믿음이 변혁의 의지를 꺾는다는 것이다. 호네트의 진단이 설득력 있게 들리는 이유는 우리가 인간의 본성에 대해서도 비슷한 태도를 취하고 있기 때문이다. 바로 인간의 이기적인 본성은 바뀌지 않을 것이라는 믿음이 그렇다.

그런데 만약 생존경쟁에 수반하는 이기심이 인간의 본성이라는 진화론적 설명이 옳다면, 우리는 아주 이상한 역설에 부딪치게 된다. 우선 사람들이 사회를 변혁하려고 하는 시도에 대해 회의적으로 평가하는 이유는, 인간이 본래 이기적인 존재이고 그런 본성은 변하지 않는다고 믿기 때문이다. 시장 자본주의가 그토록 많은 부작용에도 불구하고 승승장구한 것도 바로 그런 인간의 본성에 대한 믿음 때문일 것이다. 게다가 진화론이 과학적 이론이라는 사실은 그런 우리의 통속적인 믿음을 객관적으로 정당화해주는 것처럼 보인다. 모든 생명체가 이기적으로 행동한다는 것은 우리의 경험은 물론이고 '과학'마저도 입증해준 '객관적 사실'이 아닌가. 하지만 바로 그 과학은 인간의 이기적인 본성 외에 다른 것도 알려준다. 진화론이 우리에게 알려 준 것은 인간이 이기적인 행동을 한다는 사실뿐 아니라, 인간 본성이 변할 수도 있다는 것이다.

진화론의 메시지는 생명체의 행동 특성이 변한다는 것이다. 개체들 그리고 개체들의 집단은 주어진 환경에 적응하는 과정에서 최선의 전략을 선택하고, 그런 선택은 장기적으로 해당 집단과 그 구성원들에게 특정한 행동 특성을 유발한다. 결국 우리는 인간 본성에 대해 이야기할 때 인간 본성은 변하지 않지만 동시에 변할 수 있다고 믿는 셈이다. 이러한 상황은 우리가 혹시 세상의 선입견에 부합하는 대로 과학적 지식을 편집해서 믿어버리고 있는 것은 아닌가 하는 의구심을 낳는다. 인간이 이기적이라고 말할 때는 진화론을 원용하지만, 생명체의 행동 특성은 변할 수 있다는 사실에서는 진화론을 외면해 버리는 것이다.

1860년 영국 옥스퍼드 대학교에서는 성공회 사제였던 새뮤얼 윌버포스가 '다윈의 불독'이라는 별명을 가졌던 토머스 헉슬리를 향해 "당신이 원숭이의 자손이라면, 할아버지 쪽입니까? 할머니 쪽입니까?"라고 비아냥댔던 이유는 종의 본질은 변하지 않는다는 종교적 신념으로 과학적 이론을 평가했기 때문이다. 이는 마치 갈릴레이를 재판정에 세운 재판관들이 지구가 돌면 어지럽지 않겠냐고 묻는 것과 마찬가지였다. 윌버포스와 종교재판의 재판관들은 종교적 신념과 과학적 사실을 구별하지 못했다. 물론 그들의 판단기준은 당시로서는 너무나 당연했던 '사실'이었을 것이다. 그러나 시간이 지나자 그들이 사실이라고 믿었던 것과 잘못된 믿음이라고 판단했던 것들은 자리를 바꾸어버렸다. 인간 본성에 관한 우리의 자연스러운 믿음과 진화론적 사실 사이의 긴장은 우리로 하여금 우리가 믿고 있는 것이 무엇인지 되묻게 한다. 인간은 정말 이기적일까? 윌버포스와 종교재판의 재판관들이 종교적 신념과 과학적 이론을 뒤섞은 것과 마찬가지로 우리 역시 일상의 경험을 과학적 가설과 뒤섞고 있는 것은 아닐까?

만약 모든 생명체가 따라야 하는 유전자의 '화학적 법칙'이 자기 보존(즉 자신의 상태를 유지하려는 경향)과 복제이고, 이를 위한 행위들을 비유적인 표현으로 '이기적'이라고 해보자. 동시에 이러한 유전자의 명령을 이행하기 위해 거시적으로 나타나는 행동들은 상황에 따라 달라질 수 있으며, 환경이 변화하면 거시적인 행동들도 달라질 수 있다는 것을 받아들여보자. 인간의 이기심은 이 경우 어느 쪽에 속하는 것인가? 만약 인간 본성이 이기적 특성을 변하지 않는 속성으로 가지고 있고, 그것이 과학적으로 입증되었다고 믿는다면, 그 이기심은 '자기 보존과 복제'라는 화학적 특성을 말할 뿐이다. 우리가 경험적으로 관찰 가능한 인간들의 행동 특성으로서의 이기적인 행동은 언제나 변할 수 있다. 자기 보존을 위해 환경 변화에 적응해야 하기 때문이다.

'이기적 유전자'라는 개념으로 많은 논쟁을 촉발한 리처드 도킨스Richard Dawkins가 강조했듯이, 화학적인 수준의 이기심은 변하지 않지만 거시적인 행동 특성으로서의 이기심은 언제든 변할 수 있다. (물론 도킨스는 '확장된 표현형'이라는 개념으로 이타적인 행동 역시 궁극적으로는 적응주의적인 이기적 행동전략으로 설명한다.) 조금만 찬찬히 세상을 보면 사람들이 언제나 이기적으로 행동하지는 않는다는 사실을 발견하기란 어려운 일이 아니다. 그런데도 우리는 어쨌든 인간 본성은 이기적이라고 믿어버리고 만다.

## 이기주의 대 이타주의 논쟁에 부쳐

근대 과학이 성공할 수 있었던 이유 중 하나는 종교적 신념과 과학적 사실을 분리한 데 있었다. 과학의 새로운 눈으로 보기에 세계는 어떤 인간적인 의미 부여나 복잡한 해석을 필요로 하지 않는 기계적 시스템이었다. 갈릴레이가 피사의 탑에서 떨어뜨린 것은 단지 무겁고 가벼운 두 개의 물체만이 아니었다. 그는 세상을 목적론적 체계로 설명하려고 하는 아리스토텔레스의 인간적인 세계관, 그리고 과학과 신학을 적당히 뒤섞은 당시 사람들의 고정관념들마저 함께 떨어뜨렸다. 이로 인해 일어난 결과는 과학적 사실이 우리가 경험하고 있는 세상에 대한 온갖 해석들을 심판한다는 생각의 확산이었다.

갈릴레이가 망원경으로 본 달의 울퉁불퉁한 표면은 코페르니쿠스조차 믿었던 천구의 완전성이 허구라는 사실을 입증한 심판이었고, 진공에 관한 로버트 보일의 공기펌프 실험은 자연에 진공은 없을 것이라는 누군가의 '논리적인' 믿음 역시 그저 상상에 불과하다는 것을 보여준 재판이었다. 이러한 재판의 효과는 컸다. 마치 전쟁터와도 같은 온갖 해석들의 논쟁 상황에 종지부를 찍어주는 것처럼 보였기 때문이다. 오늘날 '과학적으로 증명된 것'이라는 말은 더 이상의 논쟁이 필요 없다는 말과 동의어로 여겨지곤 한다. 근대 과학의 이러한 성공 비법은 자연스럽게 이웃 영역으로 확산되었다. 사회에 대해, 나아가 인간 자신에 대해서도 과학적 탐구는 그 오랜 논란을 끝낼 수 있겠다는 희망을 주었다.

인간이 본성상 이기적인지 아니면 이타적인지를 둘러싼 논쟁은 성악설이나 성선설처럼 인류 역사에서 지속적으로 반복되어온 논쟁이었다. 이 논쟁의 의도는 우리가 '어떻게 살아야 하는가'라는 물음의 답을 찾는 것이었다. 따라서 인간 본성에 대한 논쟁은 본질적으로 가치 판단과 해석의 논쟁이었다. 그런데 이 논쟁에 과학이 뛰어들면서 사정이 달라진다. 리처드 도킨스는 오늘날 인간 본성에 관한 '과학적' 논쟁에서 가장 큰 영향력을 미친 사람 가운데 하나이다. 그의 책 『이기적 유전자』는 많은 독자들로 하여금 인간의 본성이 이기적이라는 것을 과학적 사실로 받아들이게 하는 데 혁혁한 공을 세웠다. 게다가 이기적인 인간 본성은 이미 우리가 일상에서 늘 경험하던 일이 아닌가. 도킨스의 이론은 이런 통속심리학적 확신을 과학적으로 설명해주었다.

인간이 본성상 이기적일 것이라는 추측은 인류 역사 속의 수많은 사회적 혁신이 왜 실패로 돌아갈 수밖에 없는지를 납득시켜 준다. 대부분의 사회적 혁신이란 사회적 약자를 배려하기 위한 제도의 혁신이며, 그것은 결국 기득권의 손해를 의미한다. 그런데 어떤 기득권이 기꺼이 손해를 보려고 하겠는가? 인간을 포함한 모든 생명체가 자신의 생명을 이어나가기 위해 애를 쓰고, 그 과정에서 이기적으로 행동할 것이라는 추측은 너무나 자명해 보인다. 사회적 혁신은 기득권 세력이나 새롭게 등장한 이익집단들에 의해 번번이 좌절되었으며, 그때마다 사람들은 인간이 이기적이라는 생각을 강화시켜 왔다.

하지만 분명히 우리는 주변에서 이타적인 행위를 목격한다. 타인을 위해 자신의 손해를 무릅쓰는 사람들을 목격하는 일은 결코 어려운 일이 아니다. 인간이 이기적이라면 그런 일은 일어나지 말아야 한다. 하지만 도킨스에 따르면, 진화의 주체는 우리가 '인간'이라 부르는 어떤 커다란 생명체가 아니라 아주 미시적인 수준의 '유전자'다. 따라서 우리가 거시적인 차원에서 이타적인 행동이라고 부르는 것은 미시적인 화학적 차원의 유전자가 더 지속적이고 더 넓게 확산하기 위한 일종의 생존전략이므로, 이기적이라고 부르는 원리에 위배되는 행동이 아니다. 사실 도킨스는 인간이 이기적이라고 말하지 않았다. 그가 말한 것은 오직 유전자가 이기적이라고 말한 것뿐이다.[49] 물론 그것마저도 그저 설명적 비유일 뿐이다. 아데닌이나 구아닌 같은 유기화합물이 어떤 의지를 갖고 '이기적으로 행동한다'는 것은 말이 되지 않는다. 그럼에도 이 단순한 비유는 독자들에게 자신의 이기적인 행위를 면죄 받을 수 있는 '과학적인' 길을 열어주었다. 독자는 때때로 듣고 싶은 것만 듣는다.

그럼에도 우리는 인간 세계는 물론이고 야생 동물의 세계에서도 명백히 이타적인 행위들을 발견한다. 그래서 엘리엇 소버Elliott Sober와 데이비드 윌슨David S. Wilson은 이른바 다중선택이론을 통해 집단을 위한 개체들의 기꺼운 희생을 설명하고자 한다.[50] 진화의 과정에서 일어나는 선택은 개인에게서만 일어나는 일이 아니고 집단들 사이에서도 일어난다는 것이다.

예를 들어 이기주의자로 가득한 집단과 이타주의자가 많은 집단이 서로 경쟁한다고 생각해보자. 어떤 '집단'이 더 유리할까? 어떻게든 자기만 살아남으려고 하는 이기주의자들이 모여 있는 집단에 비해 자신을 희생할 줄 아는 이타주의자들이 있는 집단이 승리할 것이라는 생각은 아주 자연스럽다. 이타적인 행위를 할 줄 아는 사람들이 있는 집단이 이기주의자들만 있는 집단과의 경쟁에서 이길 것이고, 결국 그런 집단이 선택되고 확산됨으로써 이타적인 행동 특성 역시 확산될 것이다. 소버와 윌슨의 입장에 선다면 인간 본성

---

49 리처드 도킨스, 『이기적 유전자』, 홍영남 옮김, 을유문화사, 2006, 제11장.

50 엘리엇 소버, 데이비스 윌슨, 『타인에게로』, 설선혜/김민우 옮김, 서울대출판문화원, 2013.

에 이타적인 행위를 할 수 있는 요소가 있음이 틀림없어 보인다. 도킨스가 말하는 감춰진 이기심으로서 겉보기에만 이타적인 행위가 아니라, 정말로 순수한 이타적인 행위 말이다. 하지만 이러한 생각은 그저 일시적인 위안에 불과할지도 모른다. 무엇보다 소버와 윌슨이 도킨스의 입장을 비판하기는 하지만, 그렇다고 해서 그 두 입장이 완전히 다른 입장이라고 보기는 어렵기 때문이다.

그들의 입장 차이는 진화의 과정에서 일어나는 선택의 단위를 개체에서 보느냐, 아니면 집단에서도 선택이 일어날 수 있다고 보느냐의 차이이며, 기본적으로 생존경쟁에서 이긴 자 또는 집단이 진화할 권리를 갖는다고 보는 점에서는 그리 다를 바가 없다. 다시 말해 소버와 윌슨이 말하는 이타주의적인 행위는 개체의 수준에서 보면 이타주의이지만 집단 간 경쟁의 관점에서 보면 이기주의다. 진화론에서 말하는 이기주의와 이타주의 사이의 논쟁이 다윈의 진화론에서 말하는 '적응'과 '경쟁'을 전제로 하는 한, 그것은 이미 이기주의로 기울어진 운동장에서의 경기일 뿐이다.

엄밀히 말해 인간의 본성이 이기적이라는 것은 입증된 사실이 아니라 하나의 설명적 가설이다. 게다가 진화의 실체를 개체 차원이 아니라 유전자라고 한다면 인간 본성이 이기적이라는 것은 더더욱 정확한 표현이 아니다. 도리어 인간의 유전자가 지속적으로 복제해서 확산할 수 있기 위해서는 이타적으로 행동하는 인간들이 많아져야 한다. 도킨스에 따르면 한 인간은 그 속에 담긴 유전자가 조종하는 기계일 뿐이다. 우리가 거시적으로 관찰할 수 있는 수준에서 말하는 이기적 행동과 유전자의 이기적 행동에는 커다란 차이가 있다. 유전자는 '이기적으로 행동한다 해도' 인간은 이타적으로 행동할 수 있다. 그런 이타적인 행동이 유전자의 확산에 기여할 수 있다면 말이다. 그리고 살아있는 한 인간으로서 우리에게 중요한 것은 진화의 실체로서 유전자의 특성이 아니라 우리가 마주하고 있는 한 개인 개인의 행동 특성이다. 우리가 관찰할 수 있는 것은 바로 내 눈앞에 있는 사람의 행동이지, 그 사람의 유전자가 아니다. 따라서 인간 본성에 대한 과학적 설명과 우리가 일상에서 알고자 하는 인간 본성에 대한 물음 사이에는 주목해야만 하는 간극이 있다.

## 과학은 답을 주지 않는다

생물학이 인간 본성에 대해 '과학적으로' 설명할 때 우리가 주의를 기울여야 하는 부분은 그 설명이 본래 무엇을 위한 설명인가 하는 것이다. 진화론 내부에서 벌어지는 이기주의와 이타주의 논쟁은 기본적으로 어떤 설명이 더 좋은 설명력을 가진 과학적 이론인지 묻는 것이다. 엄밀히 말하자면 그 논쟁은 우리가 '어떻게 살아야 하는가?'라는 가치론적인 문제의식과는 관련이 없다. 따라서 진화론적 생물학에서 말하는 인간 본성을 토대로 어떻게 살아야 하는가에 대한 답을 이끌어낸다면, 그것은 마치 빅뱅과 초끈 이론에 관한 이론적 논쟁을 통해 우리가 어떻게 살아야 할지를 결심하는 것과 같다.

물론 진화론에서 말하는 것은 물리학의 이론들과는 비교할 수 없을 정도로 인간 삶의 문제와 연결되어 있다. 인간의 특정 행동들은 생물학적 관점에서 잘 설명되기 때문이다. 그래서 에드워드 윌슨Edward Wilson은 생물학이야말로 저 멀리 떨어져 있는 물리학과 윤리학이 서로 만날 수 있는 장소라고 말하기도 한다.[51] 이렇게 해서 생물학은 인간 본성에 대한 논의를 통해 '어떻게 살아야 하는가?'라는 전통 철학이나 윤리학의 문제로 침투하고 있는 중이다.

그래서 다시 묻게 된다. 과학은 '어떻게 살아야 하는가'라는 인류의 오래된 질문에 답을 줄 수 있을까? 이기주의에 대한 비판적인 문제의식은 '어떻게 살아야 하는가'라는 가치 판단과 관련이 있다. 그런데 이런 문제에 대해 '사실을 다루는' 과학이 답을 줄 수 있을까? 근대 과학이 그랬던 것처럼 종교적 해석과 논리적 해석 사이의 갈등에서 속 시원한 판결을 내려줄 수 있을까? 홉스는 자신의 논리적인 추론에 따라, 자연에 진공이 존재할 리 없다고 보았다. 보일은 홉스의 주장을 드라마와 같은 실험으로 추방할 수 있었다. 자연과학이 삶의 문제에 대해서도 그런 심판자 역할을 할 수 있을까? 누군가는 분명 가치의 문제를 사실의 문제로 답하려는 것은 명백한 자연주의적 오류라고 답할 것이다. 가치의 문제와 사실의 문제는 엄연히 다른 영역이기 때문이다.

우리가 가치의 문제와 사실의 문제를 뒤섞으면, 목이 길고 눈이 슬퍼 아름다운 사슴을 아무런 죄의식도 없이 잡아먹는 사자를 비난할 수밖에 없다. 사실 판단의 영역과 가치 판단의 영역은 분명

51 에드워드 윌슨, 『통섭』, 최재천/장대익 옮김, 사이언스북스, 2005.

다르다. 게다가 근대 과학은 '사실만을 말할 뿐' 가치의 문제에 대해서는 판단을 하지 않겠다고 선언했다. 그럼에도 우리는 왜 인간 본성에 관한 '사실'을 토대로 어떻게 살아야 하겠다는 결심을 하게 되는가? 그 이유는 무엇보다 사실의 문제를 고려하지 않은 높은 도덕적 기준만으로는 인간 현실을 제대로 이해할 수 없으며, 더욱이 그렇게 문턱이 높은 기준으로 세상을 바꾸려는 시도는 결국 좌절할 수밖에 없을 것이기 때문이다. 그것은 그저 공허한 이상주의에 머무를 가능성이 높다.

오늘날 과학이 인간 본성에 대한 객관적인 탐구를 통해 '우리는 어떻게 살아야 하는가'라는 다분히 윤리적인 문제 영역으로 확장하고 있는 것은 분명해 보인다. 비록 근대 과학은 종교와 철학으로부터 독립해야 한다고 주장했지만, 과학적 지식이 늘어나면서 사정이 변하고 있다. 이제는 과학이 나서서 우리가 어떻게 살아야 하는지에 대해 충고하려 한다. 그것은 과거에 종교가 그리고 철학이 하던 일이었지만 그들의 무기력이 입증된 오늘날 어쩔 수 없이 과학이 구원투수로 등판해야 할 상황이 된 것이다.

도킨스가 극찬한 바 있는 정치학자 로버트 액셀로드Robert Axelrod는 다윈의 진화론에 담긴 아이디어, 즉 살아남기 위해 적응하고 생존경쟁을 해야 하는 상황에서 어떻게 협력이라는 행위가 발생할 수 있는지를 '입증'하는 실험을 소개한다. 컴퓨터 게임을 통해 어떤 생존전략을 가진 개체가 최종 승자가 되는지를 실험한 것이다. 실험의 결과는 오로지 이기주의도 아니고 그렇다고 이타주의도 아닌 '눈에는 눈, 이에는 이'tit for tat 전략이야말로 최선의 선택이라는 것을 보여준다. 장기적인 생존 게임에서 가장 강력한 생존전략은 상대가 협력하면 나도 협력하고, 상대가 배반하면 그에 대해 응징하는 전략이다. 액셀로드는 이 책의 제목을 '협력의 진화'라고 붙였다. 액셀로드에 따르면,

> "팃포탯 전략의 강건함은 신사적이고, 배반을 응징할 줄 알며, 용서할 줄 알고, 또 파악하기 쉬운 단순성에서 비롯한다. 신사적이라는 말은 결코 먼저 배반하지 않는다는 뜻이다. 이런 특성이 상대방과의 불필요한 갈등에 빠지지 않게 해준다. 단호한 응징성은 상대가 배반을 한번 시도했다가도 계속하지 못하게 한다. 또한 용서할 줄 알기 때문에 상호협력이 쉽게 회복된다."[52]

도킨스가 액셀로드에게 찬사를 아끼지 않은 것은 이기적인 존재가 잘 생존하기 위해 필요한 삶의 원칙이 '이기적으로 행동하라!'가 아니라 '일단은 상대에게 호의적으로 행동하라!'는 것이기 때문이다. 즉 많은 사람들이 낯선 상대에 대해서 일단 호의적으로 행동하기 시작하면 지속적으로 상호협력이 이루어지는 선순환의 과정이 시작될 수 있다. 합리적인 이기주의자라면 서로 협력하는 것이 좋다는 '사실'을 '과학적'으로 보여준 셈이니 얼마나 반가운 논의였을까!

과학이 현실적인 인간 삶의 윤리적 영역으로까지 확장하고 있는

---

52 로버트 액셀로드, 『협력의 진화』, 이경식 옮김, 시스테마, 2009, 208쪽.

가장 분명한 사례는 '신경윤리학'neuroethics이라는 새로운 학문의 등장이다. 도덕적 행위나 범죄의 문제를 뇌과학적 지식을 통해 이해하려고 하는 것이다. 평범한 사람이라면 상상할 수 없는 범죄를 누군가 저질렀을 때, 그의 신경 상태가 정상적이지 않아서일 수 있다. 그 경우 우리는 그에게 죄를 물을 수 있을까? 그의 '비정상적인' 상태는 술을 마신 상태에서 범죄를 저지른 것과는 다르다. 술을 마시는 행위가 자발적인 의지에 따른 것이라면, 그의 뇌신경 상태는 그의 자발적 의지로 통제 가능하지 않을 수 있기 때문이다. 게다가 만약 그의 신경 상태가 불가항력적인 재난, 예를 들면 커다란 사고를 겪고 난 뒤 유발된 정신적 질환을 앓고 있다가 그렇게 된 것이라면 문제는 더더욱 복잡해질 것이다.

신경윤리학이라는 새로운 연구 분야를 소개하는 자리에서 닐 레비Neil Levy는 이렇게 말한다.

> "신경윤리는 단지 응용 윤리의 새로운 분과가 아니다. 그것은 인간 행위, 자유와 선택, 그리고 합리성에 대한 새로운 이해를 제공해주는 전환점이다. 신경윤리는 우리가 누구인지를 숙고하는 데 도움을 주고, 우리가 번영할 수 있도록 미래를 계획하기 위한 지침이 된다."[53]

레비는 뇌과학과 신경과학적 지식이 전통 윤리학의 문제들에 새

53 닐 레비, 『신경윤리학이란 무엇인가』, 신경인문학 연구회 옮김, 바다출판사, 2017, 15쪽.

로운 전망을 제공해줄 것이라고 확신한다. 대표적 진화생물학자이지만 이기주의가 아닌 호혜적 이타주의자인 로버트 트리버스Robert Trivers 역시 레비와 비슷한 생각을 말한다. 과학이 인간 삶의 문제에 대해 해줄 말이 많다는 것이다.

> "자연과학은 다음과 같은 구조를 지닌다. 물리학은 수학에 의존하고, 화학은 물리학에, 생물학은 화학에, 원리상 사회과학은 생물학에 기댄다. 적어도 마지막 단계는 내가 절실히 바라는 것이며, 아마 머지않아 이루어지리라고 본다. 하지만 경제학에서 문화인류학에 이르기까지, 사회과학 분야들은 생물학이라는 토대와 연결되는 것을 계속 거부하고 있으며, 그리하여 참담한 결과가 빚어진다. 기초 지식에 들어맞는가라는 시험을 통과한 가정들만을 사용하는 대신에, 그 분야들에서는 뭐가 마음에 떠오르든 간에 자유롭게 자신의 논거로 삼아 그 방침을 끝까지 밀고 나간다. 그것이 아무짝에도 쓸모없다는 점을 전혀 모른 채 말이다."[54]

이후의 논의에서 트리버스는 사회과학 전공자들이 일종의 자기기만 상태에 빠져 있다고 본다. 과학의 냉정한 사실들을 외면한다는 것이다. 물론 그런 자기기만 상태는 그 자신이 말한 것처럼 일종의 진화론적 생존전략의 일환일 수 있다. 자신은 부풀리고 타인은 깎

---

54 로버트 트리버스, 『우리는 왜 자신을 속이도록 진화했을까?』, 이한음 옮김, 살림, 2013, 478쪽.

아내리는 일은 우리가 쉽게 관찰할 수 있는 진화적 군비경쟁 전략이다. 상대를 기만하기 위한 최고의 전략은 스스로를 기만하는 것이다. 트리버스의 비판은 인간 본성이 이기적이지 않다는 과학적 증거가 차고 넘치는데도 수많은 사회과학자들이 인간 본성이 이기적이라는 사실을 금과옥조처럼 믿는 것에 대한 불만의 표시이기도 했다. 트리버스의 말처럼 인간 본성이 이기적이라는 믿음 자체가 일종의 자기기만일 수도 있다. 대부분의 우리는 인간이 본성상 이기적이라고 믿는다. 그런데 재미있는 것은 정작 자기 자신은 이기적이지 못해서 언제나 손해를 본다고 생각하는 사람이 아주 많다는 것이다.

트리버스의 말처럼 과학은 자기기만을 막을 수 있는 거의 유일한 방법론일지도 모른다. 과학적 탐구는 일종의 '팩트 체크'와 같다. 무엇이 거짓인지 가려내는 것이다. 웬만한 뉴스 프로그램에서 빠지지 않는 코너인 팩트 체크는 온갖 정보와 음모론이 넘쳐나는 디지털 네트워크 사회에서 무엇보다 중요한 지적 역량이다. 객관적인 정보를 토대로 객관적인 판단을 하는 것만큼 중요한 일은 없다. 더욱이 다양한 삶의 양식이 충돌하는 가치 전쟁 상황에서 그 중요성은 말할 것도 없다. 그런 의미에서 트리버스의 주장에는 힘이 실린다. 과학이야말로 팩트 체크에서 가장 중요한 역할을 하기 때문이다.

그런데 팩트 체크의 진짜 의미는 무엇일까? 모래알 속에서 사금을 가려내듯 '진리'를 발견하는 일일까? 그렇지 않다. 팩트 체크의 방법론적 의미는 진리를 발견하는 데 있는 것이 아니라 '명백한 오류'를 가려내는 데 있다. 인간 본성이 이기적이라는 생각은 일종의 자기기만이라는 트리버스의 건강한 주장에도 불구하고, 만약 그가 자신의 환원주의적 관점을 토대로 과학이야말로 인간 삶에 대해 진리를 말해줄 것이라고 주장하려는 것이라면, 그는 과학적 방법론이 갖고 있는 건강함을 퇴색시키는 것이다. 그의 잘못은 오류를 가려내는 일을 진리를 발견하는 일과 동일시한 데 있다.

오류를 가려내는 일 자체는 진리를 발견하는 과정에 포함되는 일이지, 오류를 판결하는 일이 곧 그 반대편이 진리임을 보증하는 것은 아니다. 포퍼가 반증주의야말로 과학의 참된 방법론이라고 말할 때, 또 그런 과학의 방법론을 사회과학의 영역으로도 확장할 수 있다고 말할 때, 그가 말하고자 했던 방법론의 진짜 의미는 바로 거짓을 가려내는 팩트 체크였지 진리 주장이 아니었다.

## 과학 교양서의 잠재적 위험

도킨스가 액셀로드의 글에 아낌없는 찬사를 보낸 이유는 자신의 과학적 통찰이 갖고 있는 사회적이고 윤리적인 함축에 부담을 느꼈기 때문이었을 것이다. 사실 도킨스가 그런 부담을 느낄 이유는 없다. '이기적인' 것은 유전자지 결코 우리가 매일 부딪치는 사람들이 아니기 때문이다. 설령 유전자가 이기적이라고 하더라도 인간의 본성도 이기적이라고 결론 내리는 것은 전형적인 결합의 오류다. 인간의 '본성'이라는 개념이 무엇인지, 또 '이기심'이라는 개념이 무엇인지는 다양한 층위에서 해명되고 설명되어야 할 개념들이다. 만약 동일한 개념이 서로 다른 층위에서 사용되고 임의적인 의미로 이해된다면 그것은 주어진 현실을 이상하게 해석하게 만든다.

심리학자이자 교육학자인 레프 비고츠키Lev Vygotsky는 이른바 '과학적 분석'이 빠지기 쉬운 함정에 대해 경고한 적이 있다.[55] 누군가 물이 불을 끄는 현상을 이해하기 위해 물을 분석한다고 해보자. 그 경우 그는 분석 과정에서 물을 이루는 구성요소인 수소와 산소를 만나게 된다. 그런데 수소와 산소는 모두 불을 붙이는 물질들이다. 심지어 그 각각은 거대한 폭발을 일으킬 수 있는 물질이기도 하다. 그런 불쏘시개들을 모아 불을 끈다는 것은 이상하지 않은가? 비고츠키는 우리가 이렇게 이상한 결론에 도달하는 이유는 질문과 분석의 층위가 맞지 않기 때문이라는 점을 강조한다.

우리가 어떤 질문을 던지고 그 대답에 만족하기 위해서는 그 대답이 질문의 본래 의도와 관계가 있어야 한다. 이러한 화용론적 관점에서 과학이 밝혀주는 인간 본성이 과연 우리 질문에 잘 들어맞는 것인지 따져봐야 한다. 우리가 인간 본성을 궁금해 하는 이유는 단순한 지적 호기심 때문이 아니라 어떻게 살아야 하는지와 같은 윤리적인 문제들 때문이다. 그것은 전형적인 가치 전쟁의 국면에서 던져진 질문들이다. 그러므로 그 문제는 단순히 과학적 사실만으로 대답될 수 없다. 누군가 그 문제를 과학적 사실만을 가지고 대답하려고 시도한다면, 그는 아주 교묘하게 문제를 뒤섞고 있는 셈이다. 그것은 사실상 근대의 과학혁명이 거부했던 가치와 사실

55 레프 비고츠키, 『사고와 언어』, 이병훈 외 옮김, 한길사, 2013, 37쪽 이하 참조.

의 혼동을 반복하는 것이다. 근대 이전의 세계가 가치의 문제로 사실을 재단하려 했던 데 반해 오늘날에는 과학적 사실을 토대로 가치의 문제를 재단하려 한다는 점만이 다를 뿐이다. 과학계에서 대중의 관심을 끄는 이기주의 대 이타주의 논쟁은 개체와 집단(공동체) 사이의 갈등의 또 다른 버전이자 과학과 철학, 그리고 사회과학이 뒤섞인 전형적인 가치 전쟁이라고까지 말할 수 있다.

교양을 갖추고자 하는 독자들은 서점에서 아주 흥미로운 과학 교양서들을 보곤 한다. 그런데 이러한 대중적인 과학 교양도서가 지닌 잠재적인 위험은 가치와 사실의 혼동을 증폭시킬 위험이 있다는 것이다. 대중에게 과학 지식을 전달해야 하는 저술가들은 그런 과학적 사실과 지식에 대한 해석 과정에서 자신이 옳다고 믿는 삶의 가치들을 과학적 사실과 뒤섞곤 한다. 그 덕에 과학에 대한 독자의 기대는 점점 더 커지게 된다. 어떻게 살아야 하는지에 대한 문제에 대해서도 과학자들의 지혜에서 답을 구할 수 있을 것이라고 기대하는 것이다. 그런데 과연 과학이 그런 문제들에 대해 답을 해줄 수 있을까?

최근 우리 사회에서도 논란이 된 낙태죄의 문제를 생각해 보자. 한쪽에서는 그런 행위가 일종의 살인행위라고 말한다. 또 반대쪽에서는 엄마의 의사와 무관한 출산 결정은 한 인간이 자신의 신체에 대해 행할 수 있는 '자기 결정권'을 침해하는 엄연한 인권 침해라고 말한다. 이 경우 임신 몇 주까지는 낙태를 허용하는 안이 현실적인 중재안이 될 수도 있다. 그렇다면 이때 고시되는 기간(정부는 14주, 헌법재판소는 22주) 이전과 이후의 태아는 인간 아닌 존재와 인간이 된 존재로 나뉘는 것인가? 태아를 언제부터 인간으로 간주하고, 그 이전은 인간이 아닌 존재로 간주하는 이런 판단의 근거가 과학에 있을까? 물론 이 경우에도 과학은 인간과 인간 아님을 가름하는 어떤 기준을 제시해줄 수는 있다. 그러나 그 기준 자체는 과학적 사실이라기보다는 어떤 사실에 대한 '해석'이며 그런 한에서 합의 당사자들의 가치 판단에 의존한 것이다. 과학적 지식은 우리가 답을 찾고자 할 때 참조해야 하는 아주 중요한 보조자료일 뿐이다. 궁극적으로는 우리 스스로가 당면한 문제에 대해 어떻게든 가치 판단을 내려야 한다. 그 가치 판단의 이념적 지향점은 과학으로부터 오는 것이 아니라 인간의 의지로부터 온다. 그래서 인간의 본성이 이기적이든 이타적이든, 중요한 것은 그 사실 자체가 아니라 그런 사실을 해석하는 당사자들의 생각과 의지다.

## 오언이 실패할 수밖에 없었던 이유

누구든 부당한 억압을 받지 않고 주어진 여건 속에서 자유롭게 자신의 삶을 향유할 수 있어야 한다는 것, 이 선언은 근대가 시작될 때부터 오늘날까지 인류가 포기하지 않은 정치적 이념으로서 건강한 개인주의가 지향하는 것이다. 오늘날 우리 사회에서 드러나는 많은 문제는 이러한 개인주의 이념이 사실상 공허한 이상에 머물러 있기 때문이다. 그 공허함은 윤리적 혹은 정치적 이상과 현실 사이의 간극으로부터 유래한다. 거짓말을 해서는 안 된다는 것을 잘 알고 있지만 거짓말을 하게 된다. 타인을 배려해야 한다는 것도 잘 알고 있지만 생존경쟁이 벌어지고 있는 현장에서 그렇게 하기는 쉽지 않다. 이상과 현실 사이의 간극에 대한 체험은 호네트의 지적처럼 사회 변혁의 의지와 희망을 꺾어 버린다.

모두가 자유롭고 평등한 사회라는 이상은 우리가 바라는 미래 비전이다. 그런 의미에서 이상은 언제나 어떤 희망을 시각화한다. 그러나 현실로부터 너무 멀리 떨어져 있는 이상은 기약 없는 희망이며 일종의 고문이다. 한때 우리 사회를 감동시켰던 표현인 '아프니까 청춘'이라는 말이 '아프면 환자다!'라는 말로 바뀌고 만 것처럼 이상과 현실 사이에 존재하는 간극의 크기와 우리의 실천적 무능력은 비례하는 것처럼 보인다. 따라서 문제는 이상과 현실 사이의 간극을 좁히는 일이며, 그 간극이 점점 더 커지지 않도록 관리하는 일이다. 이를 위해서는 먼저 문제의 간극을 유발하는, 혹은 그 간극을 커지게 만드는 원인을 분명히 해야 한다. 또 그런 일을 하는 주체가 누구인지도 분명해져야 한다. 비록 사회의 복잡성이 그 일을 어렵게 만들고 있다고 해도 그 일을 외면하고서는 문제 해결은 요원하다.

사실 우리는 이미 문제의 원인이 무엇인지 알고 있다. 다만 어떻게 해야 하는지에 대해서 일치된 생각에 도달하지 못하고 있을 뿐이다. 바로 이러한 상황이 우리를 머뭇거리게 한다. '우리를 이기적으로 행동하게끔 자극하는 사회가 확실히 문제고, 그런 사회에 저항하기를 주저하는 것도 문제다… 하지만 더 좋은 사회를 위해서는 무엇을 어떻게 해야 하는지는 분명하지 않다….' 우리를 머뭇거리게 할 것들은 차고 넘치며 이내 우리는 지치기 시작한다.

다시 과학적 사실로 돌아가 보자. 진화론이 우리에게 알려준 것은 모든 생명체가 본성상 이기적이라는 사실, 좀 더 정확히 말하자면 자기 보존을 최우선의 가치로 생각한다는 것이다. 다른 한편 진화론에는 또 다른 주장도 있다. 모든 개체는 환경 변화에 적응하는 과정에서 그 행동 특성 역시 변할 수 있다는 것이다. 그런데 이 두 주장을 모두 받아들인다고 해도, 우리는 이기주의자가 될 수밖에 없다. 왜냐하면 적어도 우리가 보기에 이 세상은 이기적으로 행동하도록 선택 압력을 가하는 환경이기 때문이다.

경쟁이 주는 효율성을 극대화하기 위해 사회는 점점 더 승자독식 구조를 심화시키고 있고, 따라서 나는 내 자신을 지키기 위해 어쩔 수 없이 이기주의적으로 행동할 수밖에 없다. 게다가 시장 참여자들이 한결같이 자신의 상대가 이기주의적으로 행동할 것이라고 믿는 한에서는 더더욱 그렇다. 진화생물학자들이 진화론에서 어떻게든 이타주의를 구해내려고 노력하는 것은 바로 이러한 논리적 귀결을 어떻게든 피하고 싶은 '철학적인' 고민의 결과인지도 모른다.

그런데 만약 우리가 그런 환경을 바꿀 수 있다면 어떻게 될까? 이기주의자에게 기울어진 운동장이 아니라 타인을 존중하고 배려하는 것이 기본 규칙이 되는 운동장으로 바꾸면 어떻게 될까? 그런 환경 변화에 적응하다 보면 인간의 행동 특성 역시 변할 수 있지 않을까? 인간의 행동이 주변 환경에 의해 영향을 받는다는 것은 진화론이 세상 빛을 보기 훨씬 이전부터 자연스럽게 받아들여진 통속심리학적 믿음이었다. 맹자의 어머니가 자식 교육을 위해 세 번

이사를 했다는 고사는 인간성 형성에 있어 환경의 중요성에 대해 우리 조상들이 얼마나 굳게 믿었는지를 보여준다. 계몽주의자이자 협동조합 운동의 아버지라고 여겨지는 로버트 오언Robert Owen의 사례는 우리에게 많은 시사점을 준다.

마르크스가 공상적 사회주의자라고 비판했던 로버트 오언은 인간 본성을 규정하는 것은 바로 환경이라고 보았다. 실제로 스코틀랜드의 뉴래너크에서 그가 시도했던 사회적 실험은 성공적이었다. 오언은 그 성공을 자신의 믿음에 대한 경험적 증거라고 생각했다. 18세기 말과 19세기 초 영국의 상황은 한 마디로 암울했다. 새로운 지배 세력으로 등장한 자본가 계급은 자유주의자들의 정치적 지원 아래서 농업 생산성을 높이기 위한 다양한 실험들을 했고, 2차 인클로저 운동으로 인해 땅을 잃은 농부들은 날품팔이 노동자가 되어 도시로 모여들었다. 뉴래너크 역시 마찬가지였다. 빈민은 넘쳐났으며 생활환경은 열악했다. 크고 작은 범죄도 끊이지 않았다. 그 때문에 치안 유지를 위한 처벌은 엄했다. 오언은 그 상황을 이렇게 비유한다.

> "아이가 죄를 짓도록 강요받으며 한 해를 보내고 10년, 20년, 30년이 지난 뒤에 그 죄를 배웠다는 이유로 사형에 처해져야 하는가? 분명히 그것은 견딜 수 없는 일이다."[56]

---

56 로버트 오언, 『사회에 관한 새로운 의견』, 하승우 옮김, 지식을만드는지식, 2012, 37쪽.

타고난 성실성과 노력으로 뉴래너크 공장의 경영권을 갖게 된 오언은 삶의 환경부터 바꾸기 시작했다. 노동자들에게 집을 청결히 하고 질서를 지키게 했으며, 술을 덜 먹게 했다. 초반에 의심이 많았던 사람들이 마침내 변화하기 시작하자 마을은 눈에 띄게 달라졌다. 오언이 특히 공을 들인 것은 어린아이들과 젊은 세대를 교육하는 일이었다. 면밀한 계획 아래서 유치원을 운영했고, 젊은 친구들에게는 노력을 통해 성공할 수 있다는 믿음을 심어주기 위해 애썼다. 이윽고 뉴래너크는 변화하기 시작했다. 사람들이 변화하면서 공장의 생산성도 높아졌다. 뉴래너크는 사회 혁신을 꿈꾸던 지식인들이 반드시 방문해야 하는 곳으로 변모했다. 오언의 철학은 직선적이고 단순했다.

> "아이들은 모두 수동적이고 놀라우리만큼 인위적인 구성물이다. 지속적으로 세심한 관심을 미리 주면 아이들은 그 주제에 관한 올바른 지식을 구성하고 어떠한 인간성이라도 집단적으로 형성할 수 있다. 다른 모든 자연의 작품처럼 이 아이들도 정말 다양하지만 아이들은 참을성 있게 올바른 관리를 받으면 합리적인 바람과 욕망의 기대에 맞는 형태로 만들어질 수 있다."[57]

오언이 확신했던 원리는 이런 것이었다.

---

57 같은 책, 30쪽.

“최고의 것이든 최악의 것이든, 또는 가장 무지한 것이든 가장 계몽된 것이든 간에 보통의 성격은 적절한 수단—이런 수단들 대부분은 인간사에 영향력을 미치는 사람들의 명령과 통제를 받는다—이 적용되면 어떤 공동체에, 더 크게는 세계에 자신의 특성을 물려줄 수 있다.”[58]

오언은 사람들이 자신의 제안에 대해 공상적이라고 말할 것이라는 것을 잘 알았다. 찰스 디킨스의 소설 『올리버 트위스트』가 보여주듯이, 당시의 많은 사람들은 인간 본성이 그렇게 쉽게 바뀌지 않는다고 믿었기 때문이다. 하지만 오언은 포기하지 않았으며 게다가 자신의 실험은 성공적이었다. 그가 인간의 행동 특성을 바꾸기 위해 중요하게 생각한 것은 올바른 삶의 모습을 어린 동료들에게 심어주는 것이었다. 오언은 당시 교육 방법의 혁신을 이끌었던 앤드류 벨과 조지프 랭커스터의 새로운 교육방법을 비판하면서, 가르침의 방식보다 더 중요한 것은 가르침의 내용이라고 말한다. 다시 말해 교육의 방법론도 중요하지만 그것보다 더 중요한 것은 ‘무엇을 가르칠 것인가’라는 얘기였다.[59]

얼핏 오늘날의 세련된 포스트모던 지식인이라면 오언의 생각을 두고 한 개인의 주체성을 전혀 고려하지 않는 낡은 계몽주의적 교육관의 전형이라고 평가할지도 모른다. 오언의 교육은 마치 벽돌

58 같은 책, 26쪽.
59 같은 책, 107 이하 참조.

을 찍어내듯 획일화된 내용을 주입하는 교육으로 전락할 위험이 있기 때문이다. 그것은 오늘날 중요하게 여기는 아동의 인권을 침해하는 교육이 될 것이다. 그러나 오언은 아동들에게 올바른 것을 가르치기 위해 적절한 환경을 만들어주는 것이야말로 아동의 인권을 보호하는 길이라고 믿었다.

오언은 자신의 철학이 뉴래너크의 실험을 통해 입증된 것으로 보았다. 그는 자신의 성공을 바탕으로 자신의 아들과 함께 미국으로 건너가 '뉴하모니'라는 새로운 공동체를 건설한다. 더 큰 세계에서 더 큰 실험을 시도한 것이다. 그러나 유감스럽게도 두 부자의 야심찬 시도는 결과적으로 실패했다. 그는 우선 그런 종류의 공동체가 종교적 색채를 지니는 것에 반대했다. 뉴하모니를 건설하기 위해 그가 매입한 땅도 종교단체로부터 사들인 것이었다. 뉴하모니의 초창기는 성공적이었다. 사람들은 협력했으며 공동체의 질서도 잘 유지되었다. 그러나 시간이 지나자 내부에서 종교의 역할이나 정치적 관점에서 이견이 드러나기 시작했다. 비록 더 좋은 공동체를 위한 건강한 충돌이었다고 해도 결과적으로 그런 충돌은 공동체를 갈등의 상황으로 몰아갔다. 미국이라는 새로운 정치적 실험의 장에서 오언 부자의 기획은 길을 잃었다. 뉴하모니에서의 오언의 실험은 말하자면 가치 전쟁으로 인해 좌절하고 말았다.

마르크스가 오언을 공상적 사회주의자라고 비판한 것은 그가 노동자들의 계급투쟁을 통한 혁명이 아니라 부르주아적 사고에 기댄 채 인간성의 개선을 목표로 하는 비현실적인 이상을 가졌다고 보았기 때문이다. 오언은 인류의 진보를 믿어 의심치 않았던 프랑스의 콩도르세Marquis de Condorcet와 마찬가지로 진실하고 소박한 계몽주의자였다. 제조업체 관리인들에게 보낸 인사말에서 오언은 이렇게 말한다.

> "잘 수리된 기계의 경우 효율적인 사용과 관리 모두가 훌륭합니다. 기계의 작동이 쉽고 정상적이며 성공적입니다. 그렇지 않은 기계의 경우 정반대의 결과가 나타날 수밖에 없고, 공정 전체를 관리하는 사람이나 도구에 충돌과 혼란, 불만을 일으켜서 많은 손실을 가져오지 않을 수 없습니다. 따라서 생명 없는 기계의 상태를 적절히 관리하는 것이 그런 유익한 결과를 가져올진대, 그런 기계보다 훨씬 더 훌륭하게 만들어진 살아있는 기계에 똑같이 관심을 쏟는다면 무엇이든 기대해도 좋지 않을까요?"[60]

비록 마르크스와 오언이 역사를 보는 관점은 판이했지만 그들은 환경이 인간의 행동 성향을 결정한다는 점에 있어서는 비슷한 견해를 갖고 있었다. 마르크스와 오언이 공유하고 있던 세계관은 근대 과학이 문을 열어준 기계론적 세계관이었다. 기계론적 세계관과 법칙적 설명 방법의 성공은 그런 법칙이 자연만이 아니라 사회와 인간에 대해서도 작동할 수 있을 것이라는 희망을 심어 주었다. 일단 희망의 싹이 트면 그것은 계속 자라기 마련이다.

인류가 자연법칙에 대한 앎을 통해 자연의 일부를 통제할 수 있

60 같은 책, 39쪽.

게 된 것처럼, 사회법칙을 알게 되면 사회도 '우리가 원하는' 방식으로 변화시킬 수 있을 것이다. 인간에 대해서도 마찬가지다. 오언이나 콩도르세와 같은 근대의 계몽주의자들은 우리가 적절한 환경을 구성하고 잘 교육하면 한 인간을 이상적인 인간형에 수렴시킬 수 있다고 보았다. 미국의 행동주의 심리학자였던 스키너B. F. Skinner 역시 환경 조작을 통해 한 인간을 사회가 원하는 방식으로 개조할 수 있다는 '과학적 신념'을 가진 심리학자였다. 그러나 이들의 확고한 신념은 결과적으로 그리 환영받지 못했다. 오언의 실패가 그랬고, 스키너의 이론 역시 격렬한 비판에 시달려야 했다. 인간은 결코 기계가 아니기 때문이다.

## 밀레니얼 세대의 현명함

오늘날과 같이 개인의 자유와 개성을 강조하는 포스트모던 사회에서 한 인간을 어떤 이상적인 인간상으로 수렴시키는 일은 반인권적인 교육이라는 비난을 받을 가능성이 크다. 무엇보다 이상적인 인간상이라는 개념 자체가 문제다. 특정 인간상을 '이상적'이라고 말하는 것 자체가 하나의 교조적인 이데올로기일 가능성이 있기 때문이다. 그런데 역설적이게도 오언의 실패는 오늘날 우리의 교육 현실을 뒤돌아보게 만든다.

오늘날 교육학에서는 아동의 주체적 권리를 강조한다. 그런 점에서 분명 오언의 시대와는 다르다. 1989년 공표된 유엔 아동권리협약을 보면 아동은 발달 수준에 맞는 생활수준을 누릴 권리가 있고, 차별을 받아서는 안 되며, 아동 자신에게 최선의 이익이 되도록 배려 받아야 한다. 또한 아동은 (정치적, 종교적 문제를 포함하여) 고유한 의사표현의 권리도 갖는다. 이러한 아동의 권리와 주체성이 목표로 하는 것은 자율성이다. 그것은 한 개인으로서 자신의 삶을 꾸려나갈 힘이거니와 민주주의 사회의 시민으로서 갖추어야 할 지적 역량이기 때문이다. 이러한 원칙들에 걸맞게 수많은 어른들이 아동들을 향해 가능한 한 마음껏 뛰어놀며 꿈을 키우라고 말한다. 그러나 현실은 반대다. 마음껏 뛰어놀았다가는 낙오자가 되기 십상이다.

장 자크 루소에 따르면, 가장 나쁜 교육은 교실에서 가르치는 것과 현실이 다를 때다. 이른바 '밀레니얼 세대'는 그런 모순의 희생양이다. 그들의 선배 세대들, 특히 정치적 민주화를 이루어 낸 세대들은 젊었을 때 사회적 정의와 관련한 보편적 가치들이 있다고 믿었다. 그리고 자신들의 의지로 사회를 바꿀 수 있다고 믿고 행동했다. 그러나 정작 자신의 자식들에 대해서는 치열한 경쟁에서 승리자가 되기를 원했다. 그리하여 전장에 나서는 자식들을 위해 자신들이 가진 힘을 아끼지 않았고 때로는 편법조차 마다하지 않았다. 그것은 그들이 부모가 되었을 때, 한국 사회가 신자유주의의 영향권에 편입되었기 때문이다. 경쟁은 치열했으며 상시화되었다.

이렇게 치열한 경쟁 사회이면서도 동시에 개인의 자유를 중시하는 사회에서 성장한 세대가 바로 밀레니얼 세대다. 신자유주의적 경쟁 문화와 개인주의는 얼핏 잘 어울리는 듯 보이지만 현실에서는 조화로운 균형을 유지하기 어렵다. 승자독식에 가까운 경쟁 문화와 타인의 권리에 대한 적극적인 배려는 양립하기가 쉽지 않다. 때문에 그런 환경 속에서 성장해온 밀레니얼 세대를 일의적으로 규정하기도 쉽지 않다.

예를 들어 밀레니얼 세대는 치열한 경쟁을 당연하게 여기기 때문에 공정성에 대한 감수성이 예민하다. 어떤 기업이 공정성을 훼손했다고 여겨지면 불매운동을 일으킬 정도다. 설령 그 기업의 제품을 사용하지 않아서 나의 선택권이나 내 지갑에 불리한 영향을 미친다고 하더라도 괘념치 않는다. 이런 관점에서 보면 어떤 보편적인 사회적 가치에 대한 일관된 견해가 있는 것처럼 보이는 세대다. 그러나 다른 한편 바로 그 공정성 때문에 편이 갈라지기도 한다.

경제 여건에 따른 계층 분화가 고도화되고 그런 여건들이 사회적 경쟁에서 중요한 영향을 미치는 현실을 생각해보자. 경쟁에서 이긴 누군가는 자신이 누리는 상대적인 혜택을 당연하게 받아들인다. 경쟁에 순치된 탓에 승자에게는 승자의 몫이, 패자에게는 (안타깝지만) 패자의 몫이 배정되어야 공정하다. 그래서 사회적 성취를 통해 계급의식을 강화하고 자신들의 도덕적 관념에 위배되는 사람들에 대해서는 혐오 발언도 서슴지 않는가 하면, 심지어 그것을 당연한 처벌이라고 생각하기까지 한다. 반면 또 다른 누군가는 경쟁의 승자들을 향해 그 승리의 이유를 따져 묻는다. 만약 그가 유복한 부모 밑에서 자란 덕분이라면 그 승리는 공정하지 않다고 말한다. 어느 경우든 공정성을 말하지만, 그 의미는 맥락에 따라 다르다.

게다가 다양한 삶의 양식과 개인적 자유에 대한 감수성 또한 높아서 각자 자신의 행복에 관한 선명한 기준도 갖고 있다. 그저 기성세대가 강요하는 기준들에 순응할 생각은 추호도 없다. 이들은 기성세대의 도덕적 관념과 낡은 질서에 도전한다. 이 때문에 기존의 질서에서 보면 부적응자 혹은 문제유발자로 보일 수도 있으며 지나치게 개인주의적으로 보이기도 한다. 그런데 이들의 개인주의는 이기주의적인 개인주의가 아니라 타인에 대한 무관심한 개인주의다. 그 무관심은 이기주의적으로 행동하기를 강요하는 기존 사회질서에 대한 자연스러운 반작용일 뿐이다. 자신의 자유를 지키고 낡은 질서와의 충돌을 피하기 위해 무관심이라는 전략을 택한 것이기 때문이다.

간단히 말해 이 밀레니얼 세대는 다양한 가치 전쟁이 상존하는 세상의 주인공이며, 따라서 같은 세대라고 하더라도 삶의 지향점이 극단적으로 대립하기도 하는 매우 분화된 정체성을 갖고 있는 세대이기도 하다. 그 때문에 기성 사회에서 이들 세대를 보는 관점 역시 극단적으로 양분되곤 한다. 이해할 수 없는 세대로 여기거나 새로운 희망을 볼 수 있는 세대로 여기기도 한다.

분명한 것은 이 밀레니얼 세대가 적어도 한국 사회에서는 포스트모던 다문화 시대와 함께 성장한 세대들이며, 디지털 네트워크 환경에서 태어나고 성장한 세대라는 것이다. 한편으로는 가치 전쟁에 익숙하기 때문에 타인의 선택을 최대한 존중하려고 하고, 그렇게 타인을 존중하다 보면 자신의 자유를 누릴 공간이 적어지기 때문에 가능한 한 타인과 깊은 관계를 맺지 않으려고 한다. 어떻게 살아야 하는가라는 물음에 대해 이 세대가 선택한 대답은 '타협'이다.

내 자유가 중요하기 때문에 마찬가지로 타인의 자유도 존중되어야 한다. 그것은 정의롭고 공정하다. 다만 이렇게 서로의 자유를 주장하다보면 충돌이 불가피하므로 가능한 한 그런 충돌이 일어날 경우의 수를 줄이는 것이다. 혼자 사는 삶을 도리어 편하게 생각하는 이유다. 대신에 자신들의 관점에서 명백하게 '분노할 수 있는 대상'을 만나게 되면 자신의 내면에 웅크리고 있는 모순들, '더 좋은 사회'라는 보편적 가치에 대한 열망과 더불어 치열한 경쟁 사회에서 생존해야만 하는 내적 모순으로 인해 억압받고 있던 감정들이 폭발한다. 이런 이유로 밀레니얼 세대는 정치에 대해 무관심해 보이면서도 문제 사안에 따라서는 매우 정치적인 행동 방식을 보이곤 한다.

디지털 네트워크는 이런 세대의 의사소통 방식을 극적으로 지원하고 있다. 정보는 빠르게 공유되고 확산된다. 그래서 부당하다고 여겨지는 것들에 대해서는 쉽게 연대하고 분노할 수 있다. 게다가 차이를 존중하는 감수성과 디지털 기술에 대한 뛰어난 문식력은 새롭고 창의적인 행동양식들을 발견해내기도 한다. 반면 자본주의 시장경제와 경쟁 체제에 의해 순치된 생각들로 인해 이해관계의 상황이 달라지면 기존의 연대는 재빠르게 와해된다. 밀레니얼 세대의 이 현명함은 기존의 도덕적 관념에서 보면 본질적으로는 타인에 대한 무관심에 가깝다.

더욱이 그들이 혐오하는 낡은 사회 질서가 변하지 않는 상태에서 이들의 무관심이 지속될 경우 희망을 말할 여지는 별로 없어 보인다. 현대 사회를 걱정하는 수많은 이론가들이 '연대'를 강조하는 이유도 여기에 있다. 이 세대가 안고 있는 잠재적인 위험을 어떻게 설명할 수 있을까? 밀레니얼 세대의 '현명함'은 우연히 나온 것이 아니다. 그것은 그들의 부모 세대에게서 배운 것이다. 설령 그것이 반면교사라 할지언정.

오언의 실패는 소박한 계몽주의의 실패였다. 이상적인 인간이라는 교조주의적 이념은 20세기의 역사를 관통하며 좌절했다. 근대의 계몽주의는 도리어 개인의 자율성과 자유를 억압하는 전체주의라는 사생아를 출산했으며, 그것은 개인의 자유라는 근대가 본래 추구했던 이념에 역행하는 것이었다. 계몽주의를 비판한 포스트모던은 선대의 잘못을 비판하며 새롭게 출발했지만 그 태생이 예고하듯 반대의 극단으로 이행해버리고 말았다. 진리는 상대화되었고, 거대 서사의 붕괴 속에서 모든 것은 개별화되었다. 우리 사회에서 '개인주의'가 여전히 부담스러운 단어로 들리는 까닭은 계몽적 근대와 그런 근대에 저항한 포스트모던이라는 문화적 극단 사이에서 우리가 여전히 흔들리고 있기 때문이다. 우리는 어떻게든 가운데 길을 찾아야 한다.

# 5장 사잇길을 찾아서

## 스미스 대 폴라니

'어떻게 살아야 하는가?'라는 문제는 우리 사회가 여전히 답을 찾지 못하고 있는, 어쩌면 앞으로 점점 더 그 답을 찾기 어려울지도 모르는 문제이다. 우리가 인간 본성에 대해 관심을 갖는 까닭은 인간 본성에 대한 앎이 '어떻게 살아야 하는가'라는 실천적인 문제에 대해 해답의 실마리를 줄 것이라고 믿기 때문이다. 하지만 지능을 탑재한 기계를 만들어내는 오늘날에조차 인간 본성에 관한 문제만큼은 아직 인류가 가보지 못한 바다 깊은 곳의 사정이나 다를 바 없다. 다만 인간이 본성상 이기적이며 사회가 작동하는 방식 역시 인간의 이기심을 전제로 할 때만 설명될 것이라고 믿어버리는 태도는 분명 문제가 있다. 그것은 어떤 사실에 관한 지식이라기보다는 설명적 가설일 뿐이다.

물론 그 가설은 매우 직관적이어서 오랜 시간 동안 우리의 관념을 지배해온 것도 사실이다. 그 덕에 사회적 질서 역시 그런 관념을 공리로 삼아 설계되었다. 심지어 사회적 정의와 공정성에 대해 예민한 감수성을 가진 새로운 세대마저 세상은 이기적인 사람들로 가득 차 있다고 믿는다. 사회적 정의에 대한 그들의 예민한 감각은 이기적인 세상에서 살아가야 하는 자신에 대한 자조적 위안으로부터 나온 것인지도 모른다. 그들은 생물학의 도움을 받아 이기적인 사람들의 세상이라는 개념이 하나의 가설적 개념이라기보다는 명백한 사실을 기술한 것이라고 믿는다. 『거대한 전환』을 쓴 칼 폴라니는 이렇게 막연한 관념이 하나의 사실로 간주될 때 사회가 어떻게 변화할 수 있는지를 잘 보여준다. '자기조정 시장'이라는 근대 자유주의 경제학의 핵심 개념이 그 좋은 사례이다.

폴라니는 '자기조정 시장'이라는 허구적 개념이 서구 경제학에 얼마나 큰 영향을 미쳤는지를 분석한다.[61] 먼 옛날, 세상에 시장이 만들어지고 화폐가 생겨난 과정을 상상해 보자. 이러한 상상의 대가는 바로 애덤 스미스인데, 그는 제일 먼저 인간에게 '교환'의 본성이 있다는 생각으로부터 시작한다. 그래서 자기가 쓰고 남은 물건을 다른 사람과 교환하기 시작하고, 그 교환의 규모가 커져서 시장이 만들어지고, 시장에서 교환을 쉽게 하기 위해 화폐가 만들어지고, 화폐의 효율성으로 인해 시장이 더 커지는 선순환의 단계에 들어가는 과정을 그려낸다.

『국부론』에서 묘사한 시장의 발생과 성장에 관한 사고실험은 매

61 칼 폴라니, 『거대한 전환』, 6장 참조.

우 직관적이다.[62] 일단 인간에게 교환 본성이 있다는 가정을 받아들이기만 하면(종종 우리는 어린아이들이 서로의 장난감을 바꾸어 노는 광경을 목격하곤 하는데), 나머지 과정은 자동적으로 진행될 것만 같다. 이는 홉스가 우리가 인간의 세 가지 본성—경쟁, 불신, 명예욕—을 인정한다면 필연적으로 '만인 대 만인의 싸움'에 이른다고 믿었던 것과 구조적으로 동일하다. 뉴턴이 우주 속 만물의 움직임을 설명할 때 그랬던 것처럼, 애덤 스미스 역시 기계론적 법칙으로 경제 현상을 설명하고자 했다.

시장에 관한 기술적 설명은 계승했지만 정작 도덕적 신중함은 물려받지 않은 스미스의 후예들은 시장에는 확실히 '자기조정 기능'이 있다고 믿었다. 수요가 많아지면 가격이 올라가고, 그렇게 가격이 올라가면 수요가 줄고, 수요가 줄어들면 다시 가격이 떨어지는 일종의 균형 찾기 과정이 자기조정 기능이다. 그러나 폴라니는 이러한 시장의 자기조정 기능이 근대 경제학이 발명해낸 가장 큰 허구라고 본다. 그런데 그 허구가 진실을 몰아내고 사회 체제를 바꾸어 버렸다는 것이다.

폴라니에 따르면, 인류 역사에서 자원의 재분배가 일어나게 되는 것은 스미스주의자 혹은 대다수 자유주의자들의 설명처럼 개인의 합리적 의사결정에 따른 '교환' 행위를 통해서가 아니다. 문화인류학자들의 실증적 연구에 의지해서, 폴라니는 재화의 분배가 일어나는 것은 '이익'이라는 경제적 동기에 의해서가 아니라 비경제

62 애덤 스미스, 『국부론』, 유인호 옮김, 동서문화사, 2011, 2장 및 4장 참조.

적 동기 때문이었다고 주장한다. 예를 들면, 사회적 지위나 권리 같은 것들이다. 누군가가 다른 사람에게 어떤 물건을 제공하는 것은 모종의 '교환'을 통해 자신의 이익을 늘리려는 것이 아니라 자신이 공동체에서 어떤 사람인지를 보여주는 상징적인 행위라는 것이다. 우리가 물질에 가치를 부여하고 집착하는 대부분의 경우는 (순전히 생존과 관련된 물질이 아닌 한에서는) 자신의 사회적 지위나 권리를 지키기 위해서이지 그저 이익을 얻기 위해서만은 아니다.

물론 이러한 사회적 지위나 권리마저도 '이익'이라는 개념으로 치환하고 그 이익을 다시 정량화함으로써 인간을 경제적인 동물로 해석해낼 수는 있지만, 그런 해석은 너무 작위적이다. 자신의 명예를 위해 모든 것, 심지어 목숨까지 내놓는 경우를 두고도 그런 행위마저도 사실은 경제적인 이익을 우선시하기 때문이라고 설명할 수 있을까? 그런 설명은 인류의 역사가 증언하는 것과는 다르다. 그럼에도 우리는 종종 모든 것을 경제적인 이해관계로 해석하려는 태도들을 보곤 한다. 그리고 그런 주장을 고집하는 사람들에게 당신의 설명 방식은 근대 이후에야 생겨난, 더구나 가설적 성격의 것이라고 이야기해봐야 소용없는 일이다. 왜냐하면 우리가 살고 있는 지금 이곳의 수많은 사람들이 바로 그런 설명적 모델을 하나의 '사실'로 간주하고 있기 때문이다.

스미스주의자들과 폴라니의 차이는 인간을 바라보는 관점의 근본적인 차이로부터 발생한다. 스미스주의자들은 합리적이고 자유로운 개인을 전제한다. 반면 폴라니는 그런 '개인'은 사실상 논리적으로 요청된 개념일 뿐 실제의 인간은 '사회적 존재' 즉 공동체적 존재라고 본다. 이러한 대립적인 설명 모델은 경제 분야뿐 아니라 사회학이나 윤리학 분야에서도 반복된다. 크게 보면 이러한 대립은 정치적 자유주의liberalism와 공동체주의communitarianism의 노선 갈등으로 옮길 수도 있다.

비록 세부적인 각론에 있어서는 자유주의 진영이나 공동체주의 진영이나 모두 다양한 스펙트럼을 갖지만, 넓은 의미에서 보면 자유주의는 개인의 자유를 가장 중요한 가치로 보는 데 반해, 공동체주의의 일반적 경향은 개인의 자유보다는 공동체적 가치를 더 중시한다. 왜냐하면 개인의 자유는 공동체를 전제로 할 때 비로소 의미가 있으며, 인간 본성 자체가 공동체적이기 때문이다. 물론 공동체주의의 '적'은 결코 개인주의가 아니다. 공동체주의가 진정으로 극복하고자 하는 입장은 개인주의로 위장된 이기주의다. 공동체주의자들에게도 개인의 자유는 대단히 소중한 가치다.

## 자유주의와 공동체주의

대표적인 공동체주의자의 한 명으로 윤리학의 위기, 나아가 현대인의 삶의 위기를 말했던 철학자 매킨타이어Alasdair MacIntyre는 현대 사회의 도덕적 위기는 '보편타당한 도덕적 기준의 부재' 때문이라고 말한다.[63] 이러한 진단은 1960년대 이후 서구 사회를 중심으로 빠르게 확산된 포스트모던적 다원주의가 일상의 삶에서 빚어낸

63 알래스데어 매킨타이어, 『덕의 상실』, 이진우 옮김, 문예출판사, 1997, 14쪽.

효과에 대한 비판이었다. 보편적이고 절대적인 것들에 대한 회의, 심지어 비아냥거리는 지적 문화가 도덕적 위기를 초래했다는 것이다. 이러한 지적 회의주의는 다원주의나 문화상대주의를 강조하는 우리 시대의 에토스와도 닿아 있다. 보편적 진리를 외치는 사람은 종교적 열정이 넘치는 사람이거나 시대적 감각이 무딘 사람으로 여겨진다. 더 운이 안 좋으면 꼰대로 몰릴 수도 있다. 우리는 각자가 당연하게 여기는 것들을 외치고 있지만, 정작 모두에게 당연한 것은 실종 상태다. 다행히 곧 해체되어 버릴 것만 같은 사회를 아슬아슬하게 묶어주고 있는 가치는 있다. 인권과 공정성이다. 물론 그마저도 실질적 내용에 대해서는 사람마다 생각이 다르다.

매킨타이어는 '어떻게 살아야 하는가'라는 인간 삶의 가장 근본적인 문제에 대해 윤리학은 물론이고 현실의 공동체 역시 아무런 대답도 해주지 못하고 있다고 진단한다. 그 경우 사람들은 자신들이 경험하는 가장 친숙한 삶의 원리에 의지해서 살 수밖에 없다. 그런 원리의 가장 유력한 후보는 아마도 '최소한 손해는 보지 말고 살자!'가 될 것이다. 보편적으로 타당한 삶의 원리를 상실한 상태, 그래서 남은 것은 '생존의 원리'뿐인 세상에서 사람들은 자신들만의 기준으로 살아갈 수밖에 없다고 생각한다. 이런 상태가 바로 가치 전쟁을 유발한다.

매킨타이어는 이러한 현상의 뿌리를 근대의 계몽주의로 소급시킨다. 즉 그 위기는 도덕의 문제마저 합리적이고 이성적으로 정당화하려고 했던 근대 계몽주의의 실패로부터 귀착된 결과라는 것이다.[64] 근대의 윤리 이론, 우리가 윤리 교과서에서 배우는 공리주의나 의무론 등은 가치의 문제를 이성적으로 정당화하려는 시도였다. 그런 시도들이 실패할 수밖에 없는 이유를 매킨타이어는 근대 윤리 이론들의 내적 모순으로부터 끌어낸다.

공리주의나 의무론과 같은 근대 윤리 이론들은 어떤 삶이 좋은 삶인지, 혹은 어떤 삶이 올바른 삶인지—예를 들면, 다른 사람의 것을 탐하거나 거짓을 말해서는 안 된다든지, 위기에 처한 사람들을 외면해서는 안 된다든지 하는—를 '이성적'으로 정당화하고자 한다. 달리 말해 우리가 어떤 도덕적 가치를 참이라고 받아들일 '이유'reason를 찾고자 했다. 그것은 윤리학을 그저 삶의 지혜 모음이 아니라 하나의 학문으로 세우기 위한 과정이었으며, 우리가 왜 그 도덕적 가치를 승인해야 하는가라는 문제에서 모든 사람을 납득시키는 문제였다. 그런데 매킨타이어에 따르면 근대의 주요한 사상가들은 좋은 삶과 올바른 삶을 판단하는 기준이 되는 가치를 전통 사회로부터 끌어왔다.

디드로나 키르케고르는 우리가 결혼을 해야 한다거나 가족이 중요하다는 사실 등에 대해 아무런 의문도 제기하지 않았고, 칸트나 흄에게 약속의 준수나 정의는 불가침의 가치였다. 그러나 근대 계몽주의적 이성의 특징은 무엇인가? 그것은 정당화되지 않은 어떤 것도 수용해서는 안 된다는 규제적 태도를 견지한다. 다시 말해 계몽주의적 이성이 자신의 방법론적 원리를 철저하게 고수하는 한, 전통적인 규범이나 가치 체계를 그대로 수용해서는 안 된다. 그런

64 같은 책, 4장과 5장.

데도 그들은 아무런 의심 없이 전통의 가치를 전제해 버렸다. 이는 자신들이 철저하게 지키고자 하는 방법론적 원리를 실제로는 지키지 않았다는 것을 뜻한다. 따라서 매킨타이어가 보기에 인간 삶을 혁신하고자 하는 근대의 기획으로서 계몽주의는 실패할 운명을 이미 타고난 셈이다.

> "그러므로 반 아리스토텔레적인 과학은 이성의 능력에 엄격한 한계를 설정한다. 이성은 계산적이다. 이성은 사실의 진리와 수학적 관계들만을 판단할 수 있을 뿐이다. 따라서 실천의 영역에서 이성은 수단에 관해서만 말할 수 있다. 목적에 관해서는 침묵해야만 한다. (…) 이들은 모두 인간 본성에 관한 목적론적 관점을 배격한다. 즉 인간은 자신의 목적을 정의할 수 있는 본질을 가지고 있다는 인간관을 거부하는 것이다. 그러나 이러한 거부의 의미를 이해하면 도덕성의 토대를 발견하려는 그들의 기획이 왜 실패할 수밖에 없었는가를 이해할 수 있다."[65]

근대 계몽주의적 윤리 이론은 근대 과학정신에 의해 매개된 이론이기도 하다. 근대 과학이 강조한 지적 문화가 바로 합리적 정당화였기 때문이다. 이런 점에서 보면 절대적 가치의 존재를 비아냥거리는 포스트모던의 지적 회의주의는 근대 과학정신이 가진 내적 한계에 따른 필연적 결과라고 볼 수 있다. 비슷한 이야기를 우리는

---

65 같은 책, 92-93쪽.

프랑스의 포스트모더니스트 철학자 리오타르에게서 들을 수 있다. 포스트모던의 특징을 정리하면서 리오타르는 "19세기의 거대 이야기들 속에 내재해 있던 '탈정당화'delegitimation와 허무주의의 씨앗을 눈여겨보아야 한다"[66]고 말한다.

> "19세기 말부터 그 징조가 축적되어 왔던 과학적 지식의 '위기'는 기술 발전과 자본주의의 팽창의 결과인 과학의 우연한 증가에 기인하는 것은 아니다. 이 위기는 지식의 정당성 원리의 내적 침식으로부터 유래한다. 이 침식은 사변적 게임 속에서 일어나고 있으며, 또한 이 침식은 각각의 과학이 자기 위치를 찾아야 하는 백과 전서적 골격을 이완시키면서 과학을 해방시킨다."[67]

리오타르의 진단은 모든 것을 정당화하라는 근대 과학의 지적 요구가 결국에는 자기파괴적인 결과를 낳았다는 것이다. 절대적이고 보편적인 가치를 해체한다는 것은 니체가 말한 '신의 죽음'에 비유할 수 있다. 신의 죽음은 세계의 체계를 잡아주는 거대 서사의 해체를 의미한다. 리오타르가 말하는 과학의 해방은 지식 체계의 정당성 서사가 붕괴했다는 것을 의미한다. 그 경우 남는 것은 지식의 실증주의와 허무주의뿐이다. 니체는 그런 상황에서 어떻게 살아야 하는가에 대한 대답으로 '초인'Übermensch의 삶을 이야기한다. 그것

66 장 프랑수아 리오타르, 『포스트모던적 조건』, 이현복 옮김, 서광사, 2005, 90쪽.
67 같은 책, 92쪽.

은 허무주의가 지배하는 황무지에서 매일매일 새로운 삶의 기준으로 초극하는 개인이다.

하지만 매킨타이어에 따르면 니체의 대답은 문제를 악화시킬 뿐이다. 아니 그것은 인간의 삶 자체를 오도한 것이다. 매킨타이어를 비롯한 공동체주의자들은 인간이 본래부터 공동체적 존재라는 생각으로부터 출발한다. 한 인간의 정체성은 그저 그 한 개인에 의해서만 결정되는 것이 아니다. 그는 역사적인 존재이며 문화적인 존재이고, 어딘가에서 누군가와 함께 삶을 시작했으며 여전히 살고 있는 존재이다. 개인주의는 근대라는 시대의 발명일 뿐이다. 그러나 그런 발명이, 마치 폴라니가 폭로한 '자기조정 시장'처럼, 혹은 인간의 이기적 본성처럼, 현실을 대체해 버림으로써 현실을 재구성한 것이다.

매킨타이어는 공동체적 가치를 부활시킴으로써 이러한 위기를 극복할 수 있다고 말한다. 고도로 개인주의화한 사회에서 공동체주의의 외침은 확실히 울림이 있다. 특히나 타인의 삶에 대한 존중과 타인에 대한 무관심을 구별하기 어렵고, 개인주의와 이기주의가 너무나 쉽게 뒤섞여 있는 현실에서는 더더욱 그러하다. 게다가 젊은 세대들의 지적 분위기는 매킨타이어가 말한 근대의 지적 분위기와 유사하다. 적어도 표면적으로는 과학을 신봉하고, 합리적으로 정당화되지 않은 것들은 쉬 받아들이려 하지 않는다. 비록 리오타르가 말한 것처럼 그런 방법론적 원리가 결국에는 자기 자신의 존재 서사를 해체시켜 버림으로써 어떻게 살아야 하는지에 대한 대답을 오리무중으로 밀어 넣을지라도 말이다.

이러한 상황에서 공동체주의자들의 주장은 진정성이 있어 보인다. 나와 함께 사는 이웃들에 대해 공동체적 구성원들의 의무를 다하라는 말은 매우 직관적일뿐더러 도덕적으로도 바람직해 보이기 때문이다. 1980년대 공동체주의가 서구 사회에서 하나의 대안적 입장으로 부상했던 이유는 자유주의가 전제한 개인주의의 부정적 측면이 너무나 분명하게 드러났기 때문이다. 개인주의가 어떻게 살아야 하는가의 문제에 대해 아무런 답을 해 주지 못할 바에야 차라리 뭔가 분명하게 어떻게 살라고 말해주는 쪽이 좀 더 현실적으로 보였다.

## 사잇길은 있는가?

자유주의와 공동체주의의 대립은 이상과 현실의 간극이라는 인류의 오래된 숙제를 다시금 소환한다. 스미스주의자들의 자유시장경제가 잘 작동하고 시장의 자기조정 기능이 잘 작동하기 위해서는 개인들의 합리성이 전제되어야 하는 것처럼, 정치적이고 윤리적인 의미의 자유주의가 잘 작동하기 위해서는 개인들의 합리성이 전제되어야 한다. 하지만 현실의 개인들은 합리적이지 않을 때가 많으며, 그들이 사용할 수 있는 정보마저 편향되어 있거나 왜곡된 경우도 많다.

『정의란 무엇인가』라는 책과 강의로 유명한 마이클 샌델이 롤스를 비판한 주된 이유는, 롤스가 정의로운 사회의 가능성을 말하기 위해 전제한 개인들이 실제 현실에는 존재하지 않는 사람들이라고 보았기 때문이다. 예컨대 롤스는 바람직한 사회의 이상적인 모습에 합의하기 위해 순수한 개인을 전제한다. 심지어 그 개인은 자신의 태생적인 이해관계로부터 자유로워지기 위해 '무지의 베일'을 쓸 것을 강요받는다. 샌델에 따르면 그렇게 아무런 연고가 없는 자아는 존재하지 않는다. 그런 개인은 정의의 두 원칙을 정당화하기 위해 소환된 개념적 구성물일 따름이다. 따라서 롤스의 주장은 공허하며 그런 한에서 실제로 우리가 어떻게 살아야 하는가에 대해서는 아무런 해답도 주지 못한다는 것이다.

매킨타이어의 비판도 마찬가지다. 근대의 계몽주의는 어떻게 살아야 하는가에 대한 답을 이론적이고 객관적인 정당화, 혹은 과학적 합리성에 기초한 정당화를 통해 얻고자 하지만 그것은 하나의 이상일 뿐이며, 실제 현실의 삶은 역사적이고 문화적인 조건들에 연루되어 있다는 것이다. 결국 현대 사회의 도덕적 무능력은 도덕적 이상만을 쳐다보고 우리의 현실을 외면한 결과이다. 게다가 수많은 도덕 이론들의 이론적 갈등은 어떤 것이 진정한 도덕적 이상인지도 불분명하게 만들어 버린다. 예를 들어 공리주의가 맞는 것인지 의무론이 맞는 것인지, 성선설이 맞는 것인지 성악설이 맞는 것인지를 따져보자. 유감스럽게도 정답은 없다. 우리는 학교에서 그 모두를 배울 뿐이다. 그래서 누군가는 공리주의적 원리에 따라 살고, 누군가는 의무론자의 지침을 따르려고 애쓴다.

이렇게 엄격한 이론적 정당화를 통해 삶의 문제에 대한 답을 구하고자 하는 근대적 이상과 실제 현실 사이의 간극은 도덕적 이념 자체를 공허하게 만들어버려서 실질적으로는 도덕적 진공 상태를 초래한다. 그에 반해 공동체주의는 어떻게 살아야 하는가의 문제와 관련해서 적어도 분명한 방향성을 제시해준다. 내가 우리 사회에서 뭔가를 누리고 향유할 수 있는 이유를 내가 속한 공동체들을 배제하고서는 말할 수 없다. 따라서 우리가 특정한 공동체 속에서 뭔가를 향유하고 있는 한, 우리는 그에 상응하는 대가로서 공동체에 대해 모종의 의무를 갖고 있다고 보아야 한다. 주변에 어려운 사람이 있다면 당연히 도움의 손길을 내밀어야 한다.

물론 공동체주의가 만족스럽기만 한 대안은 아니다. 공동체주의는 자유주의의 실천적 무능력을 비판하지만, 실제로 공동체주의의 주장을 현실에 적용하려는 순간 우리는 여전히 실존적 선택이라는 딜레마에 부딪칠 수밖에 없다. 우선 우리가 의무를 지고 있는 공동체가 무엇인지 물어보자. 사실 우리는 여러 공동체 속에 속해 있다. 가족, 직장, 지역사회, 국가, 나아가 우리는 세계 시민이기도 하다. 그런 공동체들에 대해서 우리가 모종의 빚을 지고 있다는 사실은 분명해 보인다. 이렇게 다원적인 소속감은 이 공동체들의 이해관계가 충돌할 때, 어떤 공동체에게 우선적으로 빚을 변제해야 하는지 고민하게 한다. 가족이 나에게 요구하는 것과 직장이 나에게 요구하는 것 사이에 갈등이 일어날 때, 나는 어떤 공동체를 우선시해야 할까? 또는 우리나라와 이웃나라 사이에 갈등이 일어날 때, 나는 우리나라 편을 들어야 하는가 아니면 세계 시민으로서 좀 더 정의로운 주장을 하는 나라의 편을 들어야 하는가? 공동체주의의 약점은 일종의 상대주의를 허용한다는 점이다. 한 이론이 내부적으로 상대주의를 허용한다는 것은 적어도 일관성의 측면에서는 자기

파괴적이다. 그것은 그 이론의 현실적 구속력에 심각한 영향을 줄 수도 있다. 사고실험 하나가 이를 분명히 해준다.

환경운동의 실천과 관련해서 세계 시민의 관점을 유지하는 것은 중요한 조건이다. 환경은 국지적인 문제가 아니기 때문이다. 미세먼지 문제는 우리나라만 애쓴다고 해결될 문제가 아니다. 이제 어떤 나라가 경제발전을 위해 삼림을 개발한다고 해 보자. 세계 시민의 관점에서 보면 우리는 그 나라의 경제 정책을 비판할 수 있다. 그러나 막상 내가 그런 나라의 구성원이라고 가정해 보자. 선진국들은 이미 일정 수준 이상의 삶을 향유하는 사람들이다. 우리나라의 삶의 수준은 그들에 비하면 형편없다. 그런 형편이 나아지게 하는 현실적인 방법은 삼림을 개발하고 산업을 일으키는 수밖에 없다.

그런데 이미 높은 수준의 삶을 사는 사람들이 자신들의 삶의 질을 유지하기 위해 환경은 글로벌한 문제임을 내세워 우리나라의 경제 정책을 비판한다면, 나는 어느 편에 서야 할까? 세계 시민의 관점에서 도덕적 의무를 말해야 할까? 아니면 국가 간의 불평등에 분노하는 것이 더 정의로운 것일까? 공동체에 대해 의무를 다하라는 주장은 이런 문제에 대해 임기응변식의 대답, 다시 말해 그때그때 상황에 맞게 처신하라고 권고할 수밖에 없다. 결국 여기서도 개인의 선택이라는 결론에 도달할 뿐이다. 누군가는 세계 시민의 관점에서 정의를 말하고, 또 누군가는 국가 간의 평등 문제가 먼저 해결되어야 할 과제라고 말할 것이다.

1980년대 이후 서구 사회에서 뜨겁게 논쟁했고, 90년대 말에는 한국 사회에서도 자유주의와 공동체주의 사이의 논쟁이 있었지만,

시간이 지나면서 그 열정은 시들고 있는 것처럼 보인다. 이는 우선 공동체주의의 모호한 위치와 관련이 있다. 개인의 자유와 권리에 앞서 그 개인이 속한 공동체가 선행한다는 입장은 개인의 희생을 당연하게 여기는 권위주의나 국가주의와 같은 위험한 집단주의로 전락할 경계에 서있다. 그래서 공동체주의자들 중에는 자신이 공동체주의자라고 불리는 것을 불편해하는 인물들도 있을 정도다. 물론 그렇다고 해서 공동체주의의 진정성이 훼손되지는 않는다. 그들에게는 이론의 일관성이 아니라 현실의 문제를 해결하는 것이 더욱 중요하기 때문이다.

## 문제는 '균형'이다—이론적 지식과 정치적 지혜 사이

고전적 자유주의의 장점은 어떤 사회적 가치를 (도덕적이거나 정치적인 측면에서) '이론적'으로 정초하고자 했던 점에 있다. 이론적으로 정초한다는 것은 그것이 원리적으로 '옳다'는 것을 확인하는 일이다. 자유가 바로 그런 가치다. 인간이라면 누구든 자신이 원하는 대로 살 권리가 있다. 인간이 존엄한 존재라면, 그것은 그가 자유로운 존재이기 때문이다. 인간을 다른 야생의 삶과 구별시켜 주는 도덕적인 삶도 개인의 자유를 전제하기 때문에 가능하다. 강요된 희생은 결코 도덕적이지 않다. 꿀벌들이 침입자인 말벌을 감싸 추락시키고 함께 장렬하게 전사했을 때 그런 꿀벌의 행동을 도덕적이라고 말하지는 않는다. 그것은 그저 본능적인 행위이기 때문이다. 물론 그런 행위의 사회적 가치를 폄하해서는 안 되지만, 그럼에도 누군가의 희생이 '도덕적으로' 칭찬받을 만한 일인 이유는 자신의 이익을 스스로 포기한 희생자의 용기와 내적 갈등을 극복한 정신의 위대함 때문이다.

아무도 다른 이를 위해 자신의 이익을 포기하지 않는 사회를 도덕적인 사회라고 말할 사람은 없다. 사람들은 아마도 그런 사회를 가리켜 야생의 삶과 다를 바 없다고 말할 것이다. 치열한 생존경쟁의 논리가 지배하는 자본주의 사회를 가리켜 '야수 자본주의'라고 부르는 데는 그런 생각이 깔려 있다. 그러나 그렇다고 해서 누군가의 희생을 강요하는 사회를 가리켜 도덕적이라고 해서도 안 된다. 강요된 희생은 그저 희생, 어쩌면 억울한 희생일 뿐이다. 타인을 위한 희생이 차고 넘치는 사회라고 하더라도 그것이 개인의 숙고와 자발적인 의지에 따른 결과가 아니라 제도와 관습의 강요로 인한 사회라면 도덕적인 사회와는 거리가 멀다. 그런 사회는 도리어 폭력적일 가능성이 높다. 대개의 경우 사회적 약자가 희생의 제물이 될 것이기 때문이다.

만약 우리가 도덕적인 사회를 꿈꾼다면, 최소한 그 사회는 개인의 자유가 보장되어야 한다. 이러한 의미에서 '어느 누구에게도 희생을 강요하지 않는 사회'는 최소한 도덕적 개인이 등장할 수 있는 조건을 만족시키는 사회라고 할 수 있다. 우리가 개인주의가 지향하는 방향이 옳다고 믿는 것은 개인주의야말로 도덕적인 사회를 만들기 위한 초기값이기 때문이다. 그러나 이러한 개인주의가 현실에서 어떻게 구현되는가 하는 문제는 단순한 이론적 문제를 뛰어넘는다. 이러한 현실적인 문제가 공동체주의가 서 있는 지반이다.

비록 공동체주의자들의 일반적인 경향이 개인의 자유보다는 공동체적 가치 또는 공동선을 더 우선시하지만, 그렇다고 해서 개인의 자유를 경시하는 것은 결코 아니다. 도리어 현실적인 타협점을 찾고자 하는 것이다. 공동체주의자인 아미타이 에치오니Amitai Etzioni는 자신의 입장을 아시아의 전통적인 공동체주의와 구별한다. 구별의 이유는 아시아 지역의 전통적인 공동체주의에는 권위주의를 추종하는 경향이 있다고 보기 때문이다.[68]

실제로 아시아 지역의 전통은 가족주의적 특성을 갖고 있으며 이러한 특성은 집단이기주의의 형태로 나타나기까지 한다. 이러한 문화에서는 공동체를 위한 개인의 희생을 당연한 것으로 여기거나 어쩔 수 없는 것으로 여겨는 경우가 많다. 우리 사회의 많은 사람들이 권위주의에 대해 비판적인 것은 그런 권위주의가 개인의 자유를 억압하고 개인의 희생을 강요하는 경우가 많았기 때문이다. 에치오니가 자신의 공동체주의를 신공동체주의, 최근에는 '반응적 공동체주의'responsive communitarianism라고 부른 이유는 이런 탓이다. 그러나 거꾸로 말하면 에치오니의 정밀함은 공동체주의가 언제든 권위주의나 집단주의로 전락할 위험을 안고 있다는 것도 증언하는 셈이다.

결국 대한민국 사회는 이중의 부담 속에 있다고 말할 수 있다. 권위주의와 착종된 공동체주의가 한 편에 있고, 그 반대편에는 이기주의와 착종된 개인주의가 있다. 전자의 경우에는 이미 오랫동안

68 아미타이 에치오니, 『넥스트—좋은 사회로 가는 길』, 인간사랑, 2007, 14쪽 참조.

우리 사회에서 지적되어 온 문제인 반면, 후자의 경우에는 지난 세기 후반부터 신자유주의의 시장 논리와 더불어 사회적 문제로 부상하고 있다. 그러나 다른 한편으로 이러한 이중의 부담은 그 각각이 어떤 종류의 위험에 노출되어 있는지를 알고 있는 한 적절한 균형의 가능성을 가늠해볼 수 있는 기회를 제공한다.

서구 사회에서 공동체주의가 주목받은 이유는 자유주의적인 태도가 야기한 위험 때문이다. 공동체주의의 이론 내재적 위험은 분명하다. 각각의 공동체가 지향하는 공동의 가치가 과연 최우선적인 것인지를 이론적으로 정당화하기 쉽지 않고 상대주의에 노출될 위험도 크다. 그럼에도 불구하고 많은 사람들이 공동체주의의 주장에 귀를 기울였던 이유는 이상과 현실 사이의 간극을 줄이고자 하는 진정성 때문이다. 그 진정성의 의미는 이런 것이다. 설령 자유주의가 지향하는 이념이 옳더라도 그 이념을 구현하는 방식이 현실 적합성을 갖지 못한다면, 나아가 그 이념을 현실에 적용하는 방법론이 사회적 위기를 초래할 여지를 갖고 있는데도 그 방법론을 고수하는 것은 결과적으로는 그 이념을 공허하게 만드는 일이다.

이러한 상황은 이론적인 앎과 정치적 지혜 사이의 문제로 치환될 수 있다. 어떤 주장이 이론적으로 옳다는 것과 그 주장에 따른 삶을 사는 것 사이에는 실질적인 간극이 있다. 물론 이론의 현실 적합성이 곧바로 어떤 이론의 타당성을 결정하지는 않는다. 이론의 타당성은 그 자체로 검사되어야 하는 문제다. 반면 그 이론을 현실에 적용할 때는 현실의 실질적인 조건들을 물어야 한다. 플라톤의 입을 빌리자면, 이상적인 상태로서의 이데아를 현실에 구현할 때 구현하는 자의 최선은 적도適度를 지키는 것이다. 롤스의 이론에 대한 공동체주의자들의 비판은, 설령 롤스의 말대로 모든 사람이 합의할 수 있는 '정의의 원칙'이 가능하다 하더라도 그것은 아무런 현실 적합성이 없다는 것이다. 왜냐하면 그런 합의에 동원된 사람이 오직 관념적으로만 가능한 사람이기 때문이다.

이론적 지식을 보는 우리의 시선은 대개 정당화에 초점이 맞추어져 있다. 우리가 어떤 이론적 지식을 받아들이는 이유는 그 지식이 정당화 시험을 통과했기 때문이다. 과학적 지식을 생각해 보자. 과학적 지식의 정당화는 통상 이중적인 방식으로 작동한다. 이론적 정당화와 실험적 입증이 그것이다. 이론적 정당화는 해당 이론이 이 세계의 현상을 논리적으로 잘 설명하면서도 우리가 참이라고 받아들이고 있는 다른 이론들과 모순을 일으키지 않아야 한다고 요구한다. 실험적 정당화는 해당 이론이 실험적으로도 입증될 수 있는지를 묻는다. 이론적 정당화의 경우에는 책상에서도 할 수 있는 일이지만 실험적 정당화는 현실적인 조건들을 고려해야만 한다. 그래서 실험이 시행되는 자연적인 조건들을 통제해야만 하고, 실험에 사용되는 기자재의 오차 등 실험에 영향을 줄 수 있는 모든 부대조건들이 문제가 될 수 있다. 그런 탓에 어떤 실험이 어떤 이론을 결정적으로 확증하거나 반증하는 일은 대단히 어려운 일이다. 실험에 영향을 미치는 수많은 요인들을 완벽하게 통제하기란 쉬운 일이 아니기 때문이다. 자연과학적 지식의 정당화조차도 이러한데 인간 삶에 관한 이론들의 경우에는 더 말할 것도 없다. 이론을 현실에 적용하는 일은 수많은 난관을 예상해야만 한다.

홉스와 로크 같은 근대의 사상가들이 사회 계약에 관한 이론적 정당화를 시도한 것은 너무나도 강력한 습속으로 작용하고 있는 기존의 정치적 전통을 거부하고 새로운 토대를 마련하고자 했기 때문이다. 그러나 이러한 사회 계약론의 전통에 섰던 근대 자유주의가 더 낳은 사회를 위한 도덕적 이념을 정초했음에도 그것이 효력을 발휘하지 못한 이유는 근대 사회가 그 이념을 실현할 현실적 조건에 도달하지 못했기 때문이다. 근대 자유주의가 전제한, 사회 계약에 나서는 합리적인 개인은 현실의 개인이 아니라 관념적으로 요청된 개인이었다. 이론적 지식과 정치적 지혜 사이에는 간극이 존재한다. 그 간극의 크기와, 이론적인 믿음을 현실에 구현할 때 겪어야 하는 좌절감은 비례관계에 있을지도 모른다. 플라톤이 자신의 이론을 시라쿠사에서 구현하고자 했지만 결국 현실 정치의 벽에 부딪쳐 간신히 목숨만을 건진 채 섬을 탈출했던 일은 이론과 현실 사이의 간극에 대한 비극적인 증언이었다.

우리가 옳다고 믿는 이론을 현실에 구현하기 위해서 위해서는 정치적 지혜가 필요하다. 이론적 지식에 대치되는 개념으로 '실천적'이라는 통상의 단어를 쓰지 않고 '정치적'이라는 말을 쓴 것은 민주주의라는 제도를 생각하기 때문이다. 오늘날 우리 사회가 의지하고 있는 정치 체제로서 민주주의는 우리가 사회에서 부딪치는 많은 문제들을 해결하기 위한 제도이다. 비록 그 내재적 한계에도 불구하고 수많은 사람들은 여전히 민주주의의 가능성을 믿고 있다. 공교로운 것은 민주주의의 가능성 역시 이론적이라는 점이다. 민주주의가 현재의 조건에서 최선이라고 하더라도 그것이 실제로 최선이 되도록 만드는 데는 역시 정치적 지혜가 필요하다. 분명 민주주의는 (적어도 이론적 관점에서는) 합리적인 개인들이 서로의 이해관계를 조정해 가는 최선의 방법론이다. 그러나 오늘날과 같은 가치 전쟁의 현실을 고려할 때 민주주의는 문제를 해결하는 제도만이 아니라 문제 상황을 악화시키는 제도가 될 수도 있다. 가치 전쟁이 심해지는 국면에서 민주주의는 그저 숫자의 힘으로 몰아세우는 다수결주의로 전락하기 쉽다.

## 정치의 회복과 무임승차 문제

일단 우리가 이론적 지식과 정치적 지혜를 조심스럽게 구분할 수 있다면, 문제가 되는 상황들을 어떤 관점에서 다루어야 하는지에 대해서도 훨씬 더 유연해질 수 있다. 위험한 것은 이론적인 믿음과 현실 사이의 간극을 메우기 위해 어느 한쪽으로 몰려가는 것이다. 이론적인 일관성을 지키기 위해 정치적 지혜를 발휘해야 할 공간을 제거해버리거나, 정치적 지혜라는 이름으로 이론적인 올바름을 도외시하는 것이 그렇다. 이러한 극단화는 사실 이론적인 태도의 유혹이자 족쇄이기도 하다.

예를 들어 과학적 이론은 단순하고 선명할수록 좋다. 모호한 것은 이론적 태도가 환영할 만한 일이 아니다. 그래서 대부분의 이론가들은 가능한 한 일관된 하나의 원리로 설명하기를 추구한다. 복잡한 세상을 간단한 원리로 설명하는 이론을 더 '우아한' 이론으로 여기기 때문이다. 게다가 단순한 이론은 우리가 무엇을 해야 하는

지에 대한 지침도 명확하다. 이러한 단순화의 매력이 우리로 하여금 극단으로 유혹한다. 이타적인 사람들이 눈에 보임에도 불구하고 그런 태도 역시 이기적이라고 설명하고 싶은 유혹이 그렇다. 이론은 모순이나 반례를 싫어한다. 반면 현실은 모순과 반례로 가득 차 보인다. 그리하여 이론의 태도를 철저하게 고수하고자 하는 사람에게는 현실이 잘못된 것이며, 도리어 현실이 교정 대상이 되어버린다. 하지만 원칙주의자(래디컬리스트)들에게는 유감스러운 일이지만, 우리가 이론을 탐구하는 것은 현실을 설명하기 위해서이지, 이론이 옳다는 것을 보여주기 위해서 현실의 삶을 사는 것이 아니다.

민주주의 사회에서 가치 전쟁이 점점 더 치열해지고 극단화하는 것은 많은 사람들이 '이론적인' 믿음과 정치적 지혜 사이의 간극을 잊고 있기 때문이다. 내가 옳다는 믿음(또는 자기기만)을 반성하기보다는 자신의 주변 현실이 잘못되어 있다고 판단하는 것이 훨씬 더 결단력 있어 보인다. 게다가 우리는 잘못된 현실의 책임을 나와 생각이 다른 사람들에게 떠넘기고 싶은 유혹에 빠진다. 특히 상대방의 허점이나 잘못이 선명할수록 그와 반대 자리에 서있는 내 생각이 옳다는 느낌도 선명해진다.

이러한 선명성의 유혹이 상대방의 주장을 극단적으로 해석하게 만든다. 극단적인 주장일수록 허점이나 잘못을 찾아내기 쉽기 때문이다. 서로 대결하는 입장들이 그 대결의 선명성을 위해 상대방을 극단화시키면, 대칭의 역학에 따라 자기 자신도 자동적으로 극단화되기 마련이다. 가치 전쟁이 이러한 극단적인 대결의 양상으로 흐를수록 정치적 지혜가 발휘될 공간은 점점 더 좁아진다.

민주주의 사회에서 '정치적'이라는 말에는 특별한 의미가 있다. 우리는 우리 사회가 도덕적으로 흠결 없는 사회이기를 바란다. 하지만 그것은 일종의 이상사회다. 이론적으로 불가능한 것은 아니지만 현실과의 격차는 크다. 이렇게 이상적인 사회와 현실 사회 사이의 간극에서 정치적이라는 말이 의미를 갖는다. 고대 그리스의 '폴리스'polis라는 말이 공동체를 가리켰듯이, '정치적'political이라는 말은 공동체가 문제를 해결해가는 방법을 가리킨다. 하지만 우리 사회에서 '정치적'이라는 표현은 '원칙의 무시'를 뜻할 때가 많다. 현실 정치에서 정치가들은 약속을 저버리는 행위를 '정치적 결단'이라는 우아한 표현으로 포장하기도 한다.

정치적 결단이라는 말의 또 다른 의미는 합리적 혹은 이론적으로는 설명하기 어렵다는 뜻이다. 그래서 현실 정치에서 '정치적'이라는 말의 의미는 더 좋은 사회를 위해 공동체의 구성원들이 합의해 나가는 일련의 절차적 행위가 아니라, 권력을 쟁취하기 위한 계산적 수단으로 이해될 때가 많다. 정치가 이러한 의미로 해석될 때 시민들 사이에서는 정치 혐오가 일어난다. 역설적인 것은 그런 정치를 혐오하는 시민들조차도 정작 자신의 이해관계가 결부된 사회적 문제가 일어나면 숫자의 힘으로 밀어붙이는 정치적 행동에 나선다는 것이다. 따라서 '정치적'이라는 말의 본래 의미를 되살리는 일은 가치 전쟁을 더 나은 사회로 가기 위한 사회적 비용으로 받아들이는 현실적 방법이 될 것이다.

정치가 서로 다른 이해관계를 가진 집단 간의 문제를 해결하는 일련의 절차적 행위 일반을 가리키듯이, 정치 행위는 대개 사회적으로 가치 있는 것들, 곧 자원이나 재화, 권리 등의 분배와 관련이 있다. 만약 그런 자원이나 권리가 충분치 않다면 당연히 이해관계가 충돌하게 되고, 이러한 충돌을 방치할 경우 공동체는 해체될 것이다. 따라서 이해관계가 충돌할 때 자원과 권리의 분배에 있어서 강제적인 행위가 필요할 때가 있다. 그 경우 그런 행위를 수행할 어떤 권위 역시 필요하게 된다. 그 권위는 당사자들의 합의에 의해 마련될 수도 있고, 또 당사자들의 의사와는 무관하게 성립될 수도 있다. 민주주의 사회라면 당연히 합의에 의한 권위만이 정당성을 가질 수 있다고 여긴다. 하지만 반드시 그런 것은 아니다. 한 공동체가 당연하게 받아들이는 전통 역시 권위가 될 수도 있다. 일상의 모든 사소한 행위에 이르기까지 합법적이고 정당화된 권위를 요구하는 일은 지나치게 복잡하고 효율성도 떨어지기 때문이다.

주로 사적인 영역에서는 암묵적인 권위가 용인되는 반면, 공적인 영역에서는 명시적인 합의나 동의가 있어야 정당한 권위로 인정받는다. 물론 어느 경우든 자신의 명시적인 의사와는 다른 권위를 받아들여야만 하는 때도 있다. 공적 권위에 대한 합의에 있어서조차 그 합의 시점에 내 자신이 당사자가 아닐 수도 있고, 또 설령 당사자였다고 하더라도 나의 의사와는 다른 권위가 합의의 대상이 될 수도 있기 때문이다. 여기에도 이론과 현실 사이의 간극이 존재한다. 이론적으로는 모든 권위에 대해 모든 사람들의 만장일치를 요구할 수 있지만 현실적으로 그것은 불가능한 일이다.

이러한 종류의 이론과 현실 사이의 간극을 공동체의 한 구성원으로서 우리는 무언의 약속으로 메꾼다. 그 약속의 내용은 이렇다.

모든 사회적 합의 과정에 내가 당사자로서 참여할 수는 없기 때문에 그 과정이 '공정하게' 이루어졌다면 해당 공동체의 결정을 나도 받아들여야 한다는 것이다. 우리가 절차적 공정성을 강조하는 까닭은 바로 이 무언의 약속 때문이다. 사람들이 정치 행위의 실패를 거론하는 것은 대개 이 무언의 약속이 손상되었다고 믿기 때문이다. 이러한 공정성의 문제는 롤스가 말했던 케이크 나누기의 사례를 다시 생각나게 한다.

정치 행위가 사회적 권리와 자산을 분배하는 일이라고 할 때, 좋은 정치 행위는 어떤 것을 목표로 해야 할까? 이론적 지식과 정치적 지혜 사이의 균형은 이 문제를 처리할 때 중요한 판단 기준이 될 것이다. 우리는 당사자들의 만족을 최대로 하는 것을 목표로 할 수 있다. 반면 분배 자원의 현실적 한계가 분명할 경우 당사자들의 최대 만족을 목표로 하는 것이 아니라 불만을 최소화하는 것을 목표로 할 수도 있다. 케이크를 나누는 슬기로운 방법으로 '분배자가 가장 나중에' 남는 것을 갖게 한다는 방법은 불만을 최소화하는 방법이다. 이 방법은 사실 개인의 만족도를 최대화하려고 노력하는 방법에 비해 소극적이다. 그럼에도 불구하고 이 방법은 합리적인 개인들의 합의 과정에서 공정성을 보장하는 정치적 타협으로 간주될 수 있다.

이론적인 지식의 문제가 아니라 정치적 지혜를 발휘해야 한다는 것은 현실의 조건들을 고려해야 한다는 것을 의미한다. 오늘날 우리 사회가 부딪치고 있는 가장 중요한 문제가 부의 양극화로 인한 사회적 불평등이라는 점을 고려할 때, 그리고 삶의 방식이 다양해진 사회라는 점을 고려할 때, 우리 사회가 요구하는 정치 행위의 현실적인 목적은 만족을 최대화하라는 원리가 아니라 불만을 최소화하라는 원리여야 한다. 특히 당사자 개인들이 느끼는 불만의 평균값을 낮추는 것만이 아니라 불만들 사이의 표준편차 역시 최소화하는 것을 목표로 해야 한다. 이 원리는 앞서 이 책 3장에서 소개했듯이, 이사야 벌린이 다원화된 포스트모던 사회에서는 자유를 소극적으로 해석해야 한다고 말한 것과 같은 맥락이다.

물론 누군가는 정치 행위의 목표를 이렇게 소극적으로 잡는 것에 대해 반대 의사를 표명할지도 모른다. 사회 전체의 생산성과 무임승차의 문제 때문이다. 사회적 불만을 최소화한다는 목표는 결과적으로 평등에 방점을 두는 것이다. 그러나 단순한 평등 분배는 공동체의 구성원들이 자신이 맡은 일에서 최선을 다하지 않게 할 위험이 있다. 노력하든 그렇지 않든 모두가 똑같이 나눈다면 열심히 일할 동기가 줄어들게 마련이다. 심지어 무임승차의 유혹이 생기기도 한다. 무임승차자가 늘어난다면 당연히 사회 전체의 생산성은 떨어질 가능성이 높다. 그것은 어느 누구도 바라지 않는 결말이다. 이 자연스러운 시나리오가 오랫동안 우리의 관념을 지배해왔다. 그토록 문제가 많다고 말해온 시장경제의 원리가 견고하게 유지될 수 있는 까닭도 그 노파심 때문이며, 자유시장주의자들이 평등주의를 거부하고 개인의 자유와 창의성을 강조한 것도 그 때문이다. 그 덕에 우리는 능력지상주의 혹은 그런 능력을 극대화하는 동기부여의 원리로서 경쟁지상주의를 내면화해왔다.

그러나 오늘날의 현실에서 우리가 실제로 확인하는 것은 사회의 생산성을 높이기 위한 '불평등'이 야기하는 또 다른 무임승차다. 부모의 조력으로 이미 앞선 출발점에 서 있는 사람들과 맨땅에서 헤딩해야 하는 사람 사이의 불공정한 경쟁은 또 다른 의미에서 무임승차자를 만드는 일이다. 누군가가 오랜 시간 열심히 달려 도달한 지점이 누군가에게는 아무 노력도 하지 않은 출발선이기 때문이다. 이러한 불공정 역시 많은 사람들로 하여금 노동 의욕을 떨어뜨리고 만다. 목표는 손에 잡힐 듯 말듯 할 때가 가장 효과적이다. 너무 멀리 떨어진 목표는 차라리 포기하게 만든다. 따라서 이러한 종류의 불평등과 무임승차 역시 시장주의자들이 걱정하는 사회 전체의 생산성을 떨어뜨리는 결과를 낳는다. 결국 평등주의를 지향하든, 아니면 자유시장주의를 지향하든, 오늘날 정치적 성공과 실패의 열쇠는 무임승차의 문제를 어떻게 해결할 것이냐에 달려 있다.

## '얌체'를 없애는 합리적 방법은 가능한가?

무임승차자를 배제하려는 노력은 우리의 전통에서 쉽게 찾을 수 있다. 강력한 공동체적 규율을 강조했던 우리의 전통 사회는 무임승차자들을 '얌체'라고 불렀다. '염치없는 사람'이라는 뜻으로 자기 이익을 위해 공동체의 구성원들이 암묵적으로 합의한 질서를 훼손하는 사람들을 가리킨다. 모든 사람이 줄을 서서 기다리는데 새치기를 한다든지, 다함께 일해야 하는데 어딘가에서 빈둥거리다가 막상 노동의 대가를 나눌 때는 슬쩍 자리를 차지하는 사람들이 그렇다. 우리의 전통에서 얌체들은 법규를 위반한 사람들처럼 명백한 처벌의 대상은 아니지만, 사회적 비난의 대상이 되었다. 때문에 사람들은 얌체라는 말을 듣지 않으려고 무던히도 경계를 하곤 했다. 얌체로 인정되는 순간 공동체의 구성원으로 제대로 대접받지 못했기 때문이다.

밀레니얼 세대처럼 전통 사회의 관습에 대해 저항감이 큰 세대조차도 얌체들에 대해서는 자비가 없다. 요즘 대학생들 중에는 여러 명이 함께 힘을 합쳐야 하는 조별 과제를 싫어하는 사람이 적지 않다. 그 이유는 대개 무임승차자, 즉 우리 조에 얌체가 있을까 하는 걱정 때문이다. 얌체는 사회적 공정성을 훼손하는 존재들이다. 밀레니얼 세대가 얌체를 싫어하는 까닭은 그들이 공정성에 대해 특히 예민한 세대이기 때문이기도 하다.

그런데 이 얌체라는 말은 매우 재미있는 표현이다. 영어로 표현하자면 이기적인selfish 사람 혹은 부끄러움을 모르는shameless 사람 정도가 될 것이다. 그런데 영어에서는 술어적인 표현으로 묘사될 뿐, 하나의 이름(명사)을 가진 대상으로 개념화하지 않는다. 한자에서도 그렇다. 얌체는 '염치가 없는' 혹은 '체면을 모르는' 사람을 가리킨다. 우리말은 이렇게 특정한 속성이 없는 사람을 가리키는 별도의 이름을 붙여 경계의 대상으로 삼았다. 말하자면 실체화한 것이다. 비록 전통 사회가 체면이라는 것을 과도하게 중시한 나머지 위선과 허세를 부추기는 안 좋은 풍조도 있었지만, 역으로는 자신이 얌체가 되는 것을 극도로 경계하는 기풍도 있었다. 겉으로는 체면을 중시하는 것처럼 행동하면서 실제로 얌체 짓을 하는 사람의 이율배반이 드러나면 그처럼 부끄러운 일이 없었다.

얌체는 공동체가 함께하는 일에는 성실하게 임하지 않음에도 정작 노동의 대가나 특정한 권리를 분배해야 하는 상황에서는 자신도 다른 사람들과 똑같이 분배받을 권리가 있다고 주장한다. 바로 여기에 무임승차를 꾀하는 '얌체의 술수'가 있다. 공동체의 구성원들이 모두 자신에게 주어진 역할에서 최선을 다해 협력해야 한다는 것은 암묵적인 약속이다. 이때 어떤 이가 자신의 능력 한도 내에서 최선을 다했는지를 객관적으로 정확하게 측정하는 것은 대단히 어려운 일이다. 얌체가 가능한 것은 바로 이 때문이다. 그래서 전통적인 공동체들은 구성원들 간의 교차 확인(말하자면 감시)을 통해 문제의 당사자가 얌체인지 아닌지를 판별한다.

우리의 문화적 전통은 비록 누군가가 특별한 능력을 타고 나지는 못했어도 그가 최선을 다했다고 여겨지면 다른 이들과 똑같은 몫을 받을 자격이 있다고 간주해왔다. 비록 그의 기여도가 다른 사람만 못하다고 하더라도 최선을 다했다는 것이 분명하기만 하다면 똑같은 몫을 받는다고 해서 그를 비난하지 않았으며, 경우에 따라서는 부족한 능력에도 불구하고 애를 썼다는 의미에서 칭찬의 대상이 되기까지 했다. 이는 진정성에 대한 평가였다. 이러한 진정성에 대한 평가는 합리적으로 계산되는 것이 아니라 직관적으로 이해되는 것이다.

공동체주의자들은 서구 사회의 도덕적 위기를 지적할 때 근대적 이성 즉 '계산적 합리성'의 한계를 지적한다. 그것은 정량적으로 측정할 수 있는 것들에 대해서는 잘 작동하지만 진정성과 같이 정량적으로 측정하기 어려운 것들에 대해서는 제대로 작동하지 않는다. 우리가 알고 있는 많은 사회적 딜레마들, 죄수의 딜레마나 공유지의 비극, 또는 공공재 점유와 무임승차자 문제와 같은 사회적 딜레마들은 계산적 합리성으로 문제를 해결하려고 할 때 발생한다. 그것들을 우리가 '딜레마'라고 부르는 이유는 모두가 더 좋은 결과가 무엇인지 알고 있음에도 결국에는 더 나쁜 결과에 이르게 되기 때문이다. 딜레마는 모든 사람이 자기 이익을 우선시한다는 인간 본성에 대한 가정과, 따라서 공동체와 자기 이익이 충돌할 때 자기 이익을 우선시하는 사람을 처벌할 사회적 규율을 세울 수 없다는 전제 때문에 발생한다.

'공유지의 비극'을 생각해 보자. 어떤 공동체가 있다. 그 공동체의 구성원들은 각자 자신들에게 할당된 목초지를 갖고 있다. 그런데 그 몫 외에도 누구나 이용할 수 있는 목초지가 있다고 해보자. 구성원들은 모두 자기가 기르는 양들이 잘 자라기를 바라고 그에 맞는 행동을 할 수 있는 사람들이다. 그 공유지의 운명은 어떻게 될까? 아마도 그 공동의 목초지는 가장 먼저 황폐화될 것이다. 인류에게 얼마 남지 않은 공유지 중 하나인 바다가 얼마나 오염되고 있는지 생각해보자. 태평양에는 거대한 플라스틱쓰레기 섬이 돌아다니고 있다. 제대로 처리되지 못한 쓰레기들이 태풍이나 홍수 때 바다로 흘러들어간 데다가, 쓰레기 처리비용 때문에 바다에 직접 버린 쓰레기들 때문이다. 심지어 방사능오염 물질들이 바다에 방류되기까지 한다. 간단히 말해 자신의 이익을 중시하는 한, 모두의 것은 누구의 것도 아니다.

공유지의 비극을 널리 알린 하딘Garrett Hardin은 공공재와 관련한 사회적 문제에서 테크니컬한 해법은 존재하지 않는다고 말한다. 즉 개인의 자유를 포괄적으로 인정하는 동시에 인간의 도덕성이나 사회적 가치에 대한 고민 없이 오직 과학적이고 기술적 절차들에 의해 문제를 해결하려는 시도는 실패할 것이라고 말한다. 어떻게든 무임승차자는 나올 것이며 결국 모두를 위한 공공재는 황폐해지고 말 것이다. 하딘은 누구나 공짜로 이용할 수 있는 공유지는 없다는 것, 다시 말해 개인의 자유가 불가피하게 제약될 수 있다는 사실을 받아들이지 않을 경우 파국은 피할 수 없다고 말한다.[69]

물론 이러한 시나리오는 앞서 말한 자기조정 시장이라는 개념처럼 관념적인 가정에 불과하다. 현실이 실제로 어떻게 움직일지를 예측하기는 쉽지 않다. 세상에는 이타적이고 희생적인 사람들, 황폐해져가는 공유지를 어떻게든 복원하려고 노력하는 사람들도 있다. 그럼에도 공유지의 비극이 그토록 많은 사람들에게 그럴듯하게 들리는 이유는 앞서 말했던 것처럼 인간 본성에 대한 우리의 믿음 때문이다. 하딘은 공유자원의 관리 문제를 양심에 호소하는 것도 결국에는 소용이 없다고 말한다. 짧은 기간이라면 모르지만 긴 시간 속에서 양심에 의지하는 것은 좋은 선택이 아니라는 것이다. 이러한 결론은 그가 인간 본성에 대한 우리의 오래된 통속심리학적 믿음, 즉 인간은 자기 자신과 자신의 후손을 위한 선택에서 이기적일 수밖에 없다는 것, 그리고 그런 선택은 (하딘 자신이 다윈을 인용한 것처럼) 생태계의 모든 개체가 따를 수밖에 없는 진화론적 행동

69 G. Hardin, "The Tragedy of Commons", *Science* 13, 1968.

전략이라는 믿음을 전제했기 때문이다.

오늘날 우리가 자연스럽게 받아들이고 있는 시장경제의 경쟁 원리는 얌체들이 등장할 수 있는 공간을 제공하고, 나아가 평범한 사람들마저도 얌체처럼 행동하도록 자극한다. '인간 본성은 이기적이고, 개인의 자유가 보장된 국가에서 불법을 저지르지만 않으면 무엇이든 할 수 있는 것 아닌가!' 하딘에 따르면, 우리가 선택할 수 있는 해법은 공유자원을 어떤 방식으로든 사람들에게 분배하고 사적 소유권을 인정함으로써 그들이 직접 관리하게 하거나(실제로 많은 나라들에서 이렇게 한다), 아니면 강력한 공적 규제책을 마련하는 것이다.

확실히 하딘의 이러한 사고 실험은 스미스주의자들이 시장에 대해 가졌던 믿음과 비슷하게 직관적인 호소력을 갖고 있다. 그 덕에 폴라니가 스미스주의자들의 자기조정 시장에 대한 믿음을 비판한 것과 비슷하게, 하나의 허구적인 시나리오가 현실에 강력한 영향력을 미친 사고 실험이 되었다. 그러나 그 비극의 전제, 곧 모든 인간이 이기적으로 행동할 것이라는 전제가 무너지면 어떻게 될까? 문제는 인간 본성 자체가 아니라, 인간 본성을 그렇게 가정하는 사람들의 '조급한 믿음'에 있다.

눈앞의 이익 때문에 뻔히 예견되는 장기적인 파국을 외면하는 것, 나의 이익은 최대로 하고 손해는 모두가 함께 나누도록 행동하는 것은 얌체의 전형적인 행동전략이다. 우리나라의 전통적인 문화는 물론이고 전 세계적으로도 근대 이전의 전통적 공동체들은 이러한 얌체가 발생하지 않도록 하는 상호간의 규율을 암묵적으로

가지고 있었다. 그러나 근대의 자유주의 체제와 개인주의는 결과적으로 이러한 공동체의 구성원 간 상호견제와 내적 규율을 무력화시키는 방향으로 치달아왔다. 따라서 그 과정을 재구성하는 일은 우리의 현실을 이해하는 데 중요하다.

## 자율성이라는 이념

본래 근대 자유주의의 출발은 소극적 자유, 즉 억압과 속박으로부터의 해방이었다. 그것은 이전 계급 사회의 억압적 사회 구조에 대한 반작용이었다. 따라서 사회적 규제는 가능한 한 적은 것이 바람직하다고 여겨졌다. 나아가 그런 규제가 임의적이어서는 안 되고 오직 그 당사자들의 합의를 통해서만 효력이 발생하도록 설계되어야 했다. 바로 시민들이 합의한 법에 의한 규제가 그것이다. 따라서 사회 내부에서 유지되어야 할 공정성의 원리 역시 법적 규제를 통해 작동해야 했다. 오늘날 다양성 사회가 소극적 자유를 지향해야 한다고 말하는 것도 사실은 자유주의의 최초 이념을 복원시키는 것이다. 공동체라는 이름으로 한 개인의 희생을 강요하거나 그의 정당한 자유를 제약해서는 안 된다. 그러나 복잡한 사회적 현실은 여기서 하나의 반전을 완성한다. 무엇보다 개인들의 자유를 보장해야 할 공정성의 원리가 바로 그 자유 때문에 제대로 작동하지 못하는 역설에 이른 것이다.

공동체적 규율을 대체한 근대 이후의 법적 규제는 주로 타인의 자유를 제약해서는 안 된다는 금지의 명령이다. 그러나 이는 법이 금지하지 않는 한 무엇이든 할 수 있다는 것을 함축한다. 여기서 소극적 자유는 적극적 자유로 전환된다. 더욱이 시장주의 사회는 개인들에게 적극적으로 자유를 향유할 것을 권한다. 자유로운 개인들, 마음껏 개성을 드러내는 사람들이 새로운 시장을 창출하고 소비를 늘려나갈 것이기 때문이다. 돈을 버는 것이 곧 성공적인 삶을 증명하는 사회에서 이제 자유는 적극적인 의미로 이해된다. 법으로 금지된 것을 하지 않고 돈을 많이 벌 수 있다면, 그가 무엇을 하든 '성공적인 삶'을 산 것이 된다.

법적 규제는 복잡한 인간사에서 매우 제한적인 역할을 할 수밖에 없다. 말하자면 최소한의 보루다. 게다가 법은 그때그때 달라지는 삶의 상황에 대해 탄력적으로 대응하기가 어렵다. 법이 법으로서의 효력을 가지려면 우선 고정불변한 실정성實定性을 가져야 하기 때문이다. 게다가 법으로 무엇인가를 새롭게 금지하기 위해서는 수많은 논의와 입법 절차들을 거쳐야만 한다. 그 사이 권력을 가진 자들이나 법의 허점을 찾아낸 눈치 빠른 사람들은 그런 법적 규제를 우회함으로써 사실상 상식의 규제를 무력화시키곤 한다. 결국 이러한 일탈이 공동체 내부에서 작동해야 하는 공정성의 원리마저 무력화시킨다. 심지어 얌체를 방지하고자 하는 전통 공동체의 규율마저 법적 금지의 대상이 되기 쉽다. 집단의 이름으로 한 개인의 자유를 제약해서는 안 된다는 원리가 적어도 표면적으로는 여전히 유효하기 때문이다. 여기서 하나의 모순, 모두가 자유롭게 살기 위해서는 규제를 최소화해야 하지만, 얌체로 인해 손상되는 공정성을 회복하기 위해서는 더 정밀하고 더 많은 규제가 필요하다는 역설이 생긴다.

처벌할 수 없는 일탈자 또는 얌체의 성공신화는 성실한 시민들에게 상실감과 무력감을 준다. 이러한 무력감이 정착될 경우 공동체는 기능적 측면에서 붕괴 위기에 처한다. 서구의 공동체주의가 공동체적 가치를 강조한 이유는 법만으로는 통제할 수 없는 사회적 규율 체계를 강화함으로써 공동체의 붕괴를 막자는 것이었다. 그들이 꺼내 든 해법은 공동체적 가치 혹은 공동선의 의미를 부활시키는 것이었다. 그러나 이러한 부활이 이미 사망선고를 받은 과거의 전통을 단순히 복구하는 것이어서는 안 된다. 따라서 오늘날의 공동체주의나 그것의 다른 버전으로서 공화주의는 근대가 세워놓은 민주주의의 절차적 과정을 존중하면서도 공동체 내부에서 구성원 상호간의 규율이 효과적으로 작동하도록 해야 하는 과제를 안고 있다. 많은 공동체주의자들이 고대 그리스적 전통의 의미를 새롭게 부활시킨 데서 엿볼 수 있듯이 그 답 역시 역사 속에 있다. 그것은 개인 스스로가 공동체의 의미를 이해하고 그로부터 스스로를 규제하는 자율성을 회복하는 것이다. 이 또한 근대 계몽주의 운동 속에 이미 존재했던 경향이기도 하다.

칸트와 헤겔은 근대의 자유주의자들이 주장했던 해방의 자유가 방향성을 잃게 되었을 때 예측될 수 있는 파국에 대해 예민하게 반응했다. 그들은 공동체의 구성원으로서 한 개인의 현실적인 자유는 '자율'일 때 비로소 가능하다고 생각했다. 실제로 19세기 들어 프랑스 혁명 이후의 혼란, 또 당시의 자유방임주의가 현실적인 한계들을 드러냈을 때 자율성의 이념은 진지하게 검토되었어야 했다. 그러나 당시의 역사적 조건들, 즉 산업혁명 이후 발생한 국가간 경쟁체제와 정치적 혼란으로 인한 민족주의, 나아가 전체주의가 등장하기까지의 상황은 개인들의 시민적 자율성을 성숙도 하기 전에 교살해 버리고 말았다.

노벨경제학상 수상자인 오스트롬Elinor Ostrom은 공유지가 하딘의 시나리오대로 움직이지 않은 사례들을 추적했다. 사례들에서 확인할 수 있는 특징은, 암묵적이든 명시적이든 공동체가 합의한 규율이 잘 작동하는 공동체들의 공유지는 파국을 맞지 않았다는 것이다. 이러한 공동체들의 특징은 구성원들이 자율적으로 규제에 합의하고 그 합의 내용을 잘 준수하였다는 점이다. 이런 자율적 규제 방법이 국가와 같은 외부적 힘에 의한 규제보다 훨씬 더 효과적이었음은 물론이다. 공유지 관리에 있어 국가와 같은 강력한 외적 규제 집단보다 소규모 마을공동체의 내부적 규제가 효과적인 이유 역시 자율성에 있었다. 내부적 규제를 스스로 합의하거나 수용했다는 사실이 공동체 구성원들로 하여금 해당 규제가 지속적으로 유효하도록 협력하게 만들기 때문이다. 따라서 얌체 없는 세상을 이루는 문제의 해법은 공동체 구성원의 강력한 내적 합의, 혹은 구성원 각자의 자율적인 공동체 의식을 어떻게 마련하느냐에 달려 있다.

다만 여기서 다시 한 번 새겨야 하는 것은 '자율성'의 의미이다. 어떤 공동체가 자율적으로 잘 운영된다고 할 때, 그 자율성의 의미는 관점에 따라 달라질 수 있다. 해당 공동체 자체를 구성원으로 삼는 더 큰 집합의 관점에서는 그 공동체가 자율적인 것처럼 보여도 정작 그 공동체의 구성원들의 자율성은 보장받지 못하는 경우가 언제든 가능하기 때문이다. 자율성의 의미는 부분과 전체의 위상적 구조에 따라 달라진다. 따라서 다양성 사회가 지향하는 것은 더 이상 환원이 불가능한 사회 구성단위로서 개인들의 자율성이다.

## 성숙한 시민들을 만들 수 있다면

오늘날과 같은 다원화 사회에서 가치 전쟁이 심각해지는 이유에는 공동체적 연대 의식의 부족, 나아가 그런 연대마저도 사회적 권력 싸움의 도구로 이용되는 상황이 있다. 이는 이기주의와 뒤섞여버린 개인주의의 부작용이기도 하다. 건강한 개인주의라면, 그리고 현실적으로 인간이 사회적 존재인 한, 자신과 타인들 사이에 교집합의 공간을 인정하고 배려해야만 한다. 나아가 그 교집합의 공간에서는 얌체를 용인해서는 안 된다. 이는 단지 법으로 규제하는 소극적인 방식이 아니라 공동체 내부에서 합의된 적극적인 의미의 자율성이라는 규제 원리를 필요로 하는 것처럼 보인다. 이러한 태도를 가능하게 하는 것이 많은 공동체주의자들이 말하는 '공동선'이다.

그런데 이러한 공동선의 실질적 내용을 규정하는 것은 그리 쉽지 않아 보인다. 앞선 논의처럼 공동체들의 위상적 층위가 다양하고, 현실의 공동체들 사이에 서로 이해관계가 얽혀 있는 상황에서, 모두가 합의할 수 있는 공동선과 그에 따른 일관된 행위 원칙과 그에 따른 구체적인 행위들을 도출하는 것이 가능할까? 모두가 정의로운 사회가 되어야 한다는 점에서는 일관된 합의가 가능할 수 있다. 하지만 개별 사안에 대해 정의로움을 판단할 수 있는 일관되고 구체적인 기준을 발견하기는 쉽지 않다. 정의로운 사회라는 이상은 일종의 형식적 이념이다. 비록 롤스처럼 사고실험을 통해 이상화된 조건 아래서 도달할 수 있는 어떤 원칙을 발견한다고 하더라도, 그 원칙이 현실에 구현될 때는 매 상황을 새롭게 생각해야만 한다. 게다가 우리 사회가 어떤 일관된 행위 원칙과 구체적인 판단 기준을 임의적으로 정하고 현실에 적용한다면, 그것은 자칫 교조적 이념으로 전락해버릴 수 있다. 반면 실질적인 내용은 모호한 채 오직 형식적으로만 보편적인 가치라면, 그것은 현실에서 그때그때 상황에 따라 달라지는 상대주의를 허용함으로써 도리어 가치 전쟁을 유발하는 조건이 될 수도 있다. 따라서 자율성을 말하는 것에는 일정한 한계를 전제해야 한다. 그 한계란, 이념적 지향점으로서의 보편적 가치와 함께 현실의 제약을 인정해야만 한다는 것이다. 간단히 말해 어떤 이념도 현실에서 완벽하게 구현될 수는 없다.

앞서 우리는 롤스가 이러한 상황에 대해 '반성적 평형'이라는 방법론, 즉 공동체 구성원들의 합의가 그때그때의 상황에 따라 균형점을 찾아가는 역동적인 과정을 모델로 제시했음을 보았다. 롤스와는 출발점이 다른 에치오니 역시 자신의 입장을 '반응적 공동체주의'라고 말한 것도 바로 이러한 문제를 염두에 둔 것이다. 이때 반응의 의미 역시 그때그때 상황에 맞게 균형을 잡으려는 노력을 의미한다. 개인의 자유와 사회적 질서 혹은 안정의 균형을 잡기 위한 노력은 자유주의 진영이나 공동체주의나 다르지 않다. 이러한 균형감을 찾아가는 노력, 혹은 자율성의 주체는 물론 개인이다. 이때의 개인은 공동체의 구성원으로서 그저 수동적인 존재가 아니라 자유롭고 적극적으로 참여하는 시민이다. 그러므로 개인의 자유와 공동체의 기능적 안정 사이의 균형은 공동체의 구성원으로서의 개인이 얼마나 성숙한 시민인가의 여부에 달려 있다. 따라서 더 좋은 사회를 위한 시민 교육의 중요성은 새삼 강조할 필요조차 없다.

사회를 이루는 구성요소로서 개인이 시민으로서 충분히 성숙하지 않은 상태에서는 성숙한 시민사회가 이루어질 리 없다. 그런데 문제는 여기서도 다시 반복된다. 시민의 조건이 무엇인지 하는 것이다. 시민을 순수한 개인으로 볼 것인가 아니면 공동체적 존재로 볼 것인가에 따라 논의의 방향이 달라질 수 있기 때문이다. 전통적인 자유주의에 따르면 시민은 의사결정의 주체로서 자유로운 개인들이다. 반면 공동체주의의 입장에서 보면 그런 자유주의적 시민관은 오늘날 부딪치고 있는 수많은 사회적 문제들을 유발하는 원인이다. 이런 맥락에서 공동체주의자들은 자유주의에서 말하는 개인주의적 시민을 '원자'와 같은 존재라고 비판한다. 공동체주의자들에게 시민은 이미 그 존재 자체가 공동체의 구성원으로서 타인들에 대한 모종의 의무를 가진 사람들이다. 공동체 혹은 사회에 대한 시민의 의무는 이러한 시민의 존재적 관계로부터 나온다.

같은 의미에서 마이클 샌델은 오늘날 우리에게 필요한 시민성은 이웃과 함께 공익에 대해 생각하고 함께 더 좋은 세상을 만들어 가려고 노력하는 정치적 공동체의 구성원이 되는 것이라고 주장한다. 그는 형성적formative 정치라는 개념으로 이러한 시민성을 설명한다.[70] 시민은 그저 때가 되면 부여받는 자격조건이 아니라 일정한 과정을 통해 만들어진다고 보는 것이다. 샌델의 생각은 시민들이 자발적으로 정치에 참여하게 함으로써 다양한 삶의 가치가 충돌하는 공동체에 대해 강한 소속감과 연대감을 갖게 하려는 의도를 갖고 있다. 샌델이 이렇게 시민의 정치적 역량을 강조한 이유는 고대 그리스의 아테네와 같이 자치의 개념에 초점을 맞추고 있기 때문이다. 그러나 이러한 적극적인 개념은 자칫 가치 전쟁을 격화시킬 위험에 노출된다. 특히 앞서 살핀 것처럼 오늘날의 민주주의가 절차적 정당성을 특별히 강조하고 있다는 점에서 더더욱 그렇다.

절차적 정당성을 강조할 경우 개개의 시민들은 어떤 사회적 합의가 자신의 도덕적 혹은 정치적 신념과 다르다고 하더라도 그것이 절차적 정당성을 가졌다면 승복할 것을 요구받는다. 따라서 적극적인 정치 참여는 자칫 다수파가 되기 위한 경쟁으로 전락할 위험이 있다. 그래서 샌델은 공동체 전체가 합의할 수 있는 공동선에 대한 적극적인 논의 과정을 중시한다. 좀 더 바람직하고 좋은 삶에 대한 사회적 차원에서의 합의야말로 다수파가 되기 위한 갈등을 예방할 수 있을 것이기 때문이다. 그래서 그는 자신의 책 『돈으로 살 수 없는 것들』에서 무엇이든 살 수 있다고 믿는 시장경제가 공동체를 어떻게 위협할 수 있는지를 보여준다.[71] 그것은 사회적 공동선에 대한 시민적 공감대의 중요성을 아주 구체적인 방식으로 강

70 마이클 샌델, 『공동체주의와 공공성』, 김선욱 외 옮김, 철학과현실사, 2008, 38-40쪽 참조.

71 마이클 샌델, 『돈으로 살 수 없는 것들』, 안기순 옮김, 와이즈베리, 2012.

조한 것이었다. 샌델의 공동체는 그런 점에서 매우 도덕적이다. 그러나 바로 그 이유 때문에 그가 말하는 좋은 삶에 대한 사회적 합의는 다원주의적 사회의 다양성을 희생시키는 전체주의적 위험에 노출되어 있다.

그래서 샌델의 공화주의와는 결이 다른 필립 페팃Philip Pettit은 좀 더 온건한 방식으로, 그리고 샌델보다는 좀 더 구체적이고 정교하게 우리가 어떤 문제들에 대해 고민해야 하는지를 말한다.[72] 특히 그가 무임승차자, 즉 공동체의 연대를 약화시키는 주범으로서 얌체(페팃의 표현으로는 '일탈자')를 효과적으로 규제하기 위해 제안한 방법을 생각해보자. 먼저 페팃에게 있어 자유의 의미는 샌델의 자유 개념보다는 소극적이다. 샌델이 시민성의 조건으로 정치적 참여를 중시하는 적극적인 자유를 강조한 데 반해, 페팃의 자유는 외부의 간섭으로부터 해방되는 피지배 자유이다. 페팃을 가리켜 신로마적 공화주의라고 부르는 것은 이 때문이다. 샌델이 염두에 둔 고대 그리스의 아테네와 같은 공동체가 일정한 도덕적 가치를 공유하는 동질적인 집단인데 비해, 페팃의 공동체는 로마와 같이 훨씬 더 다문화적이다. 그런 점에서 페팃의 자유는 밀의 고전적인 자유주의와 마찬가지로 소극적이다.

문제는 앞서 살핀 것과 같이 이렇게 소극적 자유를 강조하는 것은 결과적으로 얌체들을 양산할 위험에 노출된다는 점이다. 페팃은 그 대안으로 '일탈자 중심의 규제 전략'만이 아니라 '순응자 중

---

72 필립 페팃, 『신공화주의』, 곽준혁 옮김, 나남, 2012.

심의 전략'을 고려해야 한다고 말한다.[73] 오늘날 우리 사회가 취하고 있는 전략은 일탈자 중심의 전략이다. 법을 어긴 자에 대해 엄하게 처벌함으로써 일탈자가 나오지 못하도록 하는 것이다. 그러나 이러한 전략은 대부분의 사람들이 순응자 즉 사회적 규범이나 법을 잘 따르려는 사람이라고 전제했을 때 의미 있는 전략이다. 그런데 오늘날의 사회 구조가 얌체가 되기를 부추기는 사회라면 이러한 일탈자 중심의 규제 전략이 효과가 있을까? 페팃은 그런 전략은 도리어 역효과를 낼 것이라고 말한다.

일탈자 중심의 전략에서 순응자들은 얻는 것이 별로 없다. 처벌받지 않는 대신 얻는 것도 별로 없다. 반면, 일탈자들은 규제를 피할 수만 있다면 많은 이익을 얻을 수 있기 때문에 일탈의 유혹으로부터 벗어나기가 어렵다. 나아가 얌체들로 하여금 부실한 현행법의 테두리 안에서 일탈할 수 있는 방법들을 연구하도록 자극할 것이다. 따라서 페팃은 그런 일탈자 중심의 전략만을 고수할 것이 아니라 순응자들을 잘 선별해서 그들에게 보상이 갈 수 있도록 하는 사회 질서를 설계해야 한다고 강조한다. 말하자면 착한 사람들이 뭔가를 보상받을 수 있는 사회질서가 더 중요하다는 것이다. 사회적 규범을 잘 지키는 사람들이 칭찬 받는 사회라면 그 사회의 순응자들은 자신들의 일탈 욕망을 억제하려고 노력할 동기를 갖게 될 것이다.

페팃은 얌체 없는 세상을 만들기 위해 얌체를 처벌하는 방식에

---

73 같은 책, 392쪽 이하 참조.

초점을 맞추기보다는 사람들이 스스로 약체가 되지 않도록 격려하는 방식을 취해야 한다고 말하는 셈이다. 그가 교육 방식에 대해 든 예는 바람직한 시민들을 양성해야 하는 우리의 학교 현실에서 매우 시사적이다.

> "예를 들어 교사들이 매 수업을 어떻게 활용할 것인가를 기록하고 설명하기를 요구받고, 추상적 기준을 만족시킬 수 있는 수업을 하도록 지속적인 압력을 받는다면, 그리고 교과과정, 수업 혹은 다른 부분에서 재량권을 거의 또는 전혀 받지 못하거나, 생산적이라는 것을 증명하지 못하는 경우 일반적으로 게으르다는 억측을 받아야 한다면, 이것이 그들 교사들에게 어떤 영향들이 미치게 될지를 생각해 보자. 교사들이 일반적으로 그들의 노력과 성취에 긍지를 가지고, 지역의 학교와 공동체에서 상응하는 지위의 대우를 누릴 수 있는 곳—교사들이 일반적으로 무형의 손의 영향력에 민감하게 되는 곳—에서 혹독한 관리체제는 쉽게 이러한 보상의 전망이나 중요성을 감소시키고, 자발적 시민적 교양을 감소시킨다."[74]

## 새로운 공동체적 규범을 찾아서

전통적인 공동체에서 개인들에게 주어질 수 있는 사회적 보상은 명예와 비난이었다. 물론 칭찬을 받거나 비난을 받는 것과 같은 사

74 같은 책, 455-456쪽.

회적 보상을 통해 사회를 규제하는 방식은 전통적인 공동체가 그렇듯이 소규모 공동체에서나 효과적인 방식일 수 있다. 따라서 거대한 익명성이 지배하는 오늘날의 사회에서 페팃의 이러한 방식은 그리 효과적이지 않다고 말할 수 있다.

그러나 다른 한편으로 오늘날 우리 사회가 과연 익명적인 사회인지에 대해서는 생각해 볼 필요가 있다. 수많은 사람들이 소셜 네트워크를 통해 직간접적으로 연결되어 있고, '네티즌 수사대'라는 말이 있을 정도로 감시의 시선도 광범위해졌다. 비록 공동체의 규모는 과거와 비교할 수 없을 정도로 커졌지만 공동체의 규제 수단은 과거의 소규모 마을공동체의 감시 기능을 따라가는 게 가능할 정도가 되었다. 비록 다른 이의 집에 숟가락이 몇 개인지는 알 수 없지만, 그가 평소에 어떤 생각을 하고 어떤 일들을 했는지 (적어도 그가 디지털 네트워크 세계에 이런저런 흔적을 남겨 놓은 한에서는) 알 수 있다. 사회 행정과 사람들의 삶이 디지털화될수록 이러한 경향은 늘어날 것이다. 따라서 사람들을 원자화시키는 데 일조한 디지털 사회가 역설적이게도 페팃의 순응자 중심의 전략이 갖는 효과를 낼 수 있게 되었다. 다만 우리 사회가 그런 감시의 시선을 일탈자나 약체를 찾기 위해 주로 사용하는지, 아니면 칭찬하고 명예를 부여해야 하는 사람을 선별하기 위해 사용하는지는 따져봐야 할 문제다.

샌델이 시민의 정치적 참여를 통해 공동체가 지향해야 할 공동선을 합의해가는 과정을 중시하는 것과 비슷하게, 페팃은 사회적 규범의 문제를 중시한다. 다만 샌델이 공동체가 지향해야 할 도덕적 가치를 중시하는 데 반해 페팃의 규범은 생활 규범에 가깝다.

페팃이 공동선으로서의 도덕적 가치보다 생활 규범 쪽에 더 무게를 두는 이유는 도덕적 가치를 중심으로 합의된 규범이 자칫 개인에게 억압이 될 가능성이 있기 때문이다. 물론 어느 경우든 공동체의 규범은 중요하다. 특히 법이 일탈자 중심의 규제 전략에 의지해 있는 한, 시민 교양은 위축되고 공동체 내에 일탈자 혹은 얌체가 등장할 공간이 넓어질 수 있다. 그래서 페팃의 새로운 공화주의 역시 시민적 교양을 증진시킴으로써 이런 문제를 해결하고자 한다. 사실 샌델과 페팃의 이념적 지향은 크게 다르지 않다. 모두가 함께 잘 사는 사회가 목표다. 그들의 이론 사이에 놓인 차이는 그 지향점을 현실에 구현하기 위한 정치적이고 실천적인 방법의 차이일 뿐이다.

인류가 역사 속에서 시도해온 다양한 정치사회적 실험들이 보여주듯 '더 좋은 사회'라는 이념의 현실적 구현은 역사적인 시행착오를 거치면서 그 이론적 거리들을 좁혀가고 있다. 이러한 경향은 각각의 입장들이 나름의 장단점을 갖고 있다는 점에서 자연스러운 일인지도 모른다. 각각의 입장이 다른 상대방에게서 자기 입장의 단점을 보완할 기회를 찾기 때문이다. 이러한 수렴 과정—개인과 공동체 사이의 균형점을 찾아가는 역동적 과정—에서 언제나 주목받는 화두는 시민 교양의 문제다. 그도 그럴 것이 아무리 제도가 좋아도 그 제도를 운용하는 사람들이 준비가 되어 있지 않으면 제도의 효과를 기대하기 어렵기 때문이다.

개인의 자유를 가장 중요한 가치로 생각하는 자유주의 진영에서 시민의 교양이란 자신만이 아니라 타인의 자유를 존중해주는 것,

그리고 기회의 평등을 중시하는 태도를 갖는 것이다. 이러한 입장이 갖고 있는 현실적인 한계는, 개인주의적인 태도가 시장주의 문화와 결합할 때 결과적으로 공동체의 결속력을 약화시키고 개인들을 정치적으로 무관심하게 만들어 버림으로써 고립시킬 수 있다는 점이다. 개인들을 국가나 거대 기업과 같은 커다란 권력에 대해 사실상 무기력한 존재로 전락시킬 위험이 있는 것이다. 그래서 개인의 좀 더 적극적인 자유를 요구하는 진영에서는 사회의 공적 담론에 적극적으로 참여할 수 있는 정치적 역량을 시민의 자격조건으로 요구한다. 물론 이 때의 정치적 역량이란 공동체적 삶을 지탱하는 개개인의 비판적 사고 역량을 전제로 한 것이다. 공정하고 개방적인 담론의 장에서 서로의 차이를 확인하고, 이를 조율해 가는 성숙한 민주주의를 지향하는 것이다. 하버마스Jürgen Habermas를 비롯한 많은 사람들이 공론장과 관련하여 제안한 생각, 이른바 '숙의민주주의'deliberative democracy라는 대안은 근대 계몽주의 프로젝트가 좌초한 바로 그 지점에서 새로운 희망을 말하기 위해서였다.

그러나 서로 생각이 다른 사람들이 모여서 함께 토론하고 그렇게 차이를 좁혀감으로써 사회와 공동체 전체가 더 좋은 사회를 위한 혁신을 위해 함께 힘을 모으는 것은 쉬운 일이 아니다. 개인의 자유와 차이의 존중을 강조해온 포스트모던 문화와, 그런 포스트모던 문화가 갖고 있는 내재적 한계를 극복하기 위해 시민사회의 역량과 공공성을 강조해온 '새로운' 계몽의 문화가 등장한 지 이미 한 세대가 지났다. 민주주의라는 관점에서 우리 사회보다 앞서 있다는 서구 사회는 물론이고 그런 서구 시민사회의 역량을 수입하고자 했던 한국 사회에서 사정이 과연 나아졌을까? 이 책의 맨 앞에서 진단한 문제, 호네트가 말한 것처럼 전 세계가 공감했던 분노의 불길이 사그라지고 세계 곳곳에서 민족주의적으로 우경화되고 있는 현실은 시민 교양의 증대를 위해 노력해온 지난 시간의 노력을 의심하게 만든다. 우리 사회 역시 예외가 아니다.

우리 사회는 시민의 힘으로 권력을 견제한, 세계적으로 유례없는 민주주의적 성과를 달성한 사회이지만, 여전히 우리에게는 미래와 관련한 가치 전쟁이 상존하고 있고, 적어도 겉보기에는 점점 더 치열해지는 듯하다. 게다가 이러한 전쟁이 더 좋은 사회를 가기 위한 사회적 비용이라는 증거도 분명치 않다. 2017년 장은주 교수는 『시민교육이 희망이다』라는 제목의 책을 냈다.[75] 하지만 역설적이게도 이러한 제목은 우리 사회가 한 세대 가까이 투자해온 시민 교육 또는 시민 교양에 뭔가 문제가 있었다고 말하는 것은 아닐까?

---

75 장은주, 『시민교육이 희망이다—한국 민주시민교육의 철학과 실천모델』, 피어나, 2017.

# 6장

## 선량한 시민들의 세상

## 절차적 민주주의보다는 삶으로서의 민주주의

우리 사회에서 시민사회의 공동체 운동이 촉발되고 활발하게 논의되기 시작한 지도 한 세대가 지났다. 군사독재가 끝나고 1990년대 문민정부가 들어선 이후 서구 사회에서 촉발된 공동체주의 운동 역시 우리 사회로 빠르게 유입되었다. 변화된 정치 환경에서 시민사회운동 역시 활발하게 도약했다. 그 과정에서 분명 우리 사회의 시민의식도 성장하였다. 2000년대 들어 시민의 정치 참여는 적극적으로 변했으며, 집회 문화 역시 민주주의를 오랫동안 발전시켜 온 나라들에서도 보기 힘들 정도로 선진적이 되었다. 정치 영역뿐 아니라 일상생활에서도 소규모 마을공동체나 지방자치단체가 주도하는 시민운동들 역시 곳곳에서 뿌리를 내렸다. 그럼에도 여전히 시민교육만이 희망이라고 말해야 한다면, 이제까지의 시민교육에 뭔가 문제가 있었다는 것을 고백하는 셈이다. 실제로 우리 사회에서 벌어지고 있는 다양한 가치 전쟁, 심지어 학교에서 시민교육을 받고 자라난 세대들마저 혐오 발언들을 쏟아내는 것을 보면 성숙한 시민 교양은 아직은 요원한 이야기다.

장은주 교수가 새로운 시민교육에 희망을 건 이유는 오늘 우리의 젊은 세대들이 겪고 있는 좌절감에 대한 반성이었다. 한때, 그리고 지금도 여전히 유효한 표현인 '헬조선'이라는 말이 젊은 세대들 사이에서 회자되었던 이유는 우리가 공동체의 주인으로서 주체성을 잃었기 때문이라는 것이다. 그는 우리 사회가 이렇게 된 원인이 이른바 '메리토크라시'meritocracy, 능력중심사회라는 이름의 치열한 경쟁 속에 내몰린 사람들이 왜곡된 사회 구조에 순치된(적응한) 탓으로 본다. 그래서 그는 지식으로서의 민주주의가 아니라 '삶으로서의 민주주의'가 중요하다고 말한다. 민주주의를 몸으로 구현해야 한다는 것이다.

이러한 반성이 오직 우리 사회에만 적용되는 것은 아니다. 실제로 장은주 교수의 이러한 실천적 민주주의의 기본 아이디어는, 그가 밝혔듯이 독일의 시민교육에서 온 것이다. 민주주의 시민교육의 선두주자라 할 수 있는 독일 역시 시민교육의 위기를 보았다. 2000년대 들어서 독일에서도 극단적인 민족주의나 외국인 혐오와 같은 현상들이 팽배했기 때문이다. 그 결과 독일은 2005년 그동안의 시민교육 문제를 반성하고 '체화된 민주주의'를 위한 방향전환을 시도한다. 마찬가지로 최근 세계 각국에서 이른바 '헤이트 스피치'(혐오 발언)에 대한 처벌 수위를 강화하고 있는 현실은 그간의 시민교육이 과연 성공적이었는지를 반성하게 한다. 제시된 해법은 개개의 시민들이 단지 이론 교육이 아니라 실천적인 역량의 교육, 즉 실제 삶의 현장에서 민주주의적인 방식으로 문제를 해결해 나가는 것을 체험함으로써 민주 시민으로서 자치 능력을 키워나가는 것이다. 이러한 방향 전환이 성공적인 결과를 낳을지는 아직 미지수다. 무엇보다 그런 방향 전환이 성공할 수 있는 조건에 대한 분석이 부족해 보이기 때문이다.

문제의 핵심은 민주주의를 인지주의적이고 기능주의적으로만 이해하고 있는 데 있다. 민주주의는 기본적으로 우리 사회가 부딪치고 있는 문제를 해결하는 절차적 제도이다. 따라서 사람들은 시민들이 민주주의의 작동 원리를 이해한다면 민주주의가 잘 작동하리라고 믿었다. 그에 따라서 민주주의 사회의 시민으로서 요구되는 시민적 덕성 역시 지적 역량에 초점이 맞추어져 있었다. 제시되는 정보를 올바르게 판단할 수 있는 비판적 사고력, 공론장이라는 특별한 공간에서 다른 사람들과 합리적인 논쟁을 통해 합의에 이를 수 있는 지적 역량 등이 중요했다. 그런데 이러한 기능주의적 접근은 인간 삶의 문제에 대한 근대 과학의 합리성이 보여준 무기력을 반복할 위험이 있다. 단순히 공정한 절차에 따라 합의된 결과를 도출하고 그것에 복종한다는 식의 인지주의적이고 기능주의적인 접근만으로는 민주주의를 다수결주의로 전락시킬 위험이 있기 때문이다. 플라톤이 소크라테스의 죽음에 한탄하며 민주주의를 비판했던 까닭을 새겨봐야 할 이유다.

우리가 지금 살고 있는 이곳은 시장주의 철학이 지배하는 사회, 치열한 경쟁이 상시화되어 있는 곳이다. 이런 운동장에서 벌어지는 공론장은 승부차기 경기장으로 변질될 수 있다. 더군다나 공론장의 구조적 원리인 논쟁성을 강화할 경우, 합리적 의사결정을 위한 비판적 사고는 자신과 집단의 이익을 정당화하는 논리를 개발하는 도구로 전락할 위험에 처하게 된다. 게다가 시민들을 대변해야 할 정당들의 당리당략적 행동 양태는 진정한 논쟁을 원하는 이들에게 회의주의나 무력감만을 더하고 있다. '공유지의 비극' 사례에서 하딘이 말한 것처럼, 사람들이 눈앞의 이익을 포기하지 않는 한 단순한 계산적 합리성만으로는 문제가 해결되지 않는다.

새로운 시민교육, '민주주의 살아가기'라는 체화된 민주주의가 성공하기 위한 가장 중요한 조건은 서로 다른 생각과 가치관들이 충돌할 때 그것을 감내할 수 있는 개방성과 인내다. 이때 개방성은 인지적인 역량만이 아니라 인성적인 역량을 포함한다. 우리는 이 인성적인 역량을 '선량한 사람'이라고 말할 수 있을 것이다. 이 말은 전혀 새로운 것이 아니다. 도리어 우리의 전통 문화에 새겨져 있는 오래된 유산을 담고 있다. 마을의 어른들이 어린이들에게 '착한 사람'이 되라고 말했던 것은 사회적으로 성공한 사람이 되라는 뜻이 아니다. 그저 남에게 해 끼치지 말고 자기 일에 충실한 사람이 되라는 뜻이었다. 착한 사람이 되라는 말에는 공동체적 삶에 대한 감각이 담겨 있다.

그러나 착한 사람이 되라는 말은 오늘날 빠르게 사라지고 있는 중이다. 치열한 경쟁 사회에서 생존해야 한다는 사실, 혹은 착한 순둥이는 사회적으로 성공하기 어렵다는 생각이 그런 말을 하기를 주저하게 만든다. 오늘날 '착하다'라는 인격적 덕성을 가리키는 술어는 차츰 사물화하고 있다. 착한 가격, 착한 가게, 착한 정책에 관한 이야기는 많아도 착한 사람들에 관한 이야기는 줄어들고 있다. 심지어 착하게 살기보다는 차라리 독하게 살라고 말하는 권유가 넘친다. 이러한 현상은 어쩌면 착한 사람을 이타적인 사람과 동일시하는 착시 때문일지도 모른다. 하물며 생물학계와 사회과학계에서는 이기주의 대 이타주의의 논쟁을 통해 그런 착시를 조장하기까지 한다.

이제 우리의 '당연한' 관념을 조금 흔들어 보자. 개념적 대립은 도식화된 이분법을 낳는다. 예를 들어 착한 사람들은 모두 이타적인 사람들인가? 우리의 직관적인 경험에 따를 때 이타적인 사람들은 예외 없이 착한 사람들이다. 반면 모든 착한 사람들이 다 이타적인 것은 아니다. 문제는 이타적이지 않다면 이기적이라고 편을 나누어 버리는 이분법에 있다. 이타적이지 않다고 해서 비윤리적인 사람이라고 비난받아야 하는가? 이러한 이분법적 도식은 푸코의 방식을 빌려 말하자면 정상과 비정상을 가르는 것과 같은 전형적인 근대의 도식일 뿐이다. 그런 도식은 행복하지 않으면 곧바로 불행하다고 생각해 버리는 함정으로 우리를 몰고 간다.

이타적인 행동을 하는 사람은 분명 칭송의 대상이 되어야 한다. 그러나 바로 그 이유로 이타적인 행동을 하지 않았다고 해서 비난받아서는 안 된다. 그것은 이상과 현실 사이의 간극을 더 첨예하게 만들거나 최소한 그 간극에 대한 체험을 더 극적으로 만들 뿐이다. 따라서 그런 이분법은 현실적인 무기력감을 체험하는 착한 사람들에게 부역자 의식을 불러일으킬 뿐이다. 만약 우리가 가치 전쟁 상황에서 현실적인 해결책을 찾고자 한다면, 그 주체가 될 사람들을 현실 문제의 공범자나 부역자로 만들어서는 안 된다.

일상의 관점에서 볼 때, 착한 사람들도 이기적으로 행동하는 경우가 없지는 않다. 그러나 그 경우는 그 자신이나 가족의 생존과 관련되어 있는 급박한 경우이다. 게다가 착한 사람은 불가피하게 자신과 가족을 위해 한 행위가 타인의 가슴에 못을 박는다는 것을 알게 되었을 때 죄책감을 느끼는 사람들이다. 우리가 아는 한, 착한 사람은 이타적으로 행동하지는 못할지라도 타인의 아픔에 공감하거나 타인에게 아픔을 주는 행위를 못 견디는 사람들이며, 보편적 인권이 짓밟히는 것에 대해 분노할 수 있는 사람들이다. 그들은 동서양을 막론하고 오래된 문화적 전승인 황금률을 따르는 사람들이다. '네가 받고 싶은 대접을 남에게도 하라!' 혹은 '네가 받고 싶지 않은 대접을 타인에게 해서는 안 된다!' 착한 사람들은 대개 다른 사람들에게 특정한 삶의 방식을 강요하지도 않는다. 다만 착하게 살 것만을 강조할 뿐이다. 그런 점에서 착한 사람을 시민이 갖추어야 할 인격적 덕성으로 삼는 것은 과도한 도덕적 요구가 아니다. 도리어 착한 사람이 되어야 한다는 요구는 지나치게 소극적으로 보일 정도다.

## 착하기만 해서도 문제

착한 사람들은 대체로 체제 순응적이다. 흔히 우리는 착한 사람들을 가리켜 '법 없이도 살 사람'이라고 말하곤 한다. 대개의 착한 사람들은 공동체적 규범을 준수하며 살기 위해 애쓴다. 다른 사람들과 문제를 일으키는 것을 원치 않기 때문이다. 이러한 순응성은 분명 사회 변화의 동력을 약화시킬 수 있다. 때로는 사회의 문제를 '문제'로 인식하지 못하게까지 한다. 그래서 김지혜 교수는 '선량한 차별주의자'라는 형용모순의 개념을 통해, 착한 사람들이 혐오 발언을 하고 누군가를 차별하는 우리 사회의 '이해하기 어려운' 현실을 폭로한다.[76] 그것은 아렌트가 말한 '악의 평범성'처럼 우리의 무딘 감수성을 고발하는 개념이다. 확실히 착한 사람들은 공동체의 습속들을 무비판적으로 받아들이고, 그래서 우리 공동체가 범해왔던 차별을 별 문제 없는 것으로 간주해 버리는 성향이 있다. 설령 그것을 문제로 인식한다고 해도 그것을 개선하고자 노력하지 않을 수도 있다. 그 과정에서 누군가에게 상처를 줄까 하는 노파심 때문이다. 따라서 문제의 해법은 이런 착한 사람들이 '시민적 주체'로 거듭나게 하는 데 있다.

착한 사람들에게 치열한 경쟁은 아주 부담스러운 짐이다. 누군가를 밟고 일어서야 성공할 수 있다는 생각은 극도의 피로감을 준다. 때문에 오늘날 우리가 겪고 있는 신자유주의의 치열한 경쟁과 그로 인한 피로감의 호소는 이중의 현실을 보여준다. 하나는 여전히 우리 사회에는 착한 사람이 많다는 것이고, 또 다른 하나는 그런 대다수의 착한 사람이 사회적 주체가 되지 못하고 있다는 것이다. 만약 착한 사람들이 사회적 주인 의식을 분명하게 갖고 있었다면,

76 김지혜, 『선량한 차별주의자』, 창비, 2019.

자신들을 괴롭히고 있는 이 끝없는 경쟁체제를 끝내야 한다고 합의했을 것이기 때문이다. 이전의 민주주의 시민 교육이 비판적 사고력과 참여 의식을 강조했던 까닭은 이러한 종류의 문제, 다시 말해 사회적 문제를 시민들의 적극적인 참여를 통해 해결하고자 했기 때문이다. 그것은 확실히 옳은 선택이었다. 그러나 결과는 기대와 달라 보인다. 아직 민주 시민 교육이 뿌리를 내리는 데 시간이 모자랐기 때문만도 아닌 것 같다. 도리어 우리 사회의 민주주의는 위기를 목전에 두고 있다.

문제는 이런 상황을 개선하기 위해 시도된 시민 교양 교육이 결과적으로 균형을 잃었다는 것이다. 진정한 민주주의를 구현하기 위해 부족한 것을 채우려는 노력은 옳았지만, 그 과정에서 놓쳐서는 안 될 것을 놓치고 말았다. 사회적 문제에 대한 감수성을 높이고 합리적인 토론을 통해 문제를 해결해 나가자고 제안하면서, 의도치 않게 '착하게 살아야 한다'는 소극적 규범을 무시하거나 소홀히 했다. 어쩌면 건강한 논쟁을 장려하는 시민 교육이 체제 순응적인 '착한' 사람과는 결이 다르다고 생각했는지도 모른다. 문제가 복잡하고 어려울수록 '치열하게 논쟁해야 한다'는 것이 하나의 방법론적 준칙으로 여겨지기도 했다.

사회적 경쟁이 심화될수록 더욱 강조해야 할 지점은 '문제를 해결하기 위해 다른 사람들과 합리적으로 논쟁하라'가 아니라 '문제가 해결되는 과정에서는 늘 상처를 받는 사람이 있을 수 있다'는 것이어야 한다. 공동체가 합리적인 논쟁을 통해 최선의 해결책을 찾아내더라도 그 과정에서 정서적으로 배려 받지 못한 사람이 나온다면, 그는 그 해결책을 실행하는 데 협력할 동기를 잃고 방관자가 될 가능성이 크다. 착한 사람은 경쟁에서 이겨도 이긴 티를 잘 내지 않는다. 자신의 승리보다 경쟁에서 진 사람들의 상처를 먼저 생각하기 때문이다.

어쩌면 누군가는 '착하게 살자'는 제안이 소극적인 것이 아니라 너무나 높은 수준의 어려운 요구라고 말할지 모른다. 실제로 우리 사회에서 착하게 살기가 얼마나 어려운가? 그것은 엄청난 인내와 아량을 요구하는 것이 아닌가! 하지만 착하게 살기는 공동체적 삶에서 최소한의 것이다. 타인에게 해를 끼치지 말라는 요구는 결코 과한 것이 아니다. 우리 사회에서 착하게 살기가 어려운 것은 우리가 살고 있는 삶의 환경 문제이며, 이러한 환경을 개선하기 위해 노력하는 '시민'들이 늘어날수록 그 환경은 바뀌어 갈 것이다. 따라서 착하기만 해서는 안 된다. 그런 착한 사람들이 마음 놓고 살아갈 수 있는 사회가 되어야만 한다. 그런 사회는 착한 사람들이 시민적 주체성을 발휘할 때만 가능하다.

'선량한 시민'은 우리 사회가 지향하는 다양성의 공존을 위한 조건이며, 그런 한에서 현실적이다. '선량한 시민'은 어떤 특정한 도덕적 이념을 지향하지 않는다. 그런 의미에서 소극적이다. 그러나 다양성 사회에서 이러한 최소주의 전략이 낼 수 있는 효과는 결코 작지 않다. 게다가 앞서 여러 가지 방식으로 말한 딜레마적 상황을 벗어나기 위한 가장 현실적인 전략이기도 하다. 특정한 사회적 혹은 도덕적 이념을 강조함으로써 인간성을 개조하고자 하는 프로젝트는 현실과 이상 사이의 간극을 더 크게 벌림으로써 실패할 가능성이 높다. 최악의 경우 개인들에게 어떤 가치를 강요하는 폭력으로 전락할 수도 있다. 오언의 실패나 근대의 끝자락에서 마주친 전체주의가 그렇다. 반면 인성의 문제를 고려하지 않고 오직 민주주의의 기능적이고 절차적인 수단을 강화함으로써 문제를 해결하려는 시도 또한 현실적인 한계를 가진다. 그것은 도리어 격화된 가치 전쟁으로 인한 커다란 사회적 비용을 청구할 것이다.

## 선량한 시민들의 건강한 개인주의

우리가 건강한 개인주의를 지향한다면, 결코 쉽지 않은 일이지만 사잇길을 가야만 한다. 우리는 우리 사회의 시민들에게 이타적인 사람이 되라고 요구할 것이 아니라 선량한 시민이 되라고 요구해야 한다. 선량한 시민은 도덕적 이상을 구현하는 성인군자가 아니다. 그들은 그저 다른 사람에게 해를 끼치지 않는 평범한 사람들이다. 이러한 생각의 변화만이 이상과 현실 사이의 간극을 줄일 수 있다. 호네트는 오늘날의 시민들이 좀 더 나은 세상에서 살아가기 위해서는 사회주의 이념을 복원해야 한다고 말한다. 매킨타이어를 비롯한 공동체주의자들이나 공화주의자들 역시 공동체의 복원을 위한 공동선, 혹은 공동체 구성원들이 합의할 수 있는 공동의 가치를 부활시켜야 한다고 말한다. 그러나 그러한 이념적 가치의 복원보다 더 시급한 것은 (그리고 과거의 실패를 다시 반복하지 않기 위해서는) 그런 지성적 활동을 뒷받침할 인성의 복원이다. 더 나아가 선량한 시민들이 사회문화적 주류가 되어야 한다. 다시 말해 새로운 시민

교양을 위한 일차적인 문제는 착한 사람이 존중받지 못하는 우리의 사회문화적 분위기를 쇄신하는 것에 달려 있다.

그러나 어떻게 사회를 쇄신할 것인가? 선량한 시민들의 세상을 만드는 일은 결코 쉬운 일이 아니다. 특히 착한 인성을 강조하는 것은 뚜렷한 지향점을 갖지 못하기 때문에 공허해 보이기까지 한다. 착한 사람이 되기 위해서 무엇을 해야 하는가? 혹은 선량한 시민들을 길러내기 위해 학교는 무엇을 가르쳐야 하는가? 앞서 말했듯 착한 사람이 되라는 요구는 소극적이다. 어떤 구체적인 인간상으로 규정되는 적극적인 요구가 아니라 오직 '타인에게 해를 끼치지 않도록 조심하라'는, 그리고 '약체가 되어서는 안 된다'는 최소한의 요구만 담겨 있다.

비록 실패한 시도라고 할지라도 오언의 프로젝트에는 일말의 교훈이 담겨 있다. 사회 변화는 그 사회의 주류를 이룰 사람들이 변화할 때만 가능하다. 하지만 그것은 짧은 시간에 도달할 수 있는 과제가 아니다. 따라서 착한 사람들이 사회문화적 주류가 되기 위해서는 아동 시절의 교육에서부터 착한 인성이 강조되어야 한다. 더 나아가 중등교육 과정이 '입시를 위한 경쟁'이 되지 않도록, 또 치열한 경쟁 사회에서 살아남기 위해 자신의 능력을 개발하는 것만을 목표로 삼는 것이 아니라 먼저 착한 사람이 될 것을, 그리고 그런 착한 사람들이 민주주의적으로 공동의 문제를 해결하는 방법을 체화하는 것을 목표로 삼아야 한다.

그런 점에서 교사들에게는 지금보다 더 큰 자율성이 주어져야 한다. 선량한 시민의 양성이라는 교육 목표 아래 다양하고 창의적인 교육 내용을 개발하고 수행하도록 고무되어야 한다. 현재의 정량적 성과 위주의 평가 방식은 교사들의 창의성을 위축시킬 뿐이다. 교사들의 성과는 지식과 정보의 전달만이 아니라 선량한 시민을 길러내는 인성교육 분야에서도 인정되어야 한다. 어린이집이나 학교에서만이 아니라 가정에서도 마찬가지의 노력이 필요하다. 부모는 학생들에게 성적을 올려 경쟁에서 이길 것을 요구하는 것이 아니라 착한 사람이 될 것을, 다른 학생들과 협력할 것을, 또 얌체가 되어서는 안 된다는 것을 요구해야 한다.

선량한 시민을 길러내는 일은 단순히 어떤 지식을 전달하는 일이 아니다. 민주주의에 대한 기능주의적이고 인지주의적인 교육 모델이 한계에 부딪치고 있다는 사실을 직시해야 한다. 착한 사람에 대한 교육의 가장 좋은 방법은 '모방'이다. 부모와 교사가, 말하자면 기성세대가 선량한 시민이 되려고 노력하지 않는데 다음 세대에게 선량한 시민이 되라고 요구하는 것은 공허하다. 그것은 루소의 말처럼 교실에서 가르치는 것과 현실의 괴리만을 체험하게 하는 가장 나쁜 교육이 될 뿐이다. 치열한 경쟁이 요구되는 세상이 바뀌지 않는 한, 그런 교육은 실효성이 없다고 말할지도 모른다. 하지만 우리가 변하지 않는다면, 우리가 사는 사회도 바뀌지 않을 것이다.

혹시 또 다른 누군가는 착한 사람들이 문화적 주류가 되었을 때 그 사회의 생산성은 떨어질 것이라고 말할지도 모른다. 그가 보기에 착한 사람들은 대개 경쟁을 불편해 하고, 경쟁은 최고의 생산성을 낳는 방식이라는 믿음이 견고하기 때문이다. 따라서 착한 사람은 오늘날 우리 사회가 요구하는 창의성을 갖지 못한 사람, 혹은 체제에 순응하기 때문에 도전하지 못하는 사람으로 여겨질 수 있다. 하지만 칼 던커Karl Dunker의 촛불 문제를 이용한 코넬 대학의 앨리스 아이젠Alice Isen의 실험은 그런 노파심이 근거 없음을 보여준다. 심리학자인 던커는 우리가 사물에 대해 갖는 기능적 고착 문제를 탐구하기 위해 피실험자들에게 양초와 성냥 그리고 압정 한 상자를 주고 '초를 벽에 붙이되 촛농이 바닥에 떨어지지 말아야 한다'는 과제를 제시하였다. 압정 상자를 오직 압정을 보관하는 기능으로만 생각하는 사람은 압정 상자를 초 받침대로 활용하는 아이디어를 찾아내는 데 어려움을 겪었다. 던커의 이 실험을 아이젠은 창의성의 발현 조건을 탐색하는 데 활용하였다.

아이젠은 피실험자를 두 그룹으로 나누어 한쪽은 코미디 영화를 보게 하고, 다른 쪽은 별 특징 없는 영화를 보게 한 뒤 촛불 문제를 풀게 했다. 제시된 문제를 해결하기 전에 코미디 영화를 본 사람들은 75퍼센트가 답을 찾아냈지만 별 특징 없는 영화를 본 사람은 20퍼센트만 답을 찾았다. 유쾌함이 창의성 증진시키는 데 도움을 준 것이다. 그에 반해 프린스턴 대학에서 샘 글럭스버그Sam Glucksberg는 촛불 문제를 경쟁을 통해 풀게 하였다. 한 그룹에게는 시간을 잰다고만 하고, 다른 그룹에게는 빨리 푼 25퍼센트는 5달러, 가장 빨리 푼 사람에게 20달러라는 보상을 걸었더니, 경쟁 속에서 문제를 푸는 시간은 오히려 3.5분이 더 걸렸다. 경쟁은 도리어 사람들의 자유로운 생각과 창의성을 막을 수 있다. 강요된 경쟁은 자발성의 발현을 막기 때문이다.

사회의 혁신은 경쟁을 통해서만 얻어지는 것이 아니다. 도리어 경쟁보다는 협력이, 경쟁조차도 유쾌하게 할 수 있는 사회적 분위기가 더 큰 사회적 혁신을 가능하게 한다. 생각의 변화는 현실의 변화를 초래한다. 우리가 착한 사람을 존중하고 착함을 기본적인 시민의 인성 덕목으로 간주할 때, 사회는 이기적인 사람들의 전쟁터가 아니라 서로 배려하고 존중하는 사회로 변화해 갈 수 있다. 착하게 살아야 한다는 시민사회의 인성적 규범은 특정한 생각과 행위를 강요하는 도덕적 규범이 아니다. 그것은 인간 삶의 황금률, '네가 받고 싶지 않은 대접을 남에게 하지 말라'는 형식적 규범을 일상의 삶에 적용한 것뿐이다. 이러한 시민사회적 규범은 일탈자를 처벌하는 법을 동원하지 않아도 얌체가 등장하지 못하도록 하는 공동체적 규범의 역할을 할 수 있다.

오늘날 우리는 각자의 삶을 존중한다. 이렇게 서로 다른 가치관을 갖고 살아가는 우리에게 공동체의 문제들을 해결하기 위한 최선의 정치적 의사결정 방법은 역시 민주주의다. 그리고 민주주의라는 제도를 잘 운영하기 위해서는 시민들의 지적 역량이 말할 필요 없이 중요하다. 비판적 사유 능력에 기초해서 잘못된 선택을 하지 않도록 주의해야 하기 때문이다. 그러나 그런 지적 능력이 제대로 그 힘을 발휘하기 위해서는 시민 개개인이 착한 인성을 가져야만 한다.

선량한 시민들이 사회적 주체로서 힘을 발휘할 수 있을 때, 개인주의는 비로소 빛을 발하게 될 것이다. 누구든 자신이 하고 싶은 일을 할 수 있는 사회, 그럼에도 그것이 타인에게 해를 입히는 일은 아닌지 신중하게 고민함으로써 현실적으로 가능한 타협점을 찾기 위해 노력하는 사회야말로 건강한 개인주의자들이 사는 사회이다.

## 상식적 가치와 직관에 기대어

'선량한 시민'은 다양성 사회이자 민주주의 사회의 구성원으로서 지성적 조건과 인성적 조건을 결합한, 지극히 평범하지만 바로 그런 이유에서 현실적인 목표다. 개념적 의미로는 오랜 세월 우리 사회에서 완성된 인격을 의미하는 '어질고 착한 시민'이다. 어질고 착하다는 것은 공동체의 조화를 중시하면서도 너그러운 인격적 특성을 가리킨다. 즉 그것은 한편으로 '시민적 조화'라는 근대적 이념과, 다른 한편으로 포스트모던 사회가 지향하는 '차이의 존중'을 모두 담고 있는 특성이기도 하다. 두 가지를 결합한 '선량한 시민'이라는 개념은 따라서 양자 간의 역사적 균형점을 찾으려는 노력을 반영한다. 선량한 시민이라는 개념은 민주주의적인 다양성 사회의 주체로서 시민의 역량, 서로 생각이 다른 사람들과 토론을 통해 당면한 문제들에서 최선의 해법을 찾아내고자 하는 노력하는 주체를 의미한다. 그들은 개방적이고 인내할 줄 알며, 장기적인 시선에서 자신의 이익과 공동체의 이익의 균형을 찾기 위해 노력하는 주체다. 선량한 시민들의 세상에서 요구하는 공동체적 규범은 '얌체가 되어서는 안 된다'는 가장 단순하지만 강력한 규범뿐이다.

선량한 시민이라는 개념은 비록 얌체 또는 무임승차자를 규제하는 공동체적 규범을 따를 것을 요구하지만 그것이 개인의 자유를 침해하지 않는다. 도리어 개인들의 자유가 충돌할 수 있는 교집합이 생명력을 갖기 위한 최소한의 조건을 요구하는 것이다. 비판적 사유를 할 수 있는 착하고 어진 사람들이 살아가는 곳, 이것이 다양성 사회가 지향해야 하는 선량한 시민들의 세상일 것이다. 그리고 바로 그런 사람들이 문화적 주류라는 생각을 확산시킴으로써 착한 사람들의 권위를 회복시켜 주는 일이야말로 우리 사회가 해야 할 일이다. 이렇게 우리 사회가 착한 사람을 존중하는 사회가 될 때, 그래서 선량한 시민이 사회의 주류가 될 때만, 우리는 가치 전쟁을 더 나은 사회를 위한 사회적 투자로 계상할 수 있다.

그런데 도대체 어떤 사람이 선량한 시민인가? 선량한 시민들의 세상을 꿈꾼다면 당연히 착한 사람의 정체가 분명해야 한다. 예컨대 앞서 이야기했던 것처럼 착한 사람들은 대체로 체제 순응적이다. 그러면 한나 아렌트가 마주한 예루살렘의 아이히만도 착한 사람, 선량한 시민이었을까? 그는 히틀러 치하에서 수많은 사람들을 희생시킨 홀로코스트의 집행자들 중 한 명이었다. 그가 재판정에서 자신은 군인으로서 명령에 따라 행동했을 뿐이라고 말한다. 이러한 종류의 체제 순응자를 선량한 시민이라 말할 수 있을까? 현행법이 그렇다는 이유로 위기에 빠진 사람을 외면하는 관리들, 법대로 하라고 소리 높여 버티는 몰염치한 분노 유발자들을 가리켜 체제 순응적이기 때문에 선량한 시민들이라고 말할 수 있을까?

선량한 시민의 조건으로서 착한 사람이라는 규정은 앞서 이야기했던 것처럼 소극적negative이다. '이런 사람이 바로 착한 사람'이라고 판단하는 적극적인 규정과 달리 소극적인 규정은 적어도 이런 사람은 착한 사람이 아니라고 말하게 한다. 누가 착한 사람인지를 규정하는 일은 쉽지 않지만, 누가 착한 사람이 아닌지를 판별하는 일은 어렵지 않다. 일상의 우리는 착한 사람을 알아보는 놀라운 직관력을 갖고 있다. 때때로 실패할 때도 있지만 그런 실패는 예외적이며, 대개의 경우 착한 사람을 판별하는 우리의 직관은 성공적이다.

착한 사람이라 여겼던 사람이 그렇지 못한 얌체로 밝혀졌을 때 충격이 더 큰 이유도 우리가 착한 사람을 알아보는 데 좀처럼 실패하지 않기 때문이다. 이러한 직관력은 공동체의 오랜 문화적 전승에 따라 습득되어 온 역량이다. 그리고 이러한 역량이 일상의 광범위한 실천적 지침으로 번역된 것이 바로 상식common sense이다. 이런 의미에서 선량한 시민들의 세상은 간단히 말해 '상식이 통하는 세상'이라고 말할 수 있다.

물론 상식이라는 말은 아주 조심스럽게 사용해야 하는 말이다. 왜냐하면 상식은 통상 어떤 공동체의 생활 규범을 가리키고, 그런 한에서 개인의 자유를 억압하는 장치의 구실도 하기 때문이다. 여기서도 균형을 잡는 일의 슬기가 필요하다. 상식은 때때로 우리를 구속하는 고정관념의 역할을 한다. 그래서 상식은 창의적인 생각과 도전적인 시도를 속박할 수 있다. 다양성 사회의 '선량한 시민'이라면 이런 종류의 구속에 대한 감수성이 필요하다. 건강한 개인주의, 즉 공동체적 감수성을 갖고 있되 개인의 자유를 존중하는 개인주의는 고정관념의 속박으로부터 자신을 객관화하는 비판적 성찰 능력을 필요로 한다.

먼저 기억해야 할 것은 시대의 공통 감각으로서 상식은 유동한다는 사실이다. 상식은 대개 당연하다고 여겨지는 것들이다. 때문에 우리는 상대와의 갈등 상황에서 '상식'이라는 말로 자신의 입장을 정당화할 때도 있다. 그러나 상식 혹은 당연한 것은 항상 시대의 산물이다. 과거에는 결혼하고 자식 낳고 사는 것이 당연한 일이었다. 그러나 오늘날 그것은 더 이상 당연한 것이 아니다. 이 당연함에 대한 감각 차이가 사람들 사이에 혹은 세대 간에 가치 전쟁을 유발한다.

우리가 상식이 그때그때 달라질 수 있다는 사실에만 주목한다면 영락없는 상대주의에 빠진다. 그것은 도로 소모적인 가치 전쟁의 비용을 계상하게 한다. 좀 더 분명하게 기억해야 할 것은 그런 상식의 상대성에 대응하는 어떤 보편성, 즉 인간사의 상식 중에는 변하지 않는 것도 존재한다는 것이다. 그것은 사실의 차원에서도 그럴 수 있고 당위의 차원에서도 그럴 수 있다. 먹고사는 조건이 중요하다는 것은 변하지 않는 사실이며, 인간다운 삶을 살아야 한다는 것도 변하지 않는 당위적 요구다. 변하는 것은 시대의 변화에 적응해 가는 구체적인 삶의 양식이지, 그런 삶의 양식들이 지향하는 보편적 가치는 변화하지 않는다. 따라서 상식이 시대에 따라서 변할 수 있다는 말은 삶의 구체적인 양식에 대한 이야기지 보편적 가치에 대한 이야기가 아니다.

따라서 상식에 관한 이야기에서 중요한 것은 보편적인 것과 변할 수 있는 것들을 잘 구분하는 능력이다. 달리 말하면 우연적인 것들과 본질적인 것들을 구별하는 능력이다. 우리에게는 이런 지적 능력이 있다. 독일의 철학자 에드문트 후설이 학문적 탐구의 객관성을 확보하기 위한 방법으로 제안한 '판단중지'Epoche와 '본질직관'Wesensanschauung은 삶을 살아가는 상식에 관한 논의에서도 활용될 수 있다. 판단중지와 본질직관은 인간이 '자유롭기' 때문에 발휘할 수 있는 지적 능력이다. 판단중지는 '당연하다고 여겨지는 것'을 당연하지 않다고 생각해 보는 것이며, 본질직관은 늘 변화하는 현실 속에서 변하지 않는 것을 찾아내는 능력이다. 이 모두는 '달리 할 수 있음'이라는 인간의 자유를 전제로 한다. 칸트의 자유 개념을 빌리자면, 인간은 본능의 명령에 충실한 곤충과 달리 '하고 싶지만 하지 않을 수 있으며', '하기 싫지만 할 수 있는' 자유를 가진 존재다. 그 자유가 인간을 도덕적 존재로 격상시켜 준다. 또 바로 그 자유가 당연하게 여겨지는 것을 과연 당연한 것인지 의심해보고, 서로 다른 것들에서 공통적인 것을 볼 수 있게 해 준다.

후설에 따르면 인간은 주어진 사물이나 사건에서 보편적이고 본질적인 것을 볼 수 있는 능력을 갖고 있다. 서로 상이해 보이는 두 사건들을 동일한 부류의 사건으로 묶어내는 것이 바로 그런 능력이다. 그래서 서로 다른 것을 주장하고 있지만 사실 더 높은 차원에서 보면 동일한 것을 지향하고 있다고 말할 수 있는 경우가 많다. 누군가는 자유를 주장하고 누군가는 평등을 주장할 때, 그 대립은 타협할 수 없는 극한의 대립이 아니라 더 좋은 삶에 이르기 위한 방법의 차이일 뿐이다. 따라서 문제는 차이에 주목하기만 하는 것이 아니라 그 차이를 차이로 보게 해주는 공통적인 어떤 것에도 주목하는 것이다.

서로 달라 보이는 사람들이 모종의 공통점을 찾아내면 비로소 의사소통의 가능성이 생긴다. 낯선 사람을 만났을 때 고향을 묻거나 학교를 묻거나 하다못해 취미가 무엇인지를 묻는 이유는 상대와 나 사이의 공통점을 찾고자 하는 것이다. 바로 그 공통점에서 공감의 영역을 찾아내고, 그 영역에서부터 우호적인 의사소통이 시작될 수 있다. 후설은 이렇게 차이 속에서 공통적인 것을 발견하는 인간의 지적 능력을 '본질직관의 능력'이라고 불렀다.

이러한 본질직관은 가치 전쟁 상황의 대립을 극복할 수 있는 아주 인간적인 역량이다. 이 지적 역량이 제대로 발휘되기 위한 조건은 각자가 당연하다고 믿고 있는 것들에서 그 당연함의 효력을 중지시킬 수 있어야 한다는 것이다. 그것은 일종의 중립화 작용이다. 자신이 당연하다고 믿고 있는 믿음을 중립적인 관점에서 봄으로써 객관성을 유지하려는 태도라고 할 수 있다. 후설은 이를 '판단중지'라고 불렀다. 물론 이 역시 인간만의 고유한 지적 능력이다.

구체적인 삶의 양식은 시대에 따라 달라질 수 있다. 그런 의미에서 상식은 유동적이다. 한 세대의 삶을 지배한 특정한 생활양식은 그 세대에게는 당연한 것이었으며 그런 의미에서 규범의 역할을 한다. 그러나 그런 생활양식의 당연함의 효력을 정지시키면, 비로소 다른 것들을 볼 수 있는 지반이 생기게 된다. 판단중지를 통한 반성적 자기 성찰은 자신을 고정관념으로부터 해방시켜 줄 뿐만 아니라 타인의 삶을 좀 더 열린 마음으로 볼 수 있게 해준다. 내가 당연하다고 믿는 것과 타인이 당연하다고 믿는 것이 다를 때,

그 각자의 당연함을 잠시 내려놓는 태도, 그것이 건강한 개인주의자들의 공동체를 꾸리기 위한 조건이다.

# 지금보다는 더 나은 세상

'선량한 시민들의 사회'라는 지향점은 일종의 목적론적 성격을 갖는다. 공정하고 정의로운 세상이라는 시민사회의 이념은 추상적이고 형식적이다. 무엇이, 그리고 그것을 어떻게 해야 공정한 것인지, 또 그것을 어느 정도까지 이루어야 정의로운 것인지는 사람들마다 다르며, 공동체의 역사적이고 문화적인 조건에 따라 달리 규정될 수 있다. 그것이 최소한 개개 시민들의 사회적 합의를 통해 도달해야 하는 것이라면 더더욱 그렇다. 그런 점에서 우리는 아직 이상적인 사회의 실제 모습이 어떤 것인지 그 답을 모른다. 다만 그런 지향점이 존재한다는 믿음 자체는 중요한 방향타 구실을 할 수 있다.

오늘날 한국 사회가 (그리고 나아가 서구화되고 있고 다양성 사회가 되고 있는 모든 나라들이) 부딪치고 있는 가치 전쟁의 문제는 분명 해결되어야만 한다. 19세기 유럽에서 자유방임주의가 퇴조하고 결과적으로 폭력적인 국가주의가 등장한 역사를 우리는 기억해야만 한다. 혼란스러운 위기 국면이 지속되면 결국 힘에 의지한 정치가 등장할 것이다. 역사를 균형 찾기의 과정으로 보아야 한다고 말하는 것은 오직 그러한 관점에서만 가치 전쟁을 더 나은 사회를 향한 사회적 비용으로 계상할 수 있을 것이기 때문이다. 소박했던 근대 계몽주의나 오늘날의 새로운 계몽주의인 과학주의와 포스트모던의 상대주의라는 양 극단의 사잇길은 새로운 형태의 목적론적 사유를 필요로 한다. 이러한 목적론을 우리는 '방법론적 목적론'이라고 부를 수 있을 것이다.

세련된 계몽주의자로서 오늘날 과학자들이 주장하는 것은 우리가 살고 있는 현실에 대한 객관적인 지식을 토대로 무엇이 인류의 미래를 위해 좀 더 바람직한 선택일지를 합의하자는 것이다. 여기에는 분명 일말의 진실이 있다. 그것은 마치 노이라트Otto Neurath의 배처럼 망망대해에서 당장 배를 수리해야 하는 상황에 비유할 수 있다.[77] 우리의 믿음과 지식은 잠정적이며 언제든 오류 가능하다. 우리가 어떤 삶의 방식을 선호하는 것은 그것이 궁극적으로 '옳기' 때문이라기보다는 현재의 조건에서 최선이라고 믿기 때문이다. 그렇다고 해서 우리의 배가 노이라트가 비관적으로 비유한 것처럼 아무런 방향성도 없이 그저 생존을 위해 끝없이 부유하는 방랑자의 배는 아니다. 그보다는 주어진 현실의 문제를 해결함으로써 상

77 과학철학자 오토 노이라트는 언어적 주장들의 내적 정합성이 어떻게 이루어지는지를 설명하기 위해 배의 비유를 들었다. 즉 우리는 바다 위에서 구멍 난 배(지식체계)를 당장 수리해야 하지만 바닥부터 완전히 개조할 수 없는 선원과 같다는 것이다. 우리는 손상된 판자 하나를 빼내는 즉시 다른 판자를 넣어야 하며, 또 이 작업을 위해 선체의 다른 부분을 지지대로 사용할 수밖에 없다. 그러므로 체계를 수리하고 완성하는 과정은 점진적 구축일 수밖에 없다는 것이다.

대적으로 (과거보다는) 더 나은 곳을 향해 나가고자 하는 신중한 모험가의 배일 수 있으며, 또 그래야만 한다. 이는 어떤 이념을 미리 던져놓고 그것을 향해 나아가는 목적론이 아니라, 장기적인 시선에서 현재 상태보다는 더 나은 상태를 지향하는 방법론적 목적론이다.

물론 미리 설정된 이념이 존재하지 않는 탓에 방향성도 부족하고 공허해 보일지 모른다. 그러나 현재 상태의 문제점을 개선하려는 의사결정의 단계에 부여되는 방법론적 규준들이 있다는 점에서 그저 공허하기만 한 것은 아니다. 그 방법론적 규준의 예는 판단중지와 본질직관과 같은 것들이다. 그리고 이러한 인간 고유의 지적 능력은 결국 이성의 자기 책임 의식이기도 하다. 이러한 책임 의식은 앞서 말한 과학의 무능력을 보완할 수 있는 방법이기도 하다. 에드워드 윌슨의 결기에 찬 주장에도 불구하고, 과학은 진화의 다음 단계를 선택하고자 하는 사람들이 정작 어떤 조건을 만족시켜야 하는지를 '오직 사실에만 의지하는' 과학 담론으로는 도출할 수 없다는 점에서 무능력을 표출하기 때문이다.

다원화된 사회의 갈등 즉 '가치 전쟁'은 서로가 자신이 믿고 있는 것이 당연하다는 독선으로부터 유래한다. 이러한 갈등을 민주주의의 본원적 의미 아래서 해결하기 위해서는 각자 자신의 당연한 믿음들에서 그 '당연함'을 무력화시키고 대화의 장으로 나설 때만 가능하다. 자신이 믿고 있는 가치의 우선순위를 무력화시키는 이 결단은 한 개인이 자신의 이성에 대해 책임을 지고자 하는 태도이기도 하다. 전통으로부터 물려받은 가치이든, 내면의 숙고를 통해 획득된 가치이든, 자신이 믿고 있는 그 가치의 우선순위를 비판적인 시험대에 올려놓는 일이기 때문이다. 이로써 우리는 계몽주의가 본래 의도했던 이념을 방법론적으로 새롭게 성취할 수 있으며, 나아가 이런 태도를 다양성 사회의 민주적 시민이 가져야 할 지적 덕목이라고 부를 수 있을 것이다.

역사가 다르고, 사회문화적 조건이 다르다고 하더라도 '사람다운 삶'이라는 형식적 이념은 어느 시대를 막론하고 존재해온 공동체적 규범이었다. 한 시대의 상식은 그 '사람다운 삶'의 내용을 규정한다. 이때 우리가 주목해야 할 것은 시대마다 달라진 '사람다운 삶'의 내용 차이가 아니라 '사람다운 삶'이라는 어떤 보편적 이념에 대한 지향이다. 역사는 단속적인 장면들의 단순 집합이 아니라 어떤 이념을 향해 나아가는 동역학적 과정이다. 이상과 현실 사이의 균형은 우리가 사회의 현실적 조건을 고려하고 현재의 문제들을 해결해 나가는 과정에서 '사람다운 삶'에 좀 더 가까이 가려는 노력에 달려 있다. 오늘날의 사회가 요구하는 시민의 상식은 인권에 대한 존중과 공동체적 삶의 규범에 대한 감각이라고 말할 수 있을 것이다.

시대의 상식은 유동한다. 그것은 이상과 현실 사이의 균형점을 찾아가는 역동적인 운동의 결과이기 때문이다. 우리가 도달하고자 하는 이념이 바로 보편적 상식이다. 따라서 그런 유동성에 대한 반성적 성찰, 당연하다고 믿는 것들의 타당성을 일시적으로 무력화시킬 수 있는 지적인 자유와 타인과의 차이를 감내하는 인성의 역량이 조화를 이룰 때, 비로소 우리는 적어도 '지금보다는 더 나은 세상'이라는 지향점을 향해 움직일 수 있을 것이다. 그 지향점의 이름은 아마도 이렇게 부를 수 있을 것이다. "인류애와 보편적 상식에 기초한 선량한 시민들의 세상."

## | 참고문헌 (저자 姓에 따른 가나다순) |


**[국내서]**

김지혜, 『선량한 차별주의자』, 창비, 2019
박종훈, 『세대전쟁』, 21세기북스, 2013
전영수, 『세대전쟁』, 이인시각, 2013
장은주, 『시민교육이 희망이다—한국 민주시민교육의 철학과 실천모델』, 피어나, 2017
홍세화, 『나는 빠리의 택시운전사』, 창작과비평사, 1995

**[번역서]**

라인홀드 니버, 『도덕적 인간과 비도덕적 사회』, 이한우 옮김, 문예출판사, 2017
리처드 도킨스, 『이기적 유전자』, 홍영남 옮김, 을유문화사, 2006
닐 레비, 『신경윤리학이란 무엇인가』, 신경인문학 연구회 옮김, 바다출판사, 2017
존 로크, 『통치론』, 강정인 옮김, 까치, 2007,
존 롤스, 『정의론』, 황경식 옮김, 이학사, 2010.
조지프 르두, 『불안』, 임지원 옮김, 인벤션, 2017
장-프랑수아 리오타르, 『포스트모던적 조건』, 이현복 옮김, 서광사, 2005
게오르게 리히트하임, 『유럽현대사』, 유재건 옮김, 백산서당, 1982
알래스데어 매킨타이어, 『덕의 상실』, 이진우 옮김, 문예출판사, 1997
자크 모노, 『우연과 필연』, 조현수 옮김, 궁리, 2010
존 스튜어트 밀, 『자유론』, 김형철 옮김, 서광사, 2008
알버트 바라바시, 『링크』, 강병남/김기훈 옮김, 동아시아, 2002
지그문트 바우만, 『방황하는 개인들의 사회』, 홍지수 옮김, 봄아필, 2013
리하르트 반 뒬멘, 『개인의 발견』, 최윤영 옮김, 현실문화연구, 2005.
이사야 벌린, 『이사야 벌린의 자유론』, 박동천 옮김, 아카넷, 2014
야콥 부르크하르트, 『이탈리아 르네상스의 문화』, 이기숙 옮김, 한길사, 2003
웬디 브라운, 『민주주의 살해하기』, 배충효/방진이 옮김, 내인생의책, 2017.
웬디 브라운, 『관용—다문화제국의 새로운 통치전략』, 이승철 옮김, 갈무리, 2010
레프 비고츠키, 『사고와 언어』, 이병훈 외 옮김, 한길사, 2013
마이클 샌델, 『공동체주의와 공공성』, 김선욱 외 옮김, 철학과현실사 2008
마이클 샌델, 『돈으로 살 수 없는 것들』, 안기순 옮김, 와이즈베리, 2012

마이클 샌델, 『정의란 무엇인가』, 이창신 옮김, 김영사, 2010
엘리엇 소버, 데이비스 윌슨, 『타인에게로』, 설선혜/김민우 옮김, 서울대출판문화원, 2013
칼 쇼르스케, 『세기말 빈』, 김병화 옮김, 글항아리, 2014.
애덤 스미스, 『국부론』, 유인호 옮김, 동서문화사, 2011
래리 시덴톱, 『개인의 탄생』, 정명진 옮김, 부글북스, 2016
로버트 액셀로드, 『협력의 진화』, 이경식 옮김, 시스테마, 2009.
스테판 에셀, 『분노하라』, 임희근 옮김, 돌베개, 2011
아미타이 에치오니, 『넥스트—좋은 사회로 가는 길』, 인간사랑, 2007
로버트 오언, 『사회에 관한 새로운 의견』, 하승우 옮김, 지식을만드는지식, 2012
이언 와트, 『근대 개인주의의 신화』, 이시연/강유나 옮김, 문학동네, 2004.
에드워드 윌슨, 『통섭』, 최재천/장대익 옮김, 사이언스북스, 2005
로버트 트리버스, 『우리는 왜 자신을 속이도록 진화했을까?』, 이한음 옮김, 살림, 2013
필립 페팃, 『신공화주의』, 곽준혁 옮김, 나남, 2012
칼 폴라니, 『거대한 전환』, 홍기빈 옮김, 길, 2009
미셸 푸코, 『감시와 처벌—감옥의 탄생』, 오생근 옮김, 나남, 2016
로버트 프랭크/필립 쿡, 『승자독식사회』, 권영경/김양미 옮김, 웅진지식하우스, 2008
토마 피케티, 『21세기 자본』, 장경덕 외 옮김, 글항하리, 2014.
스티븐 D. 킹, 『세계화의 종말』, 곽동훈 옮김, 비즈니스맵, 2017
악셀 호네트, 『사회주의 재발명』, 문성훈 옮김, 사월의책, 2016.
토머스 홉스, 『리바이어던』, 진석용 옮김, 나남, 2008.
에릭 홉스봄, 『극단의 시대—20세기의 역사』, 이용우 옮김, 까치, 1997
에릭 홉스봄, 『혁명의 시대』, 정도영/차명수 옮김, 한길사, 1998

**[해외도서]**

Hannah Arendt, *On Revolution*, London: Penguin Books, 1963.
Benedetto Croce, *History of Europe in the Nineteenth Century*, (trns. H. Furst), New York: Harcourt, Brace & Company, 1933.
Philippa Foot, "The Problem of the Abortion and the Doctrine of the Double Effect," in *Oxford Review*, No. 5, 1967.
Garrett Hardin, "The Tragedy of Commons", *Science* 13, 1968.

## | 찾아보기 |

### 용어

## 인명